PETER HOLZER

Mut braucht eine Stimme

Wie Sie Ihrem Leben Wirkung geben

Externe Links wurden bis zum Zeitpunkt der Drucklegung des Buches geprüft.
Auf etwaige Änderungen zu einem späteren Zeitpunkt hat der Verlag keinen Einfluss.
Eine Haftung des Verlags ist daher ausgeschlossen.

Bibliografische Information der Deutschen Nationalbibliothek

Die Deutsche Nationalbibliothek verzeichnet diese Publikation in der
Deutschen Nationalbibliografie; detaillierte bibliografische Daten
sind im Internet über http://dnb.d-nb.de abrufbar.

ISBN 978-3-86936-797-2

Lektorat: Ulrike Hollmann, Hambergen
Umschlaggestaltung: Martin Zech Design, Bremen | www.martinzech.de
Titelfoto: hxdyl / iStock
Autorenfoto: Teresa Rothwangl, Köln
Satz und Layout: Das Herstellungsbüro, Hamburg | www.buch-herstellungsbuero.de
Druck und Bindung: Salzland Druck, Staßfurt

2. Auflage 2019
© 2017 GABAL Verlag, Offenbach
Alle Rechte vorbehalten. Vervielfältigung, auch auszugsweise,
nur mit schriftlicher Genehmigung des Verlages.

Printed in Germany

www.gabal-verlag.de
www.twitter.com/gabalbuecher
www.facebook.com/Gabalbuecher

Für Alina und Eryk

Inhalt

Klare Worte	9
Teil I: Stumm sein	11
1. Mitten im Tornado	13
2. Verschwendete Zeit	32
3. Alles weichgespült	53
Teil II: Laut werden	77
4. Raus aus der Sackgasse	79
5. Den Horizont finden	95
6. Im Tal der Tränen	115
7. Vom Wunsch zur Wirklichkeit	131
Teil III: Gehör finden	163
8. Abkürzen durch Umwege	165
9. Von der Glühbirne zum Laser	189
10. Sag, was ich nicht hören will	219
Vom Frosch zum Prinzen	255
Anhang	257
Lesestoff	259
Stichwortverzeichnis	262
Über den Autor	264

Klare Worte

Hinter dem Garten meines Elternhauses lag ein großes Grundstück. Als ich fünf Jahre alt war, standen dort vorübergehend Wohncontainer für Flüchtlinge. Die Stimmung auf diesem Platz war immer etwas angespannt, ich fürchtete mich davor.

Eines Nachts wurde ich aus dem Schlaf gerissen: Eine Kinderstimme hatte mich geweckt. Sie wimmerte und rief voller Angst. Ich stand auf, tappte barfuß durch das dunkle Haus zu meinen Eltern und weckte sie. Mein Vater ging mit mir auf den Balkon, von dem aus man über den Zaun auf das Grundstück schauen konnte.

Drüben schien ein Handgemenge im Gange zu sein. Ich konnte nichts sehen, denn ich war zu klein, um über das Geländer zu kucken. Aber die immer lauter werdenden Stimmen ängstigten mich. Mein Vater, der sonst in der Öffentlichkeit eher zurückhaltend war, straffte seinen Oberkörper und brüllte mit fester Stimme hinüber: »Lassen Sie das Kind in Ruhe!«

Mit einem Schlag herrschte Stille. Dann hörte ich ein Kind davonrennen, kurz danach entfernten sich schwere Schritte langsam in die andere Richtung.

Die klaren Worte meines Vaters hatten Wirkung gezeigt.

Teil I
STUMM SEIN

1. Mitten im Tornado

Lassen Sie mich raten: Ihr Terminkalender ist bestimmt proppenvoll. Auch der Ihres Partners oder Ihrer Partnerin ist voll. Auch der Ihres Nachbarn ist es. Sogar die Kalender Ihrer Kinder sind voll. – Gott sei Dank! Sonst würden Sie und alle um Sie herum ja als Schwächlinge dastehen …

Ernsthaft: Beschäftigtsein ist zum neuen Statussymbol geworden. Wer zugibt, nicht rund um die Uhr etwas vorzuhaben, wird misstrauisch beäugt. Hat der nichts zu tun? Womit verdient er eigentlich sein Geld? Wer zu bequem ist, um die Chancen zu nutzen, die sich heutzutage jedem bieten, entscheidet sich gegen den Erfolg – so die allgemeine Auffassung. Nur wer viel rödelt, vermittelt den Eindruck, dass er sein Leben im Griff hat. Und erhält die entsprechende Anerkennung.

> **Beschäftigtsein ist zum neuen Statussymbol geworden.**

Irgendetwas ist faul am Umgang mit unserer Zeit. Die Etikettierung des Dauerbeschäftigten als Erfolgsmensch und – im Gegensatz dazu – des Menschen mit Zeit als Faulenzer oder sogar als Schmarotzer ist so einfach wie falsch. Das zeigte sich mir schon zu Studienzeiten, als ich als kleiner Praktikant bei einer großen Beratungsfirma in das erste Projekt involviert war.

Hauptsache, als Letzter nach Hause
Ich saß mit meinem Team in dem modernen Geschäftsgebäude, in dem sich unser Büro befand. Es war schon 20 Uhr. Langsam kroch Dunkelheit von draußen durch die bodentiefen Fenster des Großraumbüros. Ein Mitarbeiter nach dem anderen hatte seinen Computer heruntergefahren und war nach Hause verschwunden.

Nur wir Berater saßen noch da.

Und ich fragte mich, warum.

Eigentlich war ich fertig mit meinem Tagewerk. Und müde wurde ich auch, denn irgendwann ist es nun einmal vorbei mit der Konzentrationsfähigkeit. Kein Mensch kann, wenn er zwölf Stunden im Büro sitzt, auch wirklich zwölf Stunden Hochleistung erbringen.

Doch wir blieben. Der Projektleiter hatte klargemacht: Wir verlassen dieses Bürogebäude als Letzte.

Meine Kollegen waren wie ich schon lange mit ihrem Tagewerk durch. Und so starrte der eine nachdenklich auf eine Excel-Liste, der andere fummelte an der Blauskalierung der PowerPoint-Präsentation. Von außen gesehen erweckten wir aber den Anschein, immer noch hoch konzentriert mit Daten und Analysen zu hantieren.

Wir sollten zeigen: Wir arbeiten so unglaublich viel. Wir sind unser Geld wert.

Wenn ich mich heute, rund 15 Jahre später, abends mit Freunden treffe, habe ich den Eindruck, dass sich seitdem in der Gesellschaft kaum etwas geändert hat. Nach einem typischen Arbeitstag wirken die Freunde ähnlich erschöpft wie Löwen, die gerade für ihr Rudel einen Büffel erlegt haben. Sie hocken erst mal stumm vor ihrem Drink und wirken leer und müde. Dann beklagen sie sich: »Ich war heute so beschäftigt, dass ich gar nicht mehr weiß, wo vorne und hinten ist. Ich habe telefoniert wie ein Weltmeister, war in fünf Meetings und habe Berge von Mails durchgearbeitet. Aber wenn ich jetzt so überlege, wo ich richtig vorwärtsgekommen bin … fällt mir nichts ein.«

Wir beschweren uns gerne, wie sehr wir beschäftigt waren. Die Klage »Was war das für ein beschissen produktiver Tag« höre ich dagegen nie. Vorherrschend ist das Gefühl, ohne Ende gerödelt, aber wenig erreicht zu haben. Unglaublich beschäftigt zu sein und doch nichts zu bewirken. Es ist, als ob wir in einem Karussell säßen und zu schwach wären, um auszusteigen. Als ob wir von einem Virus infiziert wären. Und tatsächlich leiden wir unter zwei unerbittlichen Krankheitserregern.

Ohne Ende gerödelt, aber wenig erreicht.

Nummer 1: Der Input-Virus

Sie haben ein Ziel, das Sie erreichen wollen. Zum Beispiel: Ihrem Eheleben neues Feuer einhauchen, die Beziehung zu den Kindern intensivieren, Ihre Englischkenntnisse verbessern oder ein paar Kilos abnehmen. Oder im Job den Umsatz steigern, neue Kunden gewinnen, Produktionsprozesse beschleunigen. Das alles ist Output. Am besten wird das mithilfe eines Bildes klar. Stellen Sie sich vor, dieser Output sei ein großer Felsbrocken, den Sie bewegen wollen.

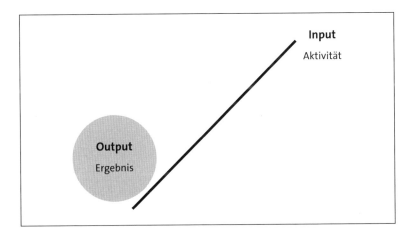

Das wird einfacher, wenn Sie einen Hebel an diesen Fels ansetzen. Der Hebel ist der Input. Unter Input verstehe ich Aktivität. Telefonieren, verkaufen, sich weiterbilden, einkaufen, ins Museum gehen, essen, lesen, Sport treiben, arbeiten, Fortbildungen besuchen – alles, was aktive Handlung ist. All das wirkt wie ein Hebel, den Sie an den Felsbrocken ansetzen, um ihn zu bewegen. Sie wissen aus Erfahrung, dass es Hebel gibt, die stärker wirken, und Hebel, die schwächer wirken. Wenn Sie zum Beispiel eine Tür aufstemmen wollen, wird Ihnen das mit einem längeren Brecheisen leichterfallen als mit einem kurzen.

Sie brauchen also Input, um auf den »Felsbrocken« einzuwirken – um Ergebnisse zu erzielen. Darum ist Aktivität grundsätzlich richtig und wichtig. Wenn diese Aktivität aber nicht zu Ergebnissen führt, dann hat Ihr Tun keine Wirkung. Wenn Sie sich mit Aktivitäten, die nur eine schwache Hebelwirkung haben, unglaublich beschäftigt halten, hinterlassen Sie trotz allen Rödelns keine Spuren im Leben. Dann haben Sie nichts geschaffen, woraus Sie Befriedigung ziehen könnten.

Genau das bewirkt der Input-Virus: dass Sie vor lauter Input nicht mehr zum Output kommen. Der Input überschwemmt Sie, sodass es Ihnen nicht mehr gelingt, die hereinströmende Aktivität sinnvoll zu sortieren, zu priorisieren und vor allen Dingen zu selektieren. Das heißt: Input, der nicht wirkungsvoll ist, gilt es abzustellen.

Vor lauter Input nicht mehr zum Output kommen.

Vor lauter Beschäftigtsein können Sie sich keine Meinung bilden und keine Prioritäten setzen. Ohne eigene Meinung und mutige Entscheidungen werden Sie aber auch keinen herausragenden Output erzielen.

Wenn Sie genau hinsehen, werden Sie das Wirken des Input-Virus in den unterschiedlichsten Lebensbereichen erkennen. Sehen Sie sich die heutige Elterngeneration an: Sie sind mit der gesellschaftlichen Erwartung konfrontiert, ihre Kinder in der optimalen Weise zur Entfaltung zu bringen. Und das nicht erst mit Beginn der Schulbildung, sondern bereits vor der Geburt. Da wird die Mutter angehalten, sich in ganz bestimmter Weise zu ernähren, um den Weg ihres Kindes zum Genie nicht im Keim zu ersticken. Ausgewählte Musikbeschallung wird dabei ebenso empfohlen wie besondere Lichtreize und Sprechübungen.

Spätestens mit der Geburt wird den Eltern nahegelegt, die Bandbreite der Möglichkeiten frühkindlicher Förderung aktiv zu nutzen – das heißt Input nicht nur für die Eltern, sondern auch schon für das Kind. Schlechtes Gewissen inklusive, falls Sie sich womöglich gegen die zweite Fremdsprache in der Grundschule entscheiden.

Apropos Schule: Diese Institution ist ein Input-Virus in Reinkultur, denn für jedes Schulkind ist die Schulstunde exakt gleich lang. Wenn das Kind den Input nach zehn Minuten nicht mehr braucht, weil es bereits alles verstanden hat, darf es nicht etwa gehen oder sich mit einem anderen Thema beschäftigen. Es muss brav und still noch mehr Input der gleichen Sorte über sich ergehen lassen, obwohl dieser an seinem Output nichts mehr verbessert. Ob der ganze Input in der Schule für Erfolg im Leben überhaupt sinnvoll ist, wollen wir an dieser Stelle nicht diskutieren ...

Ich gebe offen zu: Gerade in puncto Schule und Hausaufgaben bin auch ich selbst teilweise an der Verbreitung des Input-Virus beteiligt. Ich fühle mich beunruhigt, wenn ich sehe, dass mein Sohn »so wenig« Zeit mit Lernen verbringt. Unsere Auffassungen zum notwendigen Maß sind – wie so oft bei Vater und Sohn – nicht deckungsgleich. Doch wenn ich ehrlich zu mir bin, kann ich anhand seiner am Schreibtisch verbrachten Zeit nicht festmachen, ob sie zu seinem verbesserten Output tatsächlich etwas beitragen konnte. Oder ob er sich nur mir zuliebe für diese halbe Stunde hingesetzt hat, um meine Input-Wut zu befriedigen. Hat er dadurch wirklich etwas gelernt, was er bei der nächsten Klausur brauchen wird? Und noch weiter gedacht: Falls ja, wird ihm das bei der eigenständigen Gestaltung seines Lebens hilfreich sein?

Ich bin skeptisch, zumal ich weiß, dass es auch anders geht. In Finnland geht man schon neue Wege. Das finnische Schulsystem gehört nach seiner Reform zur Weltspitze. Der Schlüssel zum Erfolg? Weniger Hausaufgaben. Weniger Unterricht. Anders formuliert: weniger sinnloser Input.

Den Input-Virus finden Sie in ganz besonderer Ausprägung in der Arbeitswelt, denn die ist klassisch »Input-zentriert«. Wenn Sie eine 40-Stunden-Woche im Arbeitsvertrag stehen haben, heißt das ja zunächst einmal nur: Sie sind 40 Stunden in der Woche körperlich anwesend. Ob Sie aber in dieser Zeit eine Wirkung erzielen – darüber sagt die Stundenregelung nichts aus.

Kennen Sie Mitarbeiter, die bereits um 6 Uhr im Büro sind? Ich würde das verstehen, wenn sie die morgendliche Ruhe nutzen möchten, um konzentriert ein Projekt voranzutreiben. Aber wenn die erste Dreiviertelstunde dafür genutzt wird, um an der Kaffeemaschine zu stehen und mit den anderen Frühaufstehern zu tratschen, dann dient das frühe Erscheinen nur dem Absitzen von Arbeitszeit. Um wirkungsvollen Output geht es nicht.

Oder stellen Sie sich vor, Sie haben Rückenschmerzen und suchen einen Physiotherapeuten auf. Sie freuen sich auf 50 Minuten Behandlung. Stattdessen verabschiedet Sie der Therapeut bereits nach zehn Minuten. Sie schauen ihn fragend an. Er erklärt: »Ich habe die entscheidenden Griffe gesetzt und Ihre Wirbelsäule befreit. In circa einer Stunde sind Sie beschwerdefrei.« Wie reagieren Sie? Empört, weil Sie 50 Minuten bezahlt haben und nur 10 Minuten lang behandelt wurden? Erfreut, weil Sie den Output »beschwerdefrei« mit 40 Minuten Zeitersparnis erreicht haben? Oder sind diese Gedanken eh nur graue Theorie, weil in der Realität alle Therapeuten unter dem Input-Virus leiden und weitere 40 Minuten kneten werden? Ein bisschen hier, ein bisschen da – völlig sinnfrei. Hauptsache, der Patient ist zufrieden.

Der Input-Virus tobt um uns herum und lässt uns nicht zum Luftholen kommen. Und er wird in seiner Wirkung noch verstärkt durch einen zweiten Virus.

Nummer 2: Der Instant-Virus

»Ich habe Ihnen vor 20 Minuten eine Mail geschickt und immer noch keine Antwort bekommen«, wiederholt mir ein Manager den Anruf eines aufgebrachten Kunden. Dieser hatte allen Ernstes erwartet, dass der Manager a) seine Mail innerhalb weniger Minuten liest und b) sich sofort an eine Antwort macht, ganz unabhängig davon, was er sonst zu tun hat. Spontan muss ich lachen über diese Erwartungshaltung. Aber das Lachen bleibt mir im Halse stecken. Denn sie ist nicht nur weit verbreitet, sondern normal geworden. Wenn Sie mit Ihrer Antwort zu lange warten, laufen Sie gleich Gefahr, als vermisst gemeldet zu werden. Auftraggeber suchen sich schon alternative Dienstleister und versenden gleich die nächste Anfrage. Seitdem Amazon die Maßstäbe setzt und sich mit der Same-Day-Delivery nun selbst übertrifft, leben wir eindeutig im Instant-Zeitalter (*engl.* instant = unmittelbar, sofort).

Wir leben eindeutig im Instant-Zeitalter!

Die Geschwindigkeit hat sich in allen Bereichen erhöht, die Taktzahl steigt und steigt, und die Menschen haben in der Zwischenzeit verstanden, dass sie nur mithalten, wenn sie mitlaufen, wenn sie ihr Leben an diesen Geschwindigkeitsrausch anpassen. Wem der Nachrichtenstrom von Twitter bereits zu schnell ist, wird bei Snapchat völlig den Anschluss verlieren: Hier bleibt die Nachricht nur ein paar Sekunden lang lesbar. Danach löscht sie sich von selbst.

Heiß diskutiert werden in diesem Zusammenhang die veränderten Lesegewohnheiten. Seitdem alles schnell-schnell gehen muss, sehen auch Bücher aus wie Zusammenstellungen von Blogartikeln. Zeitungsartikel werden bald SMS-Form annehmen. Ich schreibe für Focus Online eine Kolumne. Aus den Gesprächen mit den Redakteuren weiß ich, dass alles gemessen wird: Besucherzahlen, Verweildauer, Klickraten. Texte sind ein Produkt, das zu messbarem Output führen muss. Was geklickt wird, wird an prominenter Stelle gezeigt. Wenn der Besucherstrom abreißt, verschwindet der Artikel im digitalen Nirwana. Was bedeutet das für den Verfasser? Der Text sollte bloß nicht zu lang werden, aber auch nicht zu tiefgründig sein und dennoch wertvollen Inhalt liefern. Die Kernbotschaften des Artikels sollten in Zwischenüberschriften zusammengefasst sein. So braucht der Leser nur diese zu scannen. Für Tiefgang hat er keine Zeit. Ich habe noch nie das Feedback bekommen: »Der Text ist zu kurz.« Eher zu lang. Und ich spreche von 3000 Zeichen.

Ähnlich ist es im Mailverkehr. Wenn Sie drei Themen zu behandeln haben, fassen Sie bloß nicht alles in einer E-Mail zusammen! Sprechen Sie jedes Thema in einer eigenen Mail an. Kurz und knackig auf den Punkt. Wenn Sie alles in eine einzige Mail packen, ist die Gefahr groß, dass Sie nur auf einen der drei Punkte eine Antwort bekommen. Der Rest bleibt unbeantwortet, weil ungelesen. Keine Zeit, keine Geduld.

Oder kennen Sie Folgendes? Während Sie telefonieren, hören Sie ein Tippgeräusch im Hintergrund: Ihr Telefonpartner tippt irgendetwas. Er möchte parallel zum Gespräch noch andere Dinge erledigen. Weil ja alles so eilig ist und der weitverbreitete Irrglauben herrscht, dass es die Fähigkeit zum Multitasking gäbe. Natürlich kann er nur noch einen kleinen Teil seiner Konzentration aufbringen für das, was Sie ihm erzählen. Ihr Gespräch ist für die Katz. Denn Ihr Gesprächspartner lässt Sie zwar ausreden, aber er hört Ihnen nicht zu.

Im Business führt der Instant-Virus noch zu einem besonderen Symptom. Laut Statistik kann eine Führungskraft durchschnittlich gerade einmal elf Minuten am Stück arbeiten, bevor sie unterbrochen wird. Aber das ist auch kein Wunder, denn sie fordert von ihren Mitarbeitern, dass alles am besten schon vorgestern fertig sein muss. Und so treiben die Chefs und die Mitarbeiter sich gegenseitig an, um all die parallel laufenden Dinge, die alle besprochen, abgewogen und eruiert werden müssen, möglichst fristgerecht zu erledigen. Der Drang, auf alles sofort eine Antwort zu bekommen, führt zu Dauerunterbrechungen. Selbst vom einfachen Mitarbeiter erwarten die Kollegen, die Kunden, die Dienstleister eine zügige Reaktion. Schließlich will jeder seine Arbeit schnell weiterführen.

George Orwell hat 1949 bereits geschrieben: »Wir beschließen, uns rascher zu verbrauchen. Wir steigern das Lebenstempo, bis die Menschen mit 30 senil sind.« Die Frage ist: Wie viel Tempo im Leben kann der Mensch verkraften?

Wie viel Tempo kann der Mensch im Leben verkraften?

Angesichts des zurzeit geforderten Tempos scheinen viele Menschen bereits Schwierigkeiten zu haben, sich überhaupt noch eine fundierte Meinung zu bilden. Stattdessen reagieren viele reflexhaft, um all die vielen Fragen, die auf sie einstürmen und beantwortet werden wollen, so schnell wie möglich vom Tisch zu haben. Wenn Sie aber keine Zeit haben, alle Argumente zu erfassen, um sich eine eigene Meinung zu bilden, dann verlieren Sie nach und nach das Gefühl, wofür Sie eigentlich stehen. Ihre Werte kommen nicht mehr zum Einsatz und werden vergessen. So einfach ist das. Damit sind Sie gewissermaßen in Ihrer Identität erschüttert. Sie wissen nicht mehr, wer Sie sind, weil Sie sich das selbst schon zu lange nicht mehr gefragt haben. Sie sind es nicht mehr gewohnt, Ihre innere Stimme wahrzunehmen. Wird diese Stimme nicht gehört, verstummt sie. Und mit ihr verstummen auch Sie!

Nicht dass Sie nichts mehr sagen würden: Aber Sie sagen nur noch das, was andere auch sagen. Oder was andere hören wollen. Oder wovon Sie meinen, dass andere es hören wollen. Oder nur noch das, worüber Sie nicht lange nachdenken müssen, weil Ihnen dazu die Zeit fehlt. Sie reden und reden und sind doch stumm wie ein Fisch im Aquarium, der nur noch von Glasscheibe zu Glasscheibe schwimmt. Um Sie herum ist jedoch alles so schnell in Bewegung und hält Ihre Aufmerksamkeit so gefangen, dass Sie gar nicht bemerken, wie Sie verstummen. Vielleicht macht sich nur ein merkwürdiges, dumpfes Gefühl breit. Oder der Gedanke »Irgendetwas fehlt in meinem Leben«.

Reden und reden und doch stumm wie ein Fisch im Aquarium.

Unterschätzen Sie nicht, was das für Ihr Leben bedeutet – die australische Autorin *Bronnie Ware* hat in ihrem sehr beeindruckenden Buch über Gespräche mit todkranken Menschen einen Punkt formuliert, den Sterbende am Ende ihres Lebens besonders bereuen: »Ich wünschte, ich hätte den Mut gehabt, mein eigenes Leben zu leben.«

Wenn Sie Ihr eigenes Leben aber nicht leben, vergessen Sie, dass Sie überhaupt so etwas wie eine Stimme haben. Eine innere Stimme, die Sie als Person ausmacht. Sie vergessen ebenso, dass Sie den Mut haben könnten, diese innere Stimme laut werden zu lassen und dem Ausdruck zu verleihen, was sie Ihnen sagt. Das Ergebnis ist ein sich selbst verstärkender Teufelskreis: Je seltener Sie Ihrer inneren Stimme Gehör verschaffen, desto weniger merken Sie, dass Sie eine haben. Und je öfter Sie vergessen, dass Sie eine haben, desto ratloser stehen Sie vor den einfachsten Entscheidungen. Sie werden von Ihrer Umwelt gelebt, anstatt dass Sie Ihre Umwelt aktiv gestalten. Sie fühlen sich halt- und orientierungslos. Der Input-Virus hat sie zusammen mit dem Instant-Virus in eine Art Tornado geschleudert.

Dieser Tornado, das ist der ganz »normale« Alltag, in dem Sie den Fokus verlieren, sich vom Horizont ablenken lassen, auf den Sie in Ihrem Leben doch eigentlich zusteuern wollen. Stattdessen: Verantwortung für die Kinder, den Partner, das Haus und den Hund, Stress im Büro mit 128 Mails pro Tag, 56 Rückrufbitten, Kundenbeschwerden, Diskussionen mit Mitarbeitern, Meetings, To-dos, verpassten Deadlines. Und Hobbys, Rechnungen, Briefe, längst überfällige Einkäufe ... Nach und nach verbringen Sie immer weniger Zeit mit den Veränderungen, die Sie wirklich nach vorne bringen sollten. Und zack! – schon sind drei Monate vergangen, ohne dass Sie sich endlich mehr bewegt, nach einem neuen Job recherchiert oder sich mehr Zeit für Ihren Partner genommen hätten.

Es scheint, als gäbe es kein Entrinnen vor diesem Tornado. Doch so ist es nicht!

Selbst schuld (I)
Als ich Gerd, einen befreundeten Geschäftsführer eines mittelständischen Unternehmens, frage, ob wir uns Samstag auf eine Runde Fitness im Studio treffen wollen, höre ich am Telefon, dass er stutzt. Zwei, drei Sekunden sagt er gar nichts. Dann fragt er vorsichtig nach:

»Meinst du diesen Samstag?«

»Ja«, sage ich und schaue leicht irritiert in den Kalender. Gibt es ein wichtiges Ereignis, das ich übersehen habe? Gerds Geburtstag? Champions-League-Finale?

»Mann, wie machst du das, dass du immer so spontan Zeit hast? Ich bin schon wieder so was von dicht! Jedes Wochenende ist gerade verplant!«

Unter der Woche hat Gerd auch selten Zeit, darum habe ich schon den Samstag vorgeschlagen.

»Machst du gerade eine Fortbildung an den Wochenenden, Gerd?«

»Haha! Schön wär's«, lacht er herzhaft. »Nee, da sind lauter Familienevents. Kindergeburtstag, Judiths Eltern im Allgäu besuchen, hier 'ne Feier, dort 'ne Feier, einmal im Monat die Pokerrunde mit den Jungs, dann noch ein schon ewig geplantes Wellness-Wochenende im Schwarzwald und so weiter und so fort. Eigentlich total schön, aber alles ein bisschen viel gerade. Aber ja, Fitness mit dir ist überfällig. Wie wäre es am 25. Juli?«

Ich schaue in den Kalender: Das ist in zwölf Wochen! Sprachlos versinke ich in Gedanken.

»Peter, bist du noch da?«

»Hm, hm«, gebe ich ein Zeichen, während mein Kopf Gedankenschleife um Gedankenschleife dreht.

»Und was denkst du?«

Stille.
Ich weiß es nicht. Ich bin sprachlos. Das Einzige, was ich zu Gerd sagen kann, ist: »Lass mich mal eben überlegen ...«

Menschen wie mein Kumpel Gerd führen mir immer wieder vor Augen: Der Tornado ist zu einem großen Teil hausgemacht. Das eine ist, in der Firma viel zu tun zu haben – und vom Input-Virus dominiert zu werden. Das andere ist, die Wochenenden so stark zu verplanen, dass selbst die Freizeit keine frei gestaltbare Zeit mehr ist, sondern ein Erfüllen von sozialen und gesellschaftlichen Verpflichtungen. Doch wozu dieser Freizeitstress?

Ja, wir haben in Deutschland einen sehr hohen Lebensstandard erreicht, den wir natürlich beibehalten wollten. Um Errungenschaften wie Rechtssicherheit, Sozialstaat etc. aufrechtzuerhalten und um gleichzeitig mit dem Wettbewerb mitzuhalten, wächst auch der Leistungsdruck in der Wirtschaft. Je fetter der Dienstwagen, desto höher die Firmenkosten. Je höher die Kosten, desto höher der erforderliche Umsatz. Und je ambitionierter die Umsatzziele, desto größer die Hektik. Mitarbeiter hetzen ihren Aufgaben hinterher, um mehr Ergebnisse in der gleichen Zeit zu erzielen.

So weit, so verständlich. Was ich aber gar nicht verstehe, ist, warum sich Menschen auch dann für Hetze, Hektik, Stress und Druck entscheiden, wenn er gar nicht nötig ist. Wie viele Menschen könnten in ihrer Freizeit kürzertreten und tun es trotzdem nicht? Man könnte sich doch einmal für ein Wochenende gar nichts vornehmen und schauen, worauf man spontan Lust hat. Doch die Realität sieht anders aus. Wie viele Menschen stressen sich im Job dermaßen, dass sie nach einem 14-Stunden-Büro-Power-Tag zu Hause am Esstisch weiterarbeiten und am Ende erschrocken feststellen, dass die Kinder schon längst schlafen?

Warum entscheiden sich Menschen für unnötige Hetze?

Wem das zu anstrengend ist, ertränkt sich alternativ in Alkohol oder lässt sich auf dem Sofa vom inhaltsleeren TV berieseln. Bloß keine unverplanten Momente in der Freizeit! Stattdessen belegt man jede freie Stunde mit irgendwelchen Aktivitäten, mit der Begründung, dass es doch wichtig sei, die Schwiegermutter, Freunde,

Geschäftspartner, Nachbarn ... zu treffen. Dass jetzt dringend eine Gegeneinladung dran sei, nachdem die Schulzes schon zweimal hintereinander zum Grillen eingeladen hätten. Wie viele Menschen stecken in einem Schraubstock, den sie sich nicht nur selbst angelegt haben, sondern den sie selbst auch noch immer enger schrauben, bis es wehtut? Viel zu viele!

Selbst schuld (II)
Nachdem ich mich vom ersten Schock erholt habe, frage ich meinen Freund Gerd: »Warum machst du das eigentlich – deine Freizeit so zu verplanen?«
Stille. Schweigen.
Mein Gesprächspartner findet keine Antwort.
Schließlich druckst er herum: »Das gehört halt dazu. Wir haben nun mal einen großen Freundeskreis. Wenn du eingeladen werden willst, musst du eben auch eine Gegeneinladung aussprechen ...«

Dass er den Stress selbst wählt, dass er sich also dafür entscheidet und sich nachher über seine eigene Entscheidung beschwert, ist ihm allerdings nicht bewusst. Das schlichte Lösungsangebot »Dann hör doch auf damit, wenn es dich so sehr stört« wollen diese Menschen meist nicht hören. Ein Satz aus dem Film »Fight Club« bringt diese Lebenshaltung für mich auf den Punkt. *Brad Pitt* sagt in einer Szene: »Von dem Geld, das wir nicht haben, kaufen wir Dinge, die wir nicht brauchen, um Leuten zu imponieren, die wir nicht mögen.« Und solange Menschen so leben, bleibt alles, wie es ist. Der Tornado wütet weiter und wird immer bedrohlicher.

Wenn ich mir anschaue, zu welchem Anteil die äußeren Umstände und zu welchem Anteil innere Antreiber den Tornado befeuern, kann ich nur feststellen: Tatsächlich leiden wir nicht so sehr unter dem Angebotsstress wie unter unserem eigenen unstillbaren Hunger. Unter einer Sehnsucht, die wir teilweise gar nicht genau kennen. Solange wir die wahre Ursache aber nicht kennen, werden wir unbewusst von ihr gesteuert – und unsere Lebenszeit rinnt uns ungenutzt durch die Finger.

Wir leiden an unserem eigenen unstillbaren Hunger.

Wenn Sie sich also fragen, warum Sie Ihre Ziele nicht in der Geschwindigkeit erreichen, in der Sie sich dies wünschen, und was Sie daran hindert, endlich das Leben zu leben, das Sie sich in Ihren kühnsten Träumen ausmalen, dann werden Sie sich der Antwort nur annähern, wenn Sie diese unterschwellige Sehnsucht genauer zu fassen bekommen.

Sein – Tun – Haben

Ein wesentlicher Teil des unstillbaren Hungers nach Aktivität wird den Kindern schon frühzeitig eingeimpft. Wenn ein Teenager in seinem Zimmer auf dem Bett rumlümmelt, ermahnen die Eltern ihn: »Beschäftige dich! Tu etwas Sinnvolles! Mach Hausaufgaben!« Das **Tun** wird zum Leitbild erhoben.

Das setzt sich im Erwachsenenalter fort. Wir tun unglaublich viel und sind unglaublich beschäftigt. Wenn wir eine innere Leere spüren, reagieren wir darauf, indem wir einfach noch mehr tun und zum Workaholic mutieren. Alternativ weichen wir in einen Konsumwahn aus und entwickeln eine Sammelwut: teure Uhren, schicke Schuhe, seltene Autos. Wir sammeln, um zu haben. Es ist gar nicht so wichtig, ob es auch verwendet wird. Doch jeder neue Kauf bekämpft das Gefühl der inneren Leere. Zumindest für kurze Zeit. Dann müssen wir wieder etwas Neues kaufen. Der Wunsch nach **Haben** treibt uns an.

Jeder neue Kauf bekämpft das Gefühl der inneren Leere.

Doch mehr tun oder mehr haben löst das Gefühl der inneren Leere nicht. Seit ein paar Jahren dürfen gestresste Menschen dann eben ins Burn-out ausweichen. Weil sie so viel tun, können sie nicht mehr. Dafür gibt es auf einmal respektvolle Anerkennung: »Wow, der hatte ein Burn-out.« Mir scheint dies eher ein Pseudo-Burn-out zu sein. Und gleichzeitig eine schallende Backpfeife für jene, die wirklich an Burn-out erkrankt sind.

Auch ein Pseudo-Burn-out ist langfristig keine Lösung, denn es befreit nicht von der Leere. Doch was kann helfen? Der Teenager hat es noch gewusst. Er gammelte ab. War einfach nur da, in einer Art meditativem Zustand. War im **Sein**. Wenn die Eltern ihn denn sein ließen ...

Wenn Sie Tun und Haben völlig überstrapazieren, geraten Sie ins Ungleichgewicht. Dann verspüren Sie diese innere Leere, merken, dass noch etwas fehlt. Lösen können Sie es nur, indem Sie das tun, was notwendig ist: nämlich mehr *sein*. Also auf Ihre innere Stimme hören. Sich selbst, Ihre noch nicht genutzten Potenziale, Wünsche und Träume kennenlernen. Um der Mensch zu werden, der Sie sein können.

Das Diktat der Neugier

Wir sind anfällig für Angebote und Anfragen von außen, weil der Mensch von Natur aus neugierig ist. An dieser Eigenschaft ist nichts auszusetzen, sie spricht für Offenheit gegenüber Neuem, für einen Forscher- und Entdeckerdrang, der wiederum eine der Voraussetzungen für Kreativität, Innovation und Fortschritt ist.

Auf der anderen Seite ist die Neugier, wie der Begriff es schon sagt, eine Form von Gier. Und Gier hat die Eigenschaft, dass sie unstillbar ist. Wenn der Mensch gierig ist auf Neues, dann schnüffelt er wie eine ausgehungerte Hyäne an allem, was frisch auf den Markt dringt und einen Mehrwert verspricht: an den Trainingsmethoden des diesjährigen Tour-de-France-Gewinners, dem neuen Nassrasierer mit noch einer Klinge mehr, der nun endlich wirklich gut rasiert, am neuen Kochbuch von Sarah Wiener, an der neuesten Software für die Personalverwaltung, die noch mehr Vorgänge automatisiert, an der neuen Heimgymnastik aus den USA, die eine unglaubliche Elastizität in der Wirbelsäule verspricht, an der nächsten Veränderungswelle in der Firma, die durch tolle Namen und Hochglanzbilder überzeugen will, an der neuesten Windelmarke und natürlich am Konkurrenzprodukt, das – lange erwartet – den Windelfüllstand per Smartphone anzeigt, und schließlich

Neugier ist nur eine Form von Gier.

am neuen Lebenspartner, der nun endlich das erhoffte Seelenglück mit sich bringt und nicht so viele Fehler hat wie der Ex. Die Liste ließe sich endlos fortsetzen. Neu, neu, Hauptsache, neu.

Momentan sind im Business zum Beispiel die »agilen Methoden« in aller Munde. Kein Unternehmen, das ich derzeit berate, ist nicht darum bemüht, »agiler« zu werden. Auf die Frage, *wofür* genau das Unternehmen diese Methoden braucht, haben die meisten Führungskräfte allerdings keine spezifische Antwort. Ob es in ihrem Fall sinnvoll ist oder nicht, diese Methoden einzusetzen, darüber haben sich die wenigsten ernsthaft Gedanken gemacht. Die meisten springen auf den fahrenden Zug auf, weil der Zug eben fährt – und sie keinen Trend verpassen wollen, der sich später vielleicht als wichtig herausstellen könnte.

Und natürlich gibt es unzählige solcher Hypes. Die gesamte Wirtschaft ist im Grunde nur damit beschäftigt, alten Wein in neuen Schläuchen zu verkaufen. Warum tun Unternehmen das? Weil diese Strategie aufgeht. Weil wir bei Neuem wie der pawlowsche Hund anfangen zu sabbern. Wenn »neu« auf der Packung steht, greifen wir zu. Immer in der Hoffnung, dass das Neue noch besser, noch schneller, noch einfacher ist.

Und genau das meine ich, wenn ich sage: Das Diktat der Neugier ist einer der wesentlichen Treiber der unstillbaren Sehnsucht in uns. Sie bewegt uns zu Handlungen, deren Notwendigkeit wir häufig nicht erklären können. So verlieren wir eher den Fokus, als dass wir dorthin gelangen, wohin wir wirklich wollen.

Weiter zeigt sich die unstillbare Sehnsucht in einer unbändigen Sammelwut, die seit der Altsteinzeit nur das Objekt der Begierde gewechselt hat, aber in ihrer Intensität erhalten geblieben ist.

Vor zwei Millionen Jahren war es eine lebenserhaltende Maßnahme, dass der Mensch alles Essbare, was er fand, sammelte. Nahrung war damals rar, und es war eine schlichte Notwendigkeit, dorthin zu gehen, wo die Pilze, Beeren und Kräuter wachsen, diese einzusammeln und dann weiterzuziehen zu den nächsten Pilzen, Beeren und Kräutern. Heute wiederum wäre unser Überleben kaum gefährdet, wenn wir etwas weniger Kalorien, vor allem aber auch weniger Zertifikate, Fortbildungen, Hobbys, Urlaubsein-

Wir sammeln und bunkern unabhängig vom Bedarf. drücke, Alltagsgegenstände oder Kontakte sammeln würden. Doch irgendwie können wir es nicht lassen. Wir sammeln und bunkern weiter, als ob es kein Morgen gäbe, und setzen damit – unabhängig vom Bedarf – die alte Tradition unserer Vorfahren fort.

Darüber hinaus denke ich: Hinter dem Sammeln und der Neugier steckt noch etwas anderes. Und zwar Angst. Angst vor der Zukunft. Angst davor, Ziele nicht zu erreichen. Angst vor Verlust, vor Versagen, vor dem Verlieren. Angst, den falschen Weg einzuschlagen. Angst, etwas zu verpassen.

Diese Angst bestimmt unser Handeln. Wie ein Hund nehmen wir jede Fährte auf, die sich finden lässt, und folgen ihr, auch wenn wir nicht wissen, ob der Weg sinnvoll ist, uns einfach nur ablenkt oder vielleicht sogar ins Verderben führt. Immer noch besser, als Ungewissheit passiv zu ertragen.

Aber sosehr sie auch in uns verankert sein mag – sie ist kein Phänomen, dem wir hilflos ausgeliefert sind. Im Gegenteil: Jeder Einzelne von uns kann der Angst durch aktives Handeln etwas entgegensetzen. Wir tun dies mehr oder weniger bewusst. Es gibt Alternativen, wir müssen nur lernen, sie zu sehen.

Input-Fabrikanten

Der Großteil des Inputs, der uns erschlägt, ist nicht gottgegeben. Nein, den produzieren Sie und ich selbst. Wenn ich an die Zeit zurückdenke, als ich noch in der Finanzbranche Karriere **So war ich** machen wollte, muss ich heute lachen. Was war ich **damals: Ich dachte** damals vernarrt in Input! Da bin ich allen Ernstes **vollkommen Input-** durch die halbe Republik gefahren, zu jedem Kon- **zentriert.** takt, der auch nur halbwegs nach Potenzial aussah. Besuchte jedes anspruchsvolle Verkaufs- und Führungsseminar, das ich nur finden konnte. Wir erstellten neue Flyer, erarbeiteten neue Rechentools, produzierten neue Homepages und gaben jedem neuen Vertriebsansatz die Chance, uns zum Durchbruch zu verhelfen. In meinen Mittzwanzigern strotzte ich nur so vor Energie und Ehrgeiz. Dass das Klinkenputzen nach dem Gießkannenprinzip vielleicht doch nicht die Lösung war, dämmerte mir, wenn ich mich – nach einer 450 km langen Autofahrt – in teilweise doch recht zwielichtigen Büros wiederfand, aus denen ich in erster Linie nur so schnell wie möglich wieder rauswollte. So war ich damals – ich dachte vollkommen Input-zentriert.» Wir brauchen Umsatz, also fahre ich überall hin«, statt den Output zu prüfen: »Was kann ich mit dem Termin erreichen? Ist es wirklich notwendig, dorthin zu fahren? Oder reicht auch ein Telefonat aus?«

Keine Sorge: Meine Akquisetätigkeit hat sich vollkommen verändert, und heute überlege ich mir sehr genau, wie ich mit meiner Zeit umgehe. Doch ich kann es immer noch nicht lassen, mir einen Meter Bücher zu bestellen, wenn mich ein bestimmtes Thema interessiert. Wirklich lesen tue ich zwar erst mal nur ein Drittel davon. Für den Output, den ich brauche – etwa meinen Vortrag anzupassen oder eine neue Idee zu entwickeln –, würden mir sogar schon zwei, drei Titel reichen. Aber ich erliege meiner Neugier und den Verlockungen des riesigen Angebots von jährlich rund 70 000 Neuerscheinungen in Deutschland; so hole ich mir den gesamten verfügbaren und möglicherweise relevanten Input ins Haus und verliere mich gerne darin.

Stellen Sie sich vor, Sie besuchen eine Veranstaltung, einen Kongress oder ein Seminar. Ohne ein konkretes Ziel. Stattdessen denken Sie »Mal schauen, was es dort gibt; ich lasse mich überraschen« oder »Networking ist immer gut« oder »Nicht dass ich etwas Wichtiges verpasse«. Das wäre so, als würden Sie in eine Kiste mit 3000 Puzzleteilen greifen, in der Hoffnung, dass das herausgezogene Teil schon irgendwie ins Gesamtbild passt. Um ein Puzzle zusammenzusetzen, brauchen Sie eine Vorlage. Ein Gesamtbild, das Ihnen zeigt, wozu Sie das einzelne Puzzleteil brauchen. Doch wenn Sie ohne konkrete Output-Erwartung auf Ihre Veranstaltung gehen – wie wollen Sie dann sinnvollen Input bekommen? Schlimmstenfalls ist es zielloser Input, der Sie weiterhin dadurch beschäftigt hält, dass Sie Energie aufwenden, um zu überlegen, was Sie denn damit bloß machen könnten.

Selbst produzierter, nicht verwertbarer Input hat nämlich die fiese Eigenschaft, noch mehr nicht verwertbaren Input nach sich zu ziehen. Er sprießt wie Pilze aus dem Waldboden, nachdem es geregnet hat. Denn wenn Sie schon in eine Sache investiert haben, wollen Sie auch, dass etwas dabei herumkommt. Also werden Sie der verlorenen Zeit und dem schlechten Geld weitere Zeit und weiteres Geld nachwerfen – in der Hoffnung, dass dann ein vernünftiger Output herauskommt. Erfahrungsgemäß passiert das allerdings selten. Der Grund dafür liegt schlicht darin, dass all diesen Aktionen eine Grundidee fehlt. Eine Daseinsberechtigung. Eine Vorstellung davon, wozu sie existieren. Eine Richtung.

Indem wir ständig ziellos unnötigen Input produzieren, tragen wir zu dem Tornado, der uns umtost, aktiv bei. Interessanterweise ist es in diesem Fall zunächst einfacher, den Tornado aufrechtzuerhalten, als ihn zu stoppen. Schließlich ist er ein prima Betäubungsmittel.

Der Tornado ist ein prima Betäubungsmittel.

Bestes Beispiel ist mein Kumpel Jens. Jens hat ungefähr mein Alter, einen sehr guten Job und ist Single. Seine durchschnittliche Beziehungsdauer beträgt zwei Monate. Mit der hohen Frauenfluktuation in seinem Leben kommt er gut zurecht. Und der Akquiseaufwand ist aufs Äußerste optimiert. Um auf Jagd zu gehen, muss er sich nicht einmal physisch bewegen. Er erledigt das über eine der vielen Onlineplattformen. Die wiederum bedient er wie eine hocheffiziente Vertriebsmaschine. Hat er einmal eine gute Anmache formuliert, kann er sie kopieren und in Serienproduktion in allen attraktiven Damenprofilen hinterlassen. Dazu noch ein paar Photoshop-optimierte Fotos. Fertig. Mehr Arbeit erfordert das Dating nicht. Seitdem er jetzt zusätzlich eine der neuen Dating-Apps auf sein Handy geladen hat, muss er nicht einmal mehr schreiben. Er schaut sich nur noch die Bilder der Frauen an und wischt über den Screen: Nach rechts heißt daten, nach links heißt ablehnen.

Wenn Jens von seinen hochoptimierten Eroberungsstreifzügen erzählt, wirkt er auf den ersten Blick tatsächlich wie ein freier, wilder Cowboy. Hört man ihm aber länger zu, wird deutlich: Tief in seiner Seele sieht es düster und traurig aus. Aber er muss sich dieser

Traurigkeit nicht stellen. Denn die hohe Aktivität lenkt ihn ab – dem Input-Virus sei Dank. Er versteckt seine innere Stimme vor sich selbst unter dem Deckmantel des Beschäftigtseins und fühlt sich wie ein Held, der im Tornado nicht untergeht.

Doch am Ende gewinnt der selbst angefeuerte Tornado immer über die Stimme, die sich im Inneren meldet und gehört werden will. Im Getöse, das der Tornado verursacht, hat sie keine Chance mehr, gehört zu werden. Es bleibt ihr auf Dauer nichts anderes übrig, als komplett zu verstummen.

2. Verschwendete Zeit

Der Tornado um Sie herum tobt. Sie stehen mittendrin. Sie haben alles und nichts vor Augen. Von allen Seiten prasselt es ständig auf Sie ein und Sie können kaum noch Luft holen. Wie in einem Sandsturm. Die Sandkörner treffen Sie schmerzhaft, sie verstopfen Ihnen Nase und Ohren. Den Mund öffnen Sie besser nicht, sonst werden Sie das Knirschen zwischen den Zähnen nicht mehr los. Schließen Sie besser auch die Augen. Sehen können Sie sowieso nichts.

Was tun Nomaden in der Wüste, wenn sie vom Sandsturm überrascht werden? Ziehen sie unverdrossen weiter? Ganz bestimmt nicht. Die Gefahr wäre viel zu groß, in die falsche Richtung zu laufen und die Wasservorräte zu verschwenden. Die Nomaden suchen sich deshalb einen geschützten Platz und warten, bis der Sturm sich gelegt hat. Erst dann ziehen sie weiter.

Und was machen Sie? Sie ziehen trotz des Tornados weiter. Und zwar in einem Affenzahn. In welche Richtung? Na ja, mal in die eine, mal in die andere – wie es sich so ergibt. So genau können Sie die Richtung in dem ganzen Trubel ja auch nicht ausmachen.

Nein, verdursten werden Sie im alltäglichen Tornado nicht so schnell. Wasser haben Sie ja genug. Wenn Sie blind weiterziehen, verschwenden Sie etwas anderes, etwas viel Kostbareres, von dem Sie auch nur äußerst begrenzte Vorräte haben:

Sie verschwenden Ihre Zeit.

Richtung braucht Klarheit

Der Anzug
Es sind nur noch wenige Tage bis zum Hochzeitstermin und alle Vorbereitungen bereits getroffen: die Papiere zusammengesucht, das Standesamt gebucht, das Restaurant gefunden, der Blumenschmuck ausgewählt, das Brautkleid geschneidert. Alle Freunde und Verwandten haben schon lange die liebevoll ausgewählten Einladungen vorliegen, fast alle haben zugesagt. Die Liste der Gäste ist lang.

Ich sitze auf der Kante unseres Doppelbetts, den Kopf in die Hände gestützt. Aus dem Kinderzimmer unserer schicken Wohnung dringt die Stimme meines Sohnes.

»Alles in Ordnung mit dir?«, fragt meine Freundin, als sie von nebenan hereinkommt. Ich räuspere mich, und doch ist meine Stimme krächzend, als ich sage: »Ich kann nicht ... Ich habe keinen Anzug gekauft.« Sie schüttelt einen Moment ungläubig den Kopf und lacht. Doch beim Blick in mein Gesicht erstirbt ihr Lachen.

Einige Monate später. Wir haben die Hochzeit abgesagt. Meine Freundin ist mit unserem Sohn in eine andere Stadt gezogen, um den Schmerz mithilfe der Distanz zu betäuben.

Ich habe einen Termin für eine Wohnungsbesichtigung. Die Wohnung, die ich zuvor mit meiner Freundin und unserem Kind hatte, will ich verlassen. Orte haben ein Gedächtnis ... Doch ich weiß: Wenn ich mir jetzt eine neue Wohnung anschaue und umziehe, dann ist die Tür zu meiner Familie endgültig zugeschlagen. Auf dem Weg zum Auto durchdringt die Nässe des Kölner Schmuddelwetters meine Sneakers. Eigentlich sollte ich losfahren, stattdessen bin ich wie gelähmt. Ich starre auf das Lenkrad.

Ich weiß nicht, wie lange ich so dasitze – vielleicht nur Sekunden, vielleicht Minuten. Doch plötzlich ist die Stimme da. Sie sagt mir, in welche Richtung ich gehen sollte. Und das ist nicht die, in die ich gerade renne.

Plötzlich ist die Stimme da. Sie sagt mir, in welche Richtung ich gehen sollte.

Ich weiß jetzt, was ich zu tun habe.
Ich greife zum Handy und suche mit bebenden Fingern den Kontakt. Der Verbindungsaufbau dauert quälend lange. Endlich

das Klingeln. Sie hebt ab. Ich atme tief durch und sage mit klarer Stimme: »Darf ich wieder zu dir kommen?«

Ich habe durch mein Rumgeeiere so viel Zeit verschwendet. Weil ich nicht klar war. Und was mindestens genauso schlimm ist: Ich habe nicht nur meine Zeit verschwendet. Ich habe vor allem die meiner Frau und meines Sohnes verschwendet.

Meine Frau war die ganze Zeit klar. Sie kannte ihren Horizont. Sie wollte eine Familie. Vertrautheit, Stabilität, Freundschaft, gemeinsame Zeit, Tiefe. Der Haken an der Sache: Ich kannte meinen Horizont nicht. Irgendwie bin ich in diese Situation hineingeraten. Natürlich hatte ich Gefühle für meine Frau und meinen Sohn. Aber mein Verhalten zeigte das nicht. Ich fühlte mich wie im Nebel. Betäubt. Betäubt durch 14-Stunden-Tage im Büro, zu viele Geschäftsreisen, mindestens 60 000 km mit dem Auto im Jahr und mehr Nächte in Hotels als zu Hause im eigenen Bett.

Verschwendete Zeit ist immer die Zeit, die Sie mit Dingen vertun, die Sie nicht in die Richtung Ihres eigenen Horizontes bringen.

Und Zeit, die Sie verschwenden, ist unwiederbringlich verloren. Sie können sie nicht zurückdrehen. Sie haben diesen Moment nur ein Mal, und wenn er vorbei ist, ist er vorbei. Wenn Sie unglaublich beschäftigt sind mit Karriere & Co. und merken plötzlich mit fünfzig: »Oh, *shit*, eine Familie und eigene Kinder sind mir wichtig« – dann ist Ihre Frau vielleicht bereits aus dem gebärfähigen Alter raus und die vielen Jahre vorher sind verschwendete Zeit. Sie sind nicht aktiv auf Ihr Ziel zugesteuert. Und jetzt ist es zu spät.

Sie haben diesen Moment nur ein Mal.

Wenn Sie in Ihrem Leben nicht selbst auf Ihr eigenes Ziel zusteuern, werden Sie unweigerlich durch die Aktivität anderer angeschoben. Und die arbeiten wahrscheinlich auf ein völlig anderes Ziel hin – nämlich ihr eigenes. Sie sind dann nur noch wie ein Spielstein, der auf dem Feld hin und her geschoben wird. Und unter Umständen werden Sie irgendwohin geschoben, wo Sie gar nicht sein wollen.

Sie müssen sich entscheiden: Wollen Sie wie ein Knetgummi von anderen gedrückt und geformt werden? Oder wollen Sie selbst bestimmen, wer oder was Sie sind?

Doch das ist alles nicht so einfach, wie es klingt. Denn Beschäftigtsein ohne Richtung, ohne zu wissen, was Ihnen wichtig ist, ist wie Zocken im Kasino: Mit viel Glück kann es gut gehen. Aber die Wahrscheinlichkeit, dass es schiefgeht, ist ungleich größer. Wenn Sie zum Beispiel reich werden wollen, können Sie die Verantwortung dafür der Lottofee überlassen. Und wenn Ihre Zahlen nie gezogen werden, hat es eben nicht sollen sein – ganz einfach.

Beschäftigtsein ohne Richtung ist wie Zocken im Kasino.

Zu einfach.

Ob Ihr Ziel nun lautet, reich zu werden, Ihr Golf-Handicap unter zehn zu bringen oder eine neue Sprache zu lernen: Sie müssen für Ihr Ziel einstehen. Die Amerikaner nennen das Commitment oder Ownership. Frei übersetzt: Sie müssen bereit sein, den Preis dafür zu zahlen. Denn für jedes anspruchsvolle Ziel benötigt man Kraft, Energie und Anstrengung. Ohne Konsequenz und Disziplin degradieren Sie das, was Ihnen wirklich wichtig ist, zum reinen Glücksspiel. Fürs Glücksspiel benötigen Sie nur einen Lottoschein. Für Ihre Lebensziele müssen Sie jedoch aktiv werden.

Das Gute daran: Wenn Sie aktiv auf Ihr Ziel zusteuern, sind Sie der Spieler. Sie sind es, der entscheidet, welcher Spielstein wo gesetzt wird. Das bedeutet, dass Sie Verantwortung übernehmen und Entscheidungen treffen. Eine Garantie, dass Sie es schaffen, haben Sie auf diese Weise zwar auch nicht. Aber Sie erhöhen deutlich die Chance, dass Sie Ihr Ziel erreichen werden.

Ob investierte Zeit also verschwendet ist oder nicht, hängt davon ab, ob sie Sie Ihrem persönlichen Ziel näher bringt: Wenn Sie zum Beispiel in einer Firma arbeiten, in der gewollt ist, dass Sie 14 Stunden täglich im Büro verbringen und auch am Wochenende arbeiten, dann hält Sie dieses System unglaublich beschäftigt. Jetzt kommt es darauf an: Ist es Ihr Ziel, eine Familie zu gründen? Dann werden Sie von diesem System in eine andere Richtung getrieben, weg von Ihrem Ziel. Wenn Sie dagegen in dieser Firma einmal Vorstandsvorsitzender werden wollen, ist es hilfreich, zur Not auch Tag und Nacht für die Firma zu arbeiten. Dann ist die investierte Zeit nicht verschwendet. Die Frage ist: Entscheiden Sie sich freiwillig dafür, sich dem System und seinen Spielregeln anzupassen? Oder entscheidet jemand anders nach seinen eigenen Erwartungen: Kollegen, Vorgesetzte, Lebenspartner, Familie, Eltern, Freunde, Nachbarn, Gesellschaft allgemein …?

Entscheidungen zu treffen ist ein zentraler Punkt im Umgang mit der Zeit.

Verantwortung ist eine Entscheidung

Unser größtes Problem inmitten des Tornados ist, dass wir nicht mehr in der Lage sind, Prioritäten zu setzen. Alles ist wichtig, alles ist dringend, tausend Sandkörner prasseln wie Nadelstiche auf uns ein und erzwingen unsere Aufmerksamkeit. Das Fatale dabei: Wenn alles wichtig ist, ist nichts mehr wichtig.

Stellen Sie sich vor, Sie wollen vitaler und gesünder leben. Dazu suchen Sie einen Trainer auf. Er analysiert Ihr Körpergewicht, misst den Bauchumfang und wertet den Fettanteil Ihres Körpers aus. Er fragt Sie nach Zielen, Wünschen und machbarem Zeiteinsatz. Danach folgt ein einstündiger Vortrag mit gefühlten 528 Empfehlungen, was Sie alles tun können, um Ihr Ziel zu erreichen: Blutuntersuchung, Test auf Lebensmittelunverträglichkeiten, Ernährungsumstellung, Kohlenhydrate vermeiden, nach 19 Uhr nichts mehr essen, mindestens drei Liter Wasser trinken, keinen Alkohol, keinen Zucker, mindestens fünfmal pro Woche Sport, davon zweimal Ausdauertraining und dreimal Krafttraining, Fitness-Tracker kaufen, Schlaf- und Bewegungsgewohnheiten messen, regelmäßig Blutdruck und Puls prüfen, Treppen statt Aufzug und Rolltreppe nutzen, täglich eine Runde spazieren gehen, mindestens acht Stunden Schlaf, abends kein Fernsehen und so weiter. Nach zehn Minuten können Sie schon nicht mehr folgen. Nach der Stunde sind Sie – auch ganz ohne Sport – bereits fix und fertig. Aber Sie geben nicht auf. Sie wollen wissen: »Was ist das Wichtigste, das ich auf jeden Fall umsetzen sollte?« Ihr Trainer schaut Sie verdutzt an: »Das habe ich Ihnen doch gerade erzählt.« Und er wiederholt daraufhin seinen einstündigen Vortrag. Danach wissen Sie immer noch nicht, was das Wichtigste ist, werden sich nichts davon merken – und sich für etwas entscheiden, um es in die Tat umzusetzen, werden Sie erst recht nicht.

Die Zuschreibung von unterschiedlicher Wichtigkeit ist also genauso eine Entscheidung wie die Entscheidung darüber, sich als Spieler oder als Spielstein einzubringen. Wenn Sie selbst die Entscheidung nicht treffen, entscheidet im Zweifelsfall jemand anders für Sie. Und dessen Prioritätensetzung deckt sich aller Wahrscheinlichkeit nach nicht mit Ihrer Zielsetzung. Sie können diese Entscheidung aber auch selbst treffen – vorausgesetzt, Sie kennen Ihr Ziel.

Warum die Entscheidung zwischen wichtig und unwichtig im Zusammenhang mit verschwendeter Zeit von so großer Bedeutung ist, möchte ich Ihnen an einem Beispiel verdeutlichen: Wenn ich mit meiner Frau zu Abend esse, dann habe ich mich für diese gemeinsame Zeit entschieden. Wenn aber während des Essens in mir Kopfkino abläuft und ich an meine laufenden Beratungsprojekte denke, dann bin ich nicht bei meiner Frau und kann den Abend nicht genießen. Im Gegenteil: Wahrscheinlich wird es ein herzlich blöder Abend. Denn meine Frau wird bemerken, dass ich nicht bei der Sache bin. Folge: Wir werden wahrscheinlich aneinandergeraten. Wie unnötig! Denn nur durch meine Gedanken ans Büro erledigt sich die Arbeit dort ja auch nicht. Also bin ich weder bei meiner Frau noch im Büro.

Das gilt auch umgekehrt: Ich sitze im Auto, quäle mich durch einen Stau und stelle mir vor, wie schön es wäre, mich jetzt mit meinem Sohn im Fitnessstudio zu verausgaben. In diesem Moment fühle ich mich gleich doppelt schlecht. Zum einen, weil ich nicht schwitzend Gewichte stemme, sondern genervt auf der Autobahn vor mich hin rolle. Zum anderen, weil sich der Stau durch mein Wunschdenken auch nicht auflöst.

Beide Male ist die Zeit verschwendet, weil ich nicht im Hier und Jetzt bin. Doch wie kann ich es besser machen? Ich muss meinen

Entscheiden, welche Gedanken wir verfolgen und welche wir loslassen.

Geist kontrollieren. Und das ist eine der größten Herausforderungen des Menschen. Mit rund 60 000 Gedanken pro Tag plappert die Stimme in unserem Kopf von morgens bis abends. Das sind rund 40 Gedanken pro Minute. Diese Gedankenmaschine abzustellen, ist eine große Kunst. Mönche meditieren tagtäglich mehrere Stunden, um für Ruhe im Kopf zu sorgen. Für uns Nichtmönche ist es ein erster Schritt, dass wir zumindest entscheiden, welche Gedanken wir verfolgen. Und welche wir loslassen.

Beobachten Sie sich: Haben Sie sich vielleicht schon daran gewöhnt, sich von Ihren Gedanken lenken zu lassen? Sie hätten stattdessen auch die Möglichkeit, Ihre Gedanken in eine andere, nämlich die gewünschte Richtung fließen zu lassen. Das kann man trainieren. Im Wort »trainieren« klingt schon an, dass das mit Energie und Aufwand verbunden ist – so wie alles, wofür Sie Verantwortung übernehmen: für die eigenen Kinder, für die eigene Firma und ihre Mitarbeiter, für ein übernommenes Projekt, für Ihr eigenes Leben. Das ist der Preis dafür, dass Sie Ihren eigenen Weg in Richtung Ihres eigenen Zieles beschreiten. Und Ihre Zeit nicht verschwenden, sondern nutzen. Verantwortung für das eigene Leben zu übernehmen ist eine Entscheidung!

Rettungsanker im Tornado

Die Beschäftigungswut ist zur Volkskrankheit geworden und die Liste der dagegen angebotenen Medikamente ist lang. Wenn Ihr Tag nicht reicht, um alle Aufgaben zu bearbeiten, sind Sie zum Beispiel vielleicht nur nicht gut genug organisiert. Ein übervoller Terminkalender müsste sich doch mit geschicktem Zeitmanagement so entschlacken lassen, dass genug Zeit für die wichtigen Dinge übrig bliebe. Besuchen Sie nur das richtige Seminar und schon sind Sie gegen den Input- und den Instant-Virus immun.

Ein guter Gedanke. Aber leider falsch!

Keine Frage: Gutes Zeitmanagement kann Wunder wirken bei

der Steigerung der Effizienz. Für Menschen, die drauflosarbeiten, statt sich vorher zu sortieren, kann schon die Frage »Welche Aufgabe muss wirklich heute erledigt werden und welche kann bis morgen warten?« eine riesige Entlastung mit sich bringen. Sie kann die Produktivität am Arbeitsplatz, die persönliche Entspannung und den Stolz nach erledigtem Tagespensum spürbar und messbar steigern. Doch die Fragen, die Ihnen helfen, trotz Tornado gut durchs Leben zu kommen, klingen eher so:

- Was fehlt, wenn es dich nicht mehr gibt?
- Was willst du in deinem Leben bewirken?
- Bei welchen Menschen möchtest du welche Spuren hinterlassen?
- Willst du Kinder haben?
- Was willst du ihnen mit auf ihren Weg geben?
- Welche Welt möchtest du der nachfolgenden Generation hinterlassen? Und was tust du konkret, um einen Beitrag dafür zu leisten?
- Mit welchem Lebenspartner willst du wie zusammenleben?
- Welchen Job willst du leben?
- Was willst du in deinem Leben noch lernen?
- Was müsstest du ändern, damit du am Ende sagen kannst: »Ich habe mein eigenes Leben gelebt!«?
- Wer willst du werden?

Auf keine dieser Fragen gibt das Zeitmanagement eine Antwort. Das Leben ist wie eine Leiter, die wir hinaufklettern. Techniken der Selbstorganisation helfen durchaus dabei, die Leiter schneller zu erklimmen. Aber was hilft Ihnen das, wenn Sie oben ankommen und feststellen: Die Leiter steht an der falschen Wand? Das effizientere Begehen eines Weges macht einen sinnlosen Weg nicht sinnvoller. Nur weil Sie schneller rennen, wird aus einem Hamsterrad keine Karriereleiter. Außerdem wissen Sie bereits aus Erfahrung: Die durch schnelleres Rennen gewonnenen Zeitfenster werden sofort wieder vom Tornado aufgefüllt. Die Input- und Ins-

> Zeitmanagement macht einen sinnlosen Weg nicht sinnvoller.

tant-Viren sind immer noch da! Warum? Weil Ihr »Immunsystem« schwächelt.

Ich erlebe immer wieder Vorstände, Manager, Topführungskräfte, die »es« geschafft haben. »Es« richtet sich nach dem Maßstab der Gesellschaft, der ein erfolgreiches Leben definiert: hohes Einkommen, Prestige, toller Firmenwagen, sozialer Status. Und trotzdem fehlt diesen Menschen etwas. Irgendwann meldet sich eine Leere und Unzufriedenheit, die schwer greifbar ist. Und für Außenstehende auch schwer nachvollziehbar. »Du hast doch alles erreicht. Was bist du denn so unzufrieden?« Die Antwort ist einfach: Sie sind unzufrieden, weil sie immer noch nicht genau wissen, was für sie die wirklich wichtigen Dinge im Leben sind.

Wenn Sie sich das bewusst gemacht haben, brauchen Sie kein Zeitmanagementseminar. *Steve Jobs*[1] wird das Zitat zugeschrieben: »Ich bin auf die Dinge, die wir *nicht* getan haben, genauso stolz wie auf die Dinge, die wir getan haben.« Im Leben geht es nicht darum, wie ich noch mehr in meinen Tag hineinpacke. Viel wichtiger ist die Frage: Was lasse ich alles draußen?

Schauen Sie doch mal in die letzte Woche Ihres Kalenders. Welche der Termine, Telefonate und Treffen waren für die Katz? Welche würden Sie am liebsten streichen, weil sie nur Lärm, Ablenkung und ohne Output für Sie waren? Die gute Nachricht: Sie können das auch für diese Woche tun. Und für die nächste Woche. Sie können Ihr ganzes Leben vereinfachen. Sortieren Sie einfach Termine, Klubmitgliedschaften, Gremienzugehörigkeiten, Projektlisten, Rückrufbitten und – ja, auch Freundschaften – aus (es gibt einen großen Unterschied zwischen echten Freunden und Zeitabschnitts- und Zweckbekannten). Dazu braucht es nur Mut.

Ja, es braucht Mut, um bestimmte Kundenanfragen nicht mehr anzunehmen, um die Teilnahme an Meetings abzulehnen, die Ihnen nichts bringen oder zu denen Sie nichts beitragen können, um nicht jedes geschäftliche Event und jede Weiterbildung zu besuchen, um die Einladung der Bekannten zum Geburtstag des jüngsten Sohnes auszuschlagen oder der Schwiegermutter klarzumachen, dass Sie sie nicht jedes Wochenende besuchen werden. Schließlich enttäuschen Sie in diesen Fällen die Erwartungen Ihrer

Mitmenschen. Erst recht dann, wenn Sie die Bitten und Anfragen bisher immer angenommen und erfüllt haben.

Ein »Nein« erzeugt Reibung. Insbesondere bei hierarchischen Beziehungen: Wenn Sie Ihrem Chef auf einmal widersprechen, obwohl Sie doch bisher zu all seinen Vorschlägen Ja und Amen gesagt haben, steckt darin Konfliktpotenzial. Doch der selbst befeuerte Mechanismus des Tornados lässt sich nur durchbrechen, wenn Sie wissen, was Ihnen wirklich wichtig ist, und wenn Sie den Mut haben, dazu zu stehen und Ihre Werte zu vertreten – trotz möglicher Einbußen.

Wenn eine bessere Zeiteinteilung nicht die Lösung des Problems ist – könnte es dann sein, dass die neuen technischen Möglichkeiten weiterhelfen können? In allen Lebensbereichen – zum Beispiel Ernährung, Sport, Logistik, Produktion, Verkehr, Medizin und Gesundheit – gibt es ständig technische Innovationen und wissenschaftliche Errungenschaften. Sie eröffnen ungeahnte Möglichkeiten. Und ich denke dabei nicht nur ans iPhone oder die Konservierbarkeit von Lebensmitteln, an Same-Day-Delivery und Just-in-time-Produktion, sondern auch an neue Entdeckungen, von denen wir jetzt noch gar nicht wissen, wie sie unseren Alltag in fünf bis zehn Jahren beeinflusst haben werden.

Nehmen wir zum Beispiel medizinische Optionen wie das Social Freezing. Ursprünglich konzipiert zur Konservierung der Eizellen weiblicher Krebspatientinnen vor einer Chemotherapie, ist Social Freezing inzwischen zum Massenphänomen avanciert. Firmen wie Apple oder Facebook bieten ihren Mitarbeiterinnen sogar an, die Kosten dafür zu übernehmen, um von der Schaffenskraft junger Frauen länger profitieren zu können. Das Verfahren wird als probates Mittel gepriesen, die eigene Zeit nicht zu verschwenden. Wir spielen einfach ein bisschen Gott und bestimmen über Leben und Tod.

Es scheint, als würden mit solchen Instrumenten immer mehr Dinge in immer kürzerer Zeit machbar – ein optimiertes und immer dichter gepacktes Leben wird zur Normalität. Aber helfen diese Mittel uns wirklich dabei, alles tun zu können und zu nichts mehr »Nein« sagen zu müssen? Vermehrt sich unsere Zeit dadurch?

Es ist richtig, dass Sie zum Beispiel während einer S-Bahn-Fahrt in 20 Minuten Dinge erledigen können, für die Sie früher mehrere Stunden gebraucht hätten: Lebensmittel einkaufen, Klamotten aussuchen, den Bürobedarf für den nächsten Monat ordern, E-Mails beantworten, Flüge buchen, Rückrufe tätigen, Fotos machen und verschicken, eine Audionotiz aufzeichnen und versenden und vieles mehr. Und das alles, ohne auch nur ein einziges Mal aufzustehen. Doch ob Sie mit dieser gestiegenen Effizienz zum Ziel kommen, hängt davon ab, ob Sie mit der Abarbeitung der Aufgaben wirklich Freiräume schaffen und für Ihr Wohlbefinden sorgen – oder ob Sie nicht stattdessen die Zahl der abzuarbeitenden Aufgaben verdoppelt haben. Denn auch Ihre Kollegen – gar nicht faul – nutzen jede freie Minute, um »mal eben was zu erledigen«. Sie beantworten zum Beispiel Ihre Mail oder nutzen ihre freie Minute, um Ihnen eine neue Aufgabe an die Hacken zu heften. Und so hecheln Sie genauso wie zuvor wieder dem Aufgabenberg hinterher, der statt geschrumpft schlechtestenfalls sogar noch angewachsen ist. Vielleicht hat Sie der Effizienz- und Geschwindigkeitswahnsinn im Management Ihres Tornados weitergebracht. Doch was ist mit den wirklich wichtigen Dingen in Ihrem Leben? Ihre Ehe ist durch den ganzen Kram nicht romantischer geworden. Die Beziehung zu Ihren Kindern nicht enger. Und der Kontakt mit Ihren Eltern nicht versöhnlicher.

Gerade im Umfeld von Lebensentscheidungen wütet der Tornado heftig. Und besonders dort werden wir Opfer des Instant-Virus. Denn wenn eine Mitarbeiterin den Kinderwunsch auf später verschiebt, um ihre Karrierechancen zu nutzen, findet sie gar keine Zeit, ihren eigenen Lebensweg zu verfolgen. Für Kinder braucht es auch den richtigen Partner. Aber für Dating und Flirten ist – der Karriere sei Dank – gerade keine Zeit. Erst muss sie noch all das Wichtige erledigen, bevor sie sich der Partnersuche und möglichen Kindern widmet. Wenn sie dann mit 45 immer noch keinen Partner an ihrer Seite hat – oder alle Zeugungsversuche missglückt sind –, schlägt die harte Realität zu. Wir haben eben keine Sicherheit, dass alles so kommt, wie wir es planen. In

Gerade im Umfeld von Lebensentscheidungen wütet der Tornado heftig.

unserer von der Natur bereinigten Kunstwelt voller Hightech und Wissenschaft vergessen wir gerne, dass wir trotz allen Fortschritts (noch) nicht alles kontrollieren und beeinflussen können.

Völlig verblendet durch Instant- und Input-Virus und den wilden Tornado um uns herum drehen wir an den falschen Schrauben. Das ist, als würden Sie in Ihrem Wohnzimmer sitzen und bemerken, dass es durch das Dach tropft. Schnell stellen Sie einen Eimer hin, um das Wasser aufzufangen, und tauschen diesen stündlich gegen einen leeren aus – statt das Loch im Dach zu reparieren. All die wunderbaren Errungenschaften unserer modernen Konsum- und Technikwelt werden Ihnen nicht helfen können, Ihre Zeitverschwendung einzudämmen. Denn um aus Ihrer Zeit eine erfüllte Zeit zu machen, brauchen Sie eine neue Sichtweise.

Auch wenn es sich für Sie oft anders anfühlt: Wie Sie auf den Druck reagieren, der auf Ihnen lastet, entscheidet niemand anderer als Sie. Nur Sie selbst bestimmen, wie Sie sich verhalten und was Sie tun. Und vor allem: wie Sie leben wollen.

Ich bestimme selbst!

München, ein Mittwochabend. Ich sitze im Taxi auf dem Weg von einer Konferenz mit Finanzvorständen. Ich habe dort einen Vortrag gehalten darüber, wie Unternehmen noch schneller erfolgreich werden können. Alle haben hoch konzentriert zugehört. Hinterher bin ich mit einigen ins Gespräch gekommen. Sie haben mir erzählt, dass sie sich nach mehr Fokus und Wirksamkeit sehnen. Ich habe gespürt, wie sehr sie im Tornado stecken: Sie kontrollierten ständig mitten im hektischen Stimmengewirr den Maileingang auf ihren Smartphones und erledigten Rückrufe. Dann stopften sie viel zu hastig die kleinen Häppchen vom Buffet in sich hinein, bevor sie sich zum nächsten Termin verabschiedeten.

So ein Tag zehrt auch an meinen Reserven. Die Technik war mitten im Vortrag ausgefallen. So musste ich den Raum ohne Mikro beschallen. Nach diesem Kraftakt für meine Stimmbänder freue ich mich auf einen Moment der Ruhe und falle erschöpft ins Taxi. Sehne mich nach zu Hause, nach einer Umarmung meiner Frau und ein bisschen sportlichem Gerangel mit meinem Sohn.

Mein Taxifahrer wirft mir im Rückspiegel einen freundlichen Blick zu – schon beim Einsteigen ist mir seine warme Stimme aufgefallen und seine heiter-gelassene Ausstrahlung. Ich bin neugierig und stecke mein Telefon wieder in die Tasche. Wir unterhalten uns, obwohl meine Stimme schon etwas heiser ist. Ich erfahre, dass er Syrer ist, seit vielen Jahren in Deutschland lebt und dieses Jahr bereits siebzig wird. Aber er arbeitet noch immer. Weil die Rente nicht reicht.

Mit siebzig noch Taxifahrer? Ich frage ihn: »Und – sind Sie glücklich?« Er zögert keinen Moment und antwortet mit einem Funkeln in den Augen: »Aber ja!« Ich will wissen, was für ihn Glück bedeutet. Er nennt, ohne zu zögern, drei Aspekte: Er führt eine gute Ehe, seine Familie ist gesund – und er ist finanziell unabhängig. Der letzte Punkt lässt mich stutzen: »Wie meinen Sie das? Sie sagten doch gerade, dass Sie zu wenig Rente bekommen …«

Er lächelt und erklärt es mir mit ruhigen Worten. Er meint »finanziell unabhängig« nicht im Sinne von »reich«. Nein, das ist er nun wirklich nicht. Er hat harte Zeiten hinter sich und es gibt gute und weniger gute Tage. Aber, hey, er ist sein eigener Boss, er kann selbst bestimmen: »Ich fahre mein eigenes Taxi – das ist meine Firma! Ich bestimme selbst, wann und wie lange ich fahre. Ich bin der Herr meiner Zeit!« Wie er das so erzählt, wirkt er nicht naiv und weltfremd, sondern klar und geerdet. Und ganz und gar nicht hektisch. Mir fällt auf, dass er der erste entspannt wirkende Mensch ist, der mir heute über den Weg gelaufen ist.

Welch ein Kontrast! Ein einfacher Taxifahrer strahlt mehr Selbstbestimmtheit aus als Menschen, in deren Händen die Verantwortung für millionenschwere Budgets und Tausende von Mitarbeitern liegt. Ist das Rezept so einfach? Wissen, was einem wichtig ist, sein Leben und seine Zeit darauf ausrichten – und schon bin ich glücklich?

Keine Sorge, ich bin kein Romantiker. Ich behaupte keineswegs, dass alle Finanzvorstände unglücklich und fremdbestimmt sind. Viele von ihnen führen genau das Leben, das sie immer führen wollten. Und wenn das so ist, finde ich das großartig. Aber das Leben in solchen Jobs ist kein Ponyhof. Und im Businesstornado verlieren auch sie immer wieder mal ihren Horizont aus den Augen.

Und nein, bei diesem Taxifahrer gibt es nichts zu verklären. Er hat kein leichtes Leben, denn er ist einen verdammt harten Weg gegangen und geht ihn noch immer. Aber ein harter Weg ist kein Hindernis für Glück. Im Gegenteil!

Ein harter Weg ist kein Hindernis für Glück. Im Gegenteil!

Nur wenn Sie Ihre Zeit selbstbestimmt nutzen, verschwenden Sie sie nicht sinnlos auf Ihrem Lebensweg. Und nur dann sind Sie in der Lage, subjektiv Glück, Erfolg und Reichtum selbst dort zu finden, wo andere nur – wie im obigen Beispiel – einen bettelarmen Taxifahrer mit hartem Los sehen würden. Und dann, nur dann, werden Ihnen die Menschen auch zuhören und glauben, wenn Sie selbst das Wort ergreifen und sich mit Ihrer Stimme in die Gespräche und Debatten einmischen. Wer hört schon gerne einem Weichei zu, dem man einen harten Weg und die Entschlossenheit, eigene Ziele zu verfolgen, nicht abkaufen mag? Ich bin sicher: Wenn dieser Taxifahrer die Gelegenheit bekäme, vor größerem Publikum von seinem Leben und seiner Lebenseinstellung zu erzählen, wäre es mucksmäuschenstill im Saal – so wie damals im Taxi, nachdem ich diese Worte gehört hatte und sie überhaupt nicht mehr aus dem Kopf bekam.

Der neue Luxus

Was ist so faszinierend an Menschen, die ihre Zeit selbstbestimmt nutzen? Warum werden sie bewundert und beneidet? Wegen ihres wahren Reichtums. Eines Reichtums, der vielen unerreichbar erscheint, mehr noch als alle materiellen Besitztümer und alle Machtpositionen. Ein Reichtum an selbstbestimmter Zeit ist kein Ergebnis einer noch so ehrgeizigen Karriere. Er kann nicht im Lotto gewonnen und nicht vererbt werden. Er ist das Ergebnis einer inneren Haltung, die Sie sich nur auf einem harten Weg erarbeiten können.

Selbstbestimmte Zeit ist der neue Luxus. Ein Luxus, der vielen Menschen heute erstrebenswerter erscheint als ein prall gefülltes Bankkonto. Und das Tolle ist: Dieser Reichtum ist in Wahrheit

Selbstbestimmte Zeit ist der neue Luxus. für alle Menschen viel leichter erreichbar als sein materielles Pendant. Denn so hart der Weg dahin auch ist und egal, in welcher Situation Sie gerade stecken – Sie können ihn gehen. Sie benötigen dafür keine besonderen materiellen Ressourcen. Genau wie der syrische Taxifahrer können Sie Ihre Möglichkeiten auf das ausrichten, was Ihnen wirklich wichtig ist.

Ich benutze dafür gerne ein Bild aus dem Roman »Der Herr der Ringe« von *J.R.R. Tolkien*. Der alt und müde gewordene Bilbo Beutlin klagt dort beim Zauberer Gandalf, dass er sich fühlt wie Butter, die viel zu dünn auf zu viel Brot verstrichen worden ist: »*Why, I feel all thin, sort of stretched, if you know what I mean: like butter that has been scraped over too much bread.*«

Als ich diesen Satz zum ersten Mal las, entstand sofort die Assoziation zu der großen Müdigkeit und Überforderung, die sich die Menschen in der heutigen Zeit permanent zumuten. Das Bild von zu wenig Butter auf zu viel Brot beschreibt ihre Lage recht treffend. Immerzu versuchen sie, mit ihren begrenzten Ressourcen – ihrer Zeit, ihrer Energie, ihrer Arbeitskraft – das ganz große Rad zu drehen und gleichzeitig mit einem Schlag all das zu erreichen, wovon sie glauben, dass es für sie erstrebenswert sein muss: Familie, Kinder, beruflicher Erfolg, ein schönes Haus, ein tolles Auto, viele nette Freunde, viele gute Beziehungen, gutes, gehaltvolles und zugleich genussreiches Essen, wertvolle kulturelle Impulse und, und, und.

Alle möchten sie so schnell wie möglich ein möglichst großes Stück Brot. Ich weiß nicht, ob Sie all das, was ich soeben aufgezählt habe, wirklich im Einzelnen benötigen. Gut möglich, dass auch Sie das nicht so genau wissen. Aber der Wunschkatalog, den unsere Gesellschaft uns allen permanent wie Hunden das Leckerli vor die Nase hält, hat eine ungeheuer große Anziehungskraft. Und ehe Sie sichs versehen, ertappen Sie sich dabei, ebenfalls diesen Wünschen nachzulaufen und dafür die nächste Anstrengung und Überforderung in Kauf zu nehmen. Denn Ihre Ressourcen sind längst nicht so groß wie die immer länger werdende Liste Ihrer Wünsche.

Genau dazu passt das Bild von Bilbo Beutlin: Das Brot Ihrer Wünsche ist so groß, dass die Butter, die darauf verteilt wird, immer dünner und dünner ausgestrichen werden muss. Sie reicht längst nicht mehr aus, und es wird deswegen trotz aller Bemühungen unweigerlich ein sehr trockenes, schwer genießbares Brot. Sie sind unglaublich beschäftigt, haben aber viel zu wenige Ressourcen, um das ganze Brot abzudecken. Wie viel sinnvoller wäre es, wenn Sie die Größe des Brotes Ihrer Buttermenge anpassten!

Passen Sie die Größe des Brotes Ihrer Buttermenge an.

Wenn Sie Ihre Butter auf ein zu großes Brot verstreichen, klagen Sie darüber, dass es so mühsam ist. In Wahrheit verstecken Sie sich. Sie verstecken sich vor der Verantwortung, sich zu entscheiden und Prioritäten zu setzen. Im Ergebnis sind Sie so zwar unglaublich beschäftigt, aber nicht wirklich wirkungsvoll. Kein guter Zustand!

Warum nehmen Sie nicht nur die Hälfte des Brotes, also das, was Ihnen tatsächlich wichtig ist? Dazu müssten Sie den Mut haben, auszusondern. Also bestimmte Prioritäten zu setzen und den Rest bewusst abzuwählen. Dann reicht Ihre Butter, um diese Hälfte ordentlich zu bestreichen – Ihre Ressourcen und Ihre Energie passen zu Ihrer Aufgabe, die Sie sich gestellt haben. So sind Sie besonders wirkungsvoll. Und plötzlich werden Sie auch für andere sichtbar – und hörbar! Sie glänzen auf einmal, weil Sie bei wirklich wichtigen Dingen Erfolg haben. Dann dringt Ihre Stimme durch, weil Sie etwas zu sagen haben, was für Sie und für andere relevant ist.

Wenn Sie erfolgreich werden wollen – egal, worin: viel Geld verdienen, ein Musikinstrument beherrschen, einen neuen Job erlernen –, dann müssen Sie zuerst die Größe des Brotes der Menge an Butter anpassen, die Sie zur Verfügung haben. Also ein kleines Stück Brot nehmen, aber das ordentlich mit Butter bestreichen. Das bedeutet, mit Ihren begrenzten Ressourcen einen super Job zu machen – ob privat oder im Büro –, richtig gute Qualität abzuliefern, richtig viel Wirkung zu produzieren. Wenn Sie das tun, werden Sie Schritt für Schritt besser. Sie können schwerere Musikstücke spielen oder flüssiger mit Ihrem britischen Nachbarn plaudern. Oder Kunden sind zufrieden und Sie bekommen Folgeaufträge oder Empfehlungen. So sind Sie auf dem Weg, dass Ihnen das Leben die Chance gibt, noch etwas mehr Butter zu bekommen, um damit auch größere Brotstücke zu bestreichen. So wächst Ihr Brotstück und Sie wachsen mit – Schritt für Schritt.

Ein Paradoxon, das ich Ihnen nicht ersparen kann: Groß denken ist gut, denn es spornt Sie an, große Dinge in Ihrem Leben zu bewirken. Doch Vorsicht: Wenn Sie auf das Große blicken, könnte es Sie auch erschlagen! Mal angenommen, Ihre Frau wünscht sich schon lange, dass Sie mit ihr tanzen gehen, aber Sie haben noch nie tanzen können und sich immer nur wie ein Storch im Salat bewegt. Eines Abends schauen Sie ihr zuliebe zusammen »Dirty Dancing« an und machen das, was Sie da sehen, zu Ihrem Maßstab: »Oje, das kann ja nichts werden, dann lass ich's gleich. So wie *Patrick Swayze* werde ich nie tanzen!« Große Bilder können inspirieren, aber auch lähmen.

Große Bilder können inspirieren, aber auch lähmen.

Deswegen: Denken Sie in großen Bildern, seien Sie anspruchsvoll. Aber wählen Sie das Stück Brot, das Sie bestreichen wollen, so, dass Sie es auch mit Butter abdecken können. Gehen Sie mit Ihrer Frau noch einmal in den Anfängerkurs. Und dann lassen Sie das Stück Brot und sich selbst langsam wachsen, gehen Sie nach und nach in die Fortgeschrittenenkurse, und irgendwann sehen Sie sich staunend auf dem Video einer Party und denken: »Wow, ich wusste gar nicht, dass ich so gut tanzen kann!« Sie werden sich reich fühlen – und Ihre Frau wird Sie dafür noch mehr lieben. Welch ein Luxus, dass Sie Ihre gemeinsame Zeit dafür genutzt haben!

Die Zukunftsfähigkeit des Menschen

Der Luxus der selbstbestimmt genutzten Zeit macht glücklich. Das unterscheidet ihn von materiellem Reichtum. Das klingt sehr klischeehaft, oder? Geld macht nicht glücklich – sagen das nicht alle, die Geld haben?

Glauben Sie mir, ich spreche aus meiner eigenen Lebenserfahrung. Ich wollte damals unbedingt an der European Business School studieren. Eine Privatuniversität. Da meine Eltern nicht in Geld schwammen, habe ich mir das Studium per Kredit selbst finanziert. In den Semesterferien musste ich Geld verdienen, sodass ich sie mit Praktika verbrachte, anstatt in den Studentenkneipen zu versacken. Damals schwor ich mir: Wenn mehr Geld da ist, dann werde ich zufriedener sein! Dann werden alle Probleme verschwunden sein! Danach folgte die Zeit, in der sich das Geld auf dem Konto sammelte. Aber das führte nicht dazu, dass ich mich erfüllter fühlte, denn für dieses Geld arbeitete ich unglaublich viel. Ich verbrachte mehr Zeit in Hotels als zu Hause und war förmlich süchtig nach noch mehr Geld. Ich war zwar formal mein eigener Herr, kein Chef gab mir Anweisungen; doch es war das Geld, das mir indirekt immer neue Befehle gab. Hinzu kam in Zeiten der Börsenkrisen dann noch eine ganz neue Sorge: nämlich die Angst davor, das Geld wieder zu verlieren.

Über diese Erfahrung bin ich zu der Erkenntnis gekommen, dass es im Leben nicht um die Frage geht, wie viel Geld ich habe. Klar ist es schön, sich Dinge leisten zu können. Aber wer viel Geld hat und sich viele Dinge leisten kann und trotzdem im Hamsterrad steckt, der ist deswegen noch lange nicht glücklich. Ich kenne zwei Multimillionäre, die könnten mit ihrem Geld ihr Leben zwei- bis dreimal erneut durchleben, ohne einen Schlag dafür zu tun – aber sie arbeiten immer noch wie ein Stier. Und beklagen sich auch noch darüber! Mein Rat: »Dann hör doch auf!« Sie antworten dann mit hervorragenden Geschichten, weswegen das jetzt noch nicht geht und sie weitermachen »müssen«.

Der innere Druck hört nicht auf. Oder ist es die Gier? Der Besitz von Geld hat nun mal kein Limit. Ich habe noch niemanden gehört, der sagt: Es ist genug. Alle wollen immer mehr davon.

Doch ich bin davon überzeugt, dass der wahre Luxus nicht Geld allein ist – sondern die frei gestaltbare Zeit. Nein, ich meine nicht einfach Freizeit. In der dröhnen sich viele Menschen mit Aktivitäten zu, die ebenfalls fremdbestimmt sind. Ich meine Zeit, über die Sie voll und ganz verfügen, weil Sie frei entscheiden können, was Sie damit tun. Der Zustand wirklich frei gestaltbarer Zeit ist für mich der Zustand von echter Unabhängigkeit und Glückseligkeit.

Der wahre Luxus ist nicht Geld – sondern frei gestaltbare Zeit!

Da ich hier von Luxus spreche, mögen Sie das auch für ein Luxusproblem halten. Eines, mit dem Sie sich gar nicht beschäftigen können vor lauter Arbeit. Stimmt schon, es ist unglaublich anstrengend, aus Gewohnheiten und Verflechtungen auszubrechen. Anstatt zu erklären, warum es bei Ihnen nicht klappt, stellen Sie sich bitte einmal eine andere Frage: Was müssten Sie in Ihrem Leben ändern, damit es funktionieren kann?

Noch besser: Schauen Sie bei diesem Gedanken über Ihr eigenes Leben hinaus. Denn es geht hier nicht nur um Ihr persönliches Glück, sondern um die Zukunftsfähigkeit des Menschen.

Denken Sie einmal ein paar Jahrzehnte voraus. Die Industrialisierung entwickelt sich weiter. Robotertechnologie und künstliche Intelligenz werden uns Menschen zunehmend die Arbeit abnehmen. Und immer mehr Leute werden ohne Beruf sein. Da wird sich Ihnen umso stärker die Frage stellen, wie Sie als Mensch wirkungsvoll und zukunftsfähig sein können. Wie sind Sie wertvoll für den Arbeitsmarkt? Wie sind Sie wertvoll für diese Gesellschaft? Nur wenn Sie wertvoll sind, verdienen Sie auch Geld. Wenn Sie nur irgendetwas tun, was niemand braucht, verdienen Sie damit gar nichts. Hinter der Frage also, wie Sie wirkungsvoll sein können, wie Sie Nutzen für andere stiften können, steckt auch die ganz pragmatische Frage: Wie, womit verdienen Sie Geld? Und zwar nachhaltig! Wenn Sie sich mit diesen Fragen nicht beschäftigen, dann wird die Gesellschaft statt Sie selbst die Richtung in Ihrem Leben bestimmen. Ein Gedanke, der mir persönlich genauso wenig gefällt wie Ihnen. Angenehmer ist es, wenn Sie diese Frage aktiv als Spieler statt passiv als Spielstein beantworten. Es wird Ihnen nichts anderes übrig bleiben, als die Nutzung Ihrer Zeit selbst in die Hand zu nehmen. Das heißt: die Verantwortung für Ihre Zukunft zu übernehmen.

Der harte Weg zum Glück

Ich habe oft überlegt: Wenn ich einmal an meinem Lebensende stehe und mich fragen werde, ob ich ein gutes Leben geführt habe – welchen Maßstab lege ich dann an? Auch wenn mir Beruf und Karriere immer wichtig waren, wusste ich doch stets, dass dann nicht die entscheidende Frage sein wird, wie viel Geld ich verdient und angesammelt habe. Das letzte Hemd hat keine Taschen. Es werden andere Dinge bedeutsam sein. Nämlich die Frage, wie das Verhältnis zu meiner Frau, meiner Familie, zum engsten Kreis meiner Freunde war.

Stellen Sie sich vor, Sie liegen auf dem Sterbebett. Im Schnelldurchlauf ziehen Sie dort die Bilanz Ihres beruflichen Lebens. Aus dieser Perspektive sieht Ihr heutiges Leben ganz anders aus. Und der weise Mensch, der Sie am Ende Ihres Lebens sein werden, kann Ihrem heutigen Ich eine entscheidende Wegweisung für das Berufsleben geben. Eine Botschaft von Ihrem weisen Ego an Ihr heutiges Ego. Wie lautet sie? Wie werden Sie Ihre Zeit nutzen?

Und wer steht eigentlich an Ihrem Sterbebett? Sind es Ihre Chefs, Mitarbeiter, Kunden, Ihr Steuerberater? Wohl kaum!

Bitte überlegen Sie: Wie viel Zeit haben Sie diese Woche mit den Menschen verbracht, die wirklich an Ihrem Bett stehen werden? Wie viele Gedanken haben Sie ihnen gewidmet? Soll das bis zu Ihrem Lebensende so weitergehen?

Wer steht an Ihrem Sterbebett?

Eigentlich wissen Sie, was wichtig für Sie ist. Sie müssen nur auf die Stimme in Ihnen hören. Das klingt einfacher, als es ist. Ich behaupte nicht, dass Sie sich die richtige mentale Ausrichtung ganz einfach wie von Zauberhand herbeiwünschen können. Solche Aussagen überlasse ich gerne den Heiopei-Gurus und Sektengründern, mit denen ich nicht viel anfangen kann und deren simple Glücksversprechen mir ein Gräuel sind.

Glück und Erfolg bedeuten harte Arbeit! Und es geht viel mehr um den Weg als um das Ziel. Ich kann Ihnen nichts anderes versprechen als einen harten Weg zum Glück. Aber er lohnt sich – und Sie können Ihre Zeit nicht sinnvoller nutzen, als wenn Sie sich auf diesen Weg machen. Die Suche nach dem eigenen Horizont und die Bereitschaft, den Weg in diese Richtung zu gehen, bedeuten Disziplin und Konsequenz gegen sich selbst. Gerade in anstrengenden Zeiten können Sie das größte Wachstum erfahren und die entscheidenden Schritte in Ihrem Leben machen.

Zum Leben gehören Niederlagen und Rückschläge. Und auch die sind nicht etwa vertane Zeit, sondern das Tüpfelchen auf dem i. Sie markieren eine besonders harte, aber eben auch eine besonders erfüllte Zeit. Denn wir lernen und werden nur dann wirklich stärker, wenn es nicht gut läuft im Leben. Als ich in Neuseeland studierte, habe ich in einer dunklen, verranzten Bar dazu den passenden Spruch auf der Toilette gelesen: »Ich verliere nie! Entweder gewinne ich – oder ich lerne dazu!«

Eine Niederlage ist für mich nie verschwendete Zeit, denn ich habe etwas ausprobiert und dazugelernt. Zeit ist nur dann verschwendet, wenn ich mich mit Dingen beschäftige, die mich nicht in die Nähe meines Horizontes bringen. Wenn ich die Zeit nicht sinnvoll für mich nutze. Dann ist das Zeitverschwendung im Umgang mit mir selbst. Doch es geht noch schlimmer: Es gibt auch noch eine Zeitverschwendung ganz anderer Art – nämlich die zulasten anderer Menschen.

3. Alles weichgespült

Verlogene Wahrheit
Ich sitze mit dem Vorstand eines börsennotierten Unternehmens zusammen. Es geht um die Umsetzungsbegleitung einer neuen Strategie.
Wir sind uns in vielen Dingen bereits einig, als ich sage: »Voraussetzung für unsere Zusammenarbeit ist, dass wir Klartext miteinander reden können. Dass wir auch die heiklen Themen diskutieren und offen mit allen Beteiligten sprechen.«
Schlagartig herrscht Schweigen.
Er sieht mich durchdringend an und sagt dann zögernd: »Grundsätzlich bin ich dafür. Aber nur, wenn das alles in einem loyalen Kontext stattfindet.«
»Selbstverständlich«, antworte ich neutral.
Innerlich aber denke ich mir: Von diesem Projekt werde ich die Finger lassen. Was er mir da sagt, heißt übersetzt: »Offenheit nur unter der Voraussetzung, dass mir keiner ans Bein pinkelt.«
Die Wahrheit will eben nicht jeder hören.

Der Gemocht-werden-wollen-Virus

Im beruflichen Umfeld bin ich extrem allergisch gegen die allgemeine Leisetreterei. Viele Unternehmen sind davon infiziert, und das Unverständliche daran ist, dass sie selbst es meist gar nicht merken. Da werden klare sachliche Aussagen vermieden und stattdessen lieber Wattebäuschchen verteilt: angenehm auf der Haut, aber inhalts- und gewichtslos. Sie tun garantiert nicht weh. Allerdings bewirken sie auch garantiert nichts.

Früher habe ich ein Projekt unter solchen Umständen wie oben beschrieben trotzdem angenommen. Heute weiß ich: Das ist reine Zeitverschwendung, denn ein zufriedenstellender Output wird so unmöglich gemacht. Nicht nur meine Zeit ist verschwendet, sondern auch die Zeit des Vorstands und aller beteiligten Mitarbeiter. Jede Menge Input, jede Menge Beschäftigung – für eine jämmerliche Menge an Output. Und das nur, weil alle das inhaltsleere Blabla dem notwendigen Klartext vorziehen. Ursache dieser Weichspülerei ist der Gemocht-werden-wollen-Virus.

Dieses Viech hat mindestens genauso um sich gegriffen wie Input- und Instant-Virus und lässt vieles schieflaufen. Ein paar Beispiele:

- Ein Unternehmensberater beobachtet während seines Auftrags in einem Unternehmen, dass der Vorstand Entscheidungen trifft, die nicht klug sind. Er aber denkt an den möglichen Folgeauftrag. Deshalb will er sich nicht unbeliebt machen und hält lieber den Mund. Er hat Angst, dass er für seine Ehrlichkeit bestraft werden würde.

- Mehrere Führungskräfte sitzen mit dem Vorstand zusammen und diskutieren ein Projekt. Verschiedene Meinungen werden geäußert, bis der Vorstand die Stimme erhebt und erkennen lässt, wie er selbst zu dem Projekt steht. Mit einem Schlag verstummen alle Gegenargumente, weil sich keiner mehr traut, etwas zu sagen. Alle wollen die Kronprinzenrolle und das Wohlwollen des Vorstandes – und stimmen seinem Vorschlag zu. Beim Rausgehen murmeln sie einander zu: »Alter, was machen wir jetzt schon wieder für einen Scheiß!«

- In der Vorstandsetage wird eine bestimmte Strategie festgelegt, aus der Projekte und Zielvorgaben abgeleitet werden. Ein Teamleiter auf der unteren Ebene hält eine dieser Maßnahmen für entschieden kontraproduktiv. Trotzdem stellt er sich vor seine Mitarbeiter und erklärt ihnen wortreich, warum diese Maßnahme sinnvoll sei. Kritik wird nur hinter vorgehaltener

Hand geübt. In Richtung Vorstand zu rebellieren traut er sich nicht.

Der Gemocht-werden-wollen-Virus beschränkt sich nicht auf das berufliche Umfeld. Sie finden ihn in allen Lebensbereichen:

Der Gemocht-werden-wollen-Virus verseucht alle Lebensbereiche.

- Viele Lehrer veröffentlichen den Notenspiegel zu einem Test nicht. Begründung: Die Kinder könnten dadurch unter Druck gesetzt werden. Als ob die Kinder sich nicht untereinander austauschen würden, wer eine Sechs und wer eine Eins hat! Der Leistungsdruck ist da und verschwindet nicht dadurch, dass der Lehrer so tut, als könnte er ihn durch die Verheimlichung des Notenspiegels unterdrücken. Möchte sich der Lehrer durch diese Maßnahme vielleicht vor Kritik schützen? Ist die ganze Klasse nicht über eine Vier hinausgekommen, sodass seine pädagogischen Fähigkeiten kritisiert werden könnten? Oder hat er das Punktesystem für die Bewertung von Aufgaben vorher nicht kommuniziert und hofft, dass diese Unfairness so nicht ans Tageslicht kommt?

- Auf Elternseite wird geschimpft und gezetert, dass der Lehrer dies oder jenes falsch gemacht hat. Am Elternabend könnte die Kritik gegenüber dem Lehrer endlich persönlich geäußert werden. Stattdessen: Stille. Und noch viel schlimmer: Statt Kritik gibt es Süßholzgeraspel. Der Lehrer könnte sich ja auf den Schlips getreten fühlen und sich mit schlechten Noten später beim Kind revanchieren.

- Eine Einladung beim Nachbarn: Der Gastgeber ergeht sich in weitschweifigen Anekdoten aus seinem Leben. Die Gäste rutschen immer tiefer in ihre Sessel und denken über Ausreden nach, wie sie sich möglichst schnell loseisen könnten. Doch beim Abschied – Küsschen links, Küsschen rechts – bedanken sich alle artig für die höchst unterhaltsamen Stunden und bringen zum Ausdruck, wie gerne sie beim nächsten

Mal wieder dabei wären – obwohl ihnen nichts schrecklicher erscheint als das.

- Im Restaurant nuschelt der Kellner beim Abtragen der Teller ein »Hat's geschmeckt?« und hat sich bereits halb abgewendet, um weiterzugehen. Der Gast antwortet: »Ja, wunderbar.« Obwohl es fürchterlich war. Keiner meint, was er sagt. Weichspüler – auf beiden Seiten.

- Sogar allein im stillen Kämmerlein packen wir den Weichspüler aus. Morgens nach dem Duschen steht der übergewichtige Mann nackt vor dem Spiegel und betrachtet sich. Wenn er jetzt ein wenig hüpft, wackelt längst nicht nur das, was wackeln soll. Statt ehrlich zu sich selbst zu sein, redet er sich ein, dass er auch nackt noch eine recht gute Figur macht.

- Die Frau steht derweil in der Küche und verpasst der Schokolinsentorte den letzten Schliff. Die vierte Klasse feiert Sommerfest und die Muttis müssen backen. Das Telefon klingelt. »Morgen, Gaby! Du, die Jutta hat mich grad angerufen und gesagt, sie sei so im Schwung gewesen und hätte gleich drei Kuchen gebacken. Die macht das ja mit links. Da haben wir uns gedacht, dass du keinen mehr mitbringen musst. Das wird sonst zu viel. Du arbeitest doch noch halbtags und bist sicherlich froh, wenn du nicht mehr in der Küche stehen musst. Du hast doch bestimmt noch keinen fertig, oder?« Doch! Hat sie! Hat sich extra um halb fünf in der Früh aus dem Bett gequält, um ihren Kuchen beisteuern zu können. Was macht sie? Sie sagt: »Das ist nett, danke!« Bloß kein Spielverderber sein!

Hab mich lieb

Woher kommt diese Sehnsucht nach dem Schmusekurs? Diese ausgeprägte Angst davor, Kritik in klare Worte zu packen und unverhüllt zur Diskussion zu stellen? Das liegt an einem zutiefst menschlichen Zwiespalt: Wir wollen uns einerseits unser Leben lang verbunden fühlen und uns andererseits gleichzeitig frei entwickeln.

Das entspricht der Wohlfühlkombination der allerersten Erfahrungswelt. Im Bauch Ihrer Mutter haben Sie diese zwei Zustände gleichzeitig erlebt. Zum einen waren Sie über die Nabelschnur untrennbar mit ihr verbunden. Zum anderen konnten Sie sich entfalten und ungehindert entwickeln – ohne es jemandem recht machen zu müssen.

Im Mutterbauch entsteht die Sehnsucht nach Geborgenheit und Freiheit.

Und dann der Schock in Form von Geburt, Erziehung, Sozialisation! Verbundenheit und freie Entwicklung ließen sich jetzt nicht mehr unter einen Hut bringen. Sobald Ihr Entfaltungsdrang Sie in unliebsame Pfützen oder zur selbstständigen Verschönerung der Wohnzimmertapeten trieb oder Ihre lautstarken Rockmusikversuche und das eigenwillige Outfit zu Konflikten mit den Nachbarn führten, wurde die Verbundenheit zu Ihren Eltern und zu Ihrem Umfeld massiv auf die Probe gestellt.

Wir alle haben in diesem Alter erlebt, dass Verbundenheit viel eher gestärkt wird, wenn wir unser Verhalten an die Wünsche der anderen anpassen. »Unauffällig verhalten und der Norm entsprechen« ist der geheime Leitsatz vieler Elternhäuser. Wer aufmuckte oder negativ auffiel, wurde mit Entzug der Verbundenheit bestraft. Im Klartext: Es gab Ärger, Konflikt und Streit, bis hin zu Liebesentzug.

Der Drang nach Verbundenheit bleibt Ihnen ein Leben lang erhalten, genauso wie der Drang nach persönlichem Wachstum. Die Gehirnforschung hat gezeigt, dass beide Sehnsüchte hormonell fest verankert sind: der Drang nach Zugehörigkeit durch das Bindungshormon Oxytocin und der Drang nach Entwicklung durch das Belohnungshormon Dopamin. Doch welche Auswirkungen hat es auf uns, wenn sogar unsere Hormone uns dazu antreiben, beide Sehnsüchte gleichzeitig erfüllen zu wollen – wir uns im Leben außerhalb des Mutterbauchs jedoch meist nur für eine entscheiden können? Nun: Es führt zu unterschiedlichen Menschentypen.

Den entscheidenden Unterschied machen Sie anhand der folgenden Frage sichtbar: Wie sehr sind Sie bereit, in den Konflikt zu gehen, um das zu tun, was Sie gerne tun wollen? Wie unterschiedlich wir Menschen mit Konfliktsituationen umgehen, lässt sich bereits besonders gut in der Pubertät beobachten. Denken Sie an die »Rabauken« aus Ihrer Jugendzeit. Sie hatten weder Zweifel noch Skrupel, sich über alle Regeln hinwegzusetzen. Sie sind gewachsen, wie sie es wollten. Daneben gab es die anderen, die eher nach Harmonie strebten. Sie haben ihre Faust – wenn überhaupt – nur in der Tasche geballt. Dem direkten Konflikt mit anderen sind sie jedoch immer ausgewichen. Dieser Unterschied setzt sich im Erwachsenenalter fort.

Wenn Sie die Menschen also einmal ganz grob unterteilen wollen, dann können Sie zwei Typen feststellen – und einer von beiden ist wesentlich empfänglicher für den Gemocht-werden-wollen-Virus.

Nun führt alles, was mit Menschen zu tun hat, schnell zu emotional gestützten Bewertungen. Die auf ihre persönliche Entwicklung fokussierten Menschen werden – je nach Standpunkt – entweder bewundernd als »Rebellen« oder abwertend als »Quertreiber« oder »Egozentriker« bezeichnet. Die auf Verbundenheit Bedachten dagegen gelten entweder als »sozial verträglich« oder als »harmoniesüchtig«. Das führt schnell zu hitzigen Diskussionen. Deswegen ist es hilfreich, wenn man sich in der Beschreibung der verschiedenen Verhaltensweisen zunächst vom Menschen entfernt. Ich wähle daher im Folgenden eine Analogie aus dem Tierreich, um Vorverurteilungen keinen Raum zu geben.

Von Hunden und Katzen

Ein Hund steht vor seiner Futterschale und schaut treuherzig hinein. Leider ist sie leer. Aber er sagt sich: »Einmal am Tag bekomme ich von dir, meinem Herrchen, leckeres Futter. Und da hinten, unter der Treppe, gewährst du mir auch ein Plätzchen, wo ich warm und trocken schlafen darf. Du gehst ein paarmal am Tag mit mir raus, dann, wann es dir passt. Und wenn ich mir das so richtig überlege« – der Blick des Hundes wird schmachtend – »dann, liebes Herrchen, musst du Gott sein.«

Die Katze erscheint in der Küche. Sie schaut den Hund herablassend an und denkt: »Na ja, wenn du meinst ... Bei mir allerdings ist das so: Ich bekomme jeden Tag Futter, und zwar dann, wann *ich* will. Und mindestens drei verschiedene Sorten. Wenn mir die nicht mehr schmecken, bekomme ich drei neue. Schlafen tue ich eigentlich überall, gern auf dem Sofa oder auf dem Sessel. Das Ehebett ist auch sehr angenehm. Und wenn ich dort liege, traut sich auch niemand mehr dorthin, also habe ich meine Ruhe. Während du blöder Hund wartest, bis jemand mit dir rausgeht, entscheide ich selbst, wann ich rein- und rausgehe: Ich habe nämlich eine Klappe in der Tür. Also, wenn ich mir das so richtig überlege« – die Katze lässt ihren Blick selbstverliebt Richtung Horizont schweifen – »dann muss ich Gott sein.«

Zwei grundverschiedene Ansätze, mit sich, der Umwelt und dem Leben umzugehen. Und diese grundverschiedenen Züge finden sich auch beim Menschen. Wenn ich also jetzt im Folgenden von Katzen und Hunden spreche, dann denke ich dabei an Menschen, die sich jeweils so ähnlich verhalten wie ihr Pendant aus dem Tierreich. Da gibt es die Katzen, die sich wie Halbgötter auf Erden aufspielen. Sie fragen nicht nach Meinungen und Befindlichkeiten anderer. Sie machen Ansagen. Sie denken groß: fliegen zum Mars, erfinden das Penicillin und sorgen für technologische Revolutionen. Sie sind sehr selbstbewusst in ihrem Auftreten. Andere beschreiben sie auch gerne als arrogant oder großmäulig. Aber sie sorgen dafür, dass etwas geschieht. Und zwar nicht nur im Mittel-

Nur Katzen fliegen zum Mars.

maß, sondern als Spitzenleistung. Der zweite Platz ist für eine Katze der erste Verliererplatz. Im Mittelmaß langweilt sie sich sofort. Aber sobald es um etwas geht, was kein Mensch vorher geschafft hat, oder um konfliktgeladene Situationen, Anspannung, Risiko und hohe Verantwortung – dann wird sie hellwach. Viele Teenager zum Beispiel sind, wenn sie in ihre – aus Elternsicht – schwierige Phase kommen, in ihrem Verhalten nichts anderes als Katzen.

Das Gute an Katzen ist, dass sie nicht unter dem Gemocht-werden-wollen-Virus leiden. Es ist ihnen vollkommen egal, was andere über sie denken. Und sie verbuchen noch einen Vorteil für sich: Wenn sie wollen, dann haben sie Amnesie. Das berühmteste Beispiel ist Konrad Adenauer. Ihm wird der Ausspruch zugeschrieben: »Was interessiert mich mein Geschwätz von gestern?« Katzen können das Vergangene sehr schnell hinter sich lassen und einen neuen Weg einschlagen. Gerade noch emotional involviert, sind sie im nächsten Augenblick wieder sachlich fokussiert, als wäre nichts gewesen.

Ganz anders sieht es in der Welt der Hunde aus. Sie wollen unbedingt gemocht werden. Ihnen ist die Beziehung zu ihren Menschen am wichtigsten. Bei ihnen gibt es immer Kaffee und Kuchen, sie haben stets ein offenes Ohr und hören Ihnen zu. Wenn Sie mit einem Hunde-Menschen sprechen, erkennen Sie ihn daran, dass er während des Zuhörens zustimmende Laute von sich gibt wie »Oh ja« oder »Aha« und mit dem Kopf nickt. Jeder spürt: Er ist ein richtig guter Zuhörer – im Gegensatz zur Katze, die einfach nur schweigend dasitzt und zwischendurch auf die Uhr schaut.

Der Hund hat typischerweise Schwierigkeiten, Entscheidungen zu treffen. Rechts oder links? Doch geradeaus? Während die Katze schon längst losgelaufen ist, steht der Hund noch da und überlegt: »Also, wenn ich linksrum gehe, könnte es sein, dass sich Herr Müller auf den Schlips getreten fühlt. Aber wenn ich rechtsrum gehe – was denken dann Frau Maier und Herr Schmidt über mich?« Er will so dringend gemocht werden, dass er – aus Sorge davor, einen Fehler zu machen – gar nichts macht.

Hunde quälen sich mit Entscheidungen.

Auch in schwierigen Gesprächen zeigt sich der Unterschied:

Während Katzen in solch einer Situation erst richtig wach werden, passiert bei Hunden genau das Gegenteil. Sie senken den Blick und denken sich: »Oh, *shit*. Bloß weg hier!« Entsprechend leicht hat es die Katze, das Gespräch zu lenken und zu dem Ergebnis zu kommen, das sie für richtig hält – der Hund hat ja schließlich nicht widersprochen.

Aber die Welt ist nicht schwarz-weiß und das gilt auch für diese Typisierung. In der Realität wohnen in jedem Mensch beide: sowohl der Hund als auch die Katze. Selbst die warmherzigsten Menschen, die den Hund zu 100 Prozent zu verkörpern scheinen, können auch Katze. Und zwar in solchen Situationen, in denen sie eine sehr hohe Verantwortung tragen. Zum Beispiel Frauen vom Typ Mutter Beimer aus der »Lindenstraße«: die Herzlichkeit in Person, die sich für jeden und alles Zeit nimmt, mitfühlt, ein offenes Ohr und ein warmes Herz hat. Wenn dieser Typ Mutter auf dem Spielplatz beobachtet, wie sich ein Perverser einem der Kinder nähert, dann gnade ihm Gott! Mutter Beimer ist dann nicht nur zur Katze geworden, sondern zum Tiger. Und dem möchte man ganz bestimmt nicht in freier Wildbahn begegnen!

In jedem Menschen stecken Hund und Katze.

Hund und Katze haben also beide ihre Vorzüge. Hunde sind diejenigen, die für gute Beziehungen, Werte und Teammoral sorgen. Sie nehmen Rücksicht auch auf die Schwachen und Langsamen – und sorgen dafür, dass der Mensch auch Mensch bleiben darf. Ohne Hunde würden wir in Sodom und Gomorrha leben. Katzen kümmern sich dagegen um Ergebnisse, haben hohe Ansprüche und sorgen für Spitzenleistungen. Sie lassen fünfe *nicht* gerade sein – und riskieren auch harmonische Beziehungen, um das gewünschte Ergebnis zu erreichen. Wenn die Katzen-Form extrem ausgeprägt ist und es bei einem Menschen weder Selbstzweifel noch Skrupel gibt, handelt es sich um einen gefühlskalten Psychopathen. Solche Leute finden sich laut der Forschung des britischen Psychologen *Kevin Dutton* übrigens auffällig häufig in Führungspositionen von Politik, Wirtschaft oder Kirche. Das Gute an den Katzen: Dank ihnen leben wir nicht mehr in steinzeitlichen Höhlen.

Die einen sind nicht besser als die anderen. Beide Verhaltensmuster haben ihre Berechtigung und ihre Stärken. Wenn ich jedoch zur falschen Zeit das falsche Verhalten wähle, entstehen Probleme. Und wenn ich mich nicht selber reflektiere und kein Feedback von außen annehme, bleibe ich in meiner persönlichen Entwicklung stecken.

Im beruflichen Kontext begegnen wir in der Regel deutlich mehr Hunde- als Katzen-Typen. Und diese Hunde leiden am Gemochtwerden-wollen-Virus. Dieser mentale Virus, kombiniert mit dem Wunsch vieler Unternehmen, Hierarchien zunehmend aufzulösen, führt im Alltag zu immer mehr Weichspülern.

Klartext gegen Weichspüler

Was willst du mir damit sagen?
»Frau Huber, vielen Dank, dass Sie sich zum Mitarbeitergespräch eingefunden haben. Sie haben auch dieses Jahr die Ablage so toll gemacht, damit haben Sie mich und die Kollegen erneut begeistert. Ganz besonders gut gefällt mir auch die Sorgfalt, mit der Sie den Urlaubskalender der Abteilung gepflegt haben, da war jeder jederzeit informiert. Und es ist auch herausragend, wie zuverlässig Sie sich um die Topfpflanzen der Kollegen in deren Abwesenheit kümmern. Wenn ich mir nur eine Sache wünschen dürfte, dann könnte ich mir vorstellen, dass Sie in Zukunft vielleicht noch öfter als bisher pünktlich zur Arbeit erscheinen könnten. Die Kollegen haben sich zwar bereits schon ausgezeichnet damit arrangiert, dass sie den Empfang so lange selbst betreuen müssen, aber Sie könnten hier einen großartigen Beitrag zur Verbesserung des ohnehin schon guten Workflows in unserer Abteilung leisten.«

Solche Worte lösen bei mir Brechreiz und Lachanfall gleichzeitig aus. Und das geht nicht nur mir so.

Um aus den alten Hierarchiesystemen mit Befehl und Gehorsam auszubrechen, erfahren wir nun im Zeitalter der »Führung auf Augenhöhe« das andere Extrem. Die neu verordnete Feedbackkultur, die heute von vielen Unternehmen fest vorgeschrieben wird, führt überall zu Unmut. Die Vorgesetzten dürfen keine klaren Worte benutzen, sonst könnte sich vielleicht ein Mitarbeiter diskriminiert fühlen. Sie müssen sich winden, um doch die ein oder andere kritische Botschaft – zwischen unendlich viel Watte verpackt – an den Mann zu bekommen.

Die Feedbackkultur führt überall zu Unmut.

Paradiesisch für die Mitarbeiter? Ach was! Sie gehen aus solchen Gesprächen ratlos hinaus, weil sie bis zur Unkenntlichkeit verklausulierte Rückmeldungen zu ihrem aktuellen Stand und ihren Weiterentwicklungsmöglichkeiten erhalten haben. Sie wissen nicht, wie sie die leise geäußerte Kritik einzuordnen haben: Hält der Chef das in Wirklichkeit für eine große Sache und traut sich nur nicht, es zu sagen, oder ist es tatsächlich nur eine Lappalie?

Einmal war ich bei einem großen Energieversorger. Er hatte in meinem Büro angefragt, ob ich ihn bei der Entwicklung der Vertriebsabteilung der Stadtwerke unterstützen könne. Die Energieversorger sind aktuell unter Druck, sie müssen handeln, und zwar schnell. Sie haben eigentlich keine Zeit für Streicheleinheiten. Damit konfrontierte ich auch den Projektverantwortlichen: »Sie wünschen eine Verhaltensveränderung von Menschen. Das ist die Königsdisziplin. Wir werden das nur hinbekommen, wenn wir eine offene Streitkultur wiederbeleben und konsequent die Dinge nicht nur besprechen, sondern auch Taten einfordern. Jetzt können wir uns den Druck noch selbst machen. Doch wenn wir nicht sofort Gas geben, wird der Druck von außen kommen. Dann werden Sie gestaltet, statt selbst zu gestalten.« Betretenes Schweigen. Ich dachte mir im Stillen: »Das wird nix.« So kam es dann auch. Der Verantwortliche entschied sich nach ein paar Tagen für einen anderen Berater: »Herr Holzer, Sie sind wahrscheinlich zu direkt und konsequent für unsere Mitarbeiter. Das können wir denen noch nicht zumuten.« Sie wollten duschen – aber auf keinen Fall dabei nass werden.

Dieses Weichspülen hat mittlerweile merkwürdige Formen angenommen. In einem Unternehmen erlebte ich die Krönung. »Wir dürfen das P-Wort nicht mehr nennen«, erzählten mir Mitarbeiter.

Ich verstand nur Bahnhof. P-Wort – was ist das? Da kommen Sie nie drauf! P steht für: Problem! Stattdessen sollten die Mitarbeiter jetzt »Herausforderung« sagen. Welch ein Quatsch. Ich sehe ein, dass es negativ besetzte Begriffe gibt, die emotional eine Wirkung auf uns haben und – zumeist unterschwellig – unsere Gedanken in eine bestimmte Richtung lenken. Aber wenn schon das Wort »Problem« Erschütterung auslöst, dann denke ich mir: »Oh Mann, wo sind wir hier?«

Dabei haben die meisten Menschen eine stille Sehnsucht nach klaren Worten. Was denken Sie, welches mein meistgebuchter Vortrag ist? »Heikle Botschaften – unter Druck souverän bleiben.« Und warum ist er so beliebt? Heikle Botschaften gehören zum Leben einfach dazu, ob man es will oder nicht. Man kann ihnen nicht ausweichen. Das liegt an einem einfachen Kreislauf: Veränderungen führen zu Problemen. Probleme müssen gelöst werden. Und Lösungen führen wieder zu Veränderungen. Es hört nicht auf. Das gehört zum Kreislauf des Lebens. Der Schlagabtausch beschleunigt sich zunehmend, denn Veränderungen passieren immer öfter und schneller. Entsprechend nahmen die Zahl und die Intensität der Probleme zu. Die damit einhergehenden heiklen Botschaften sind also unvermeidbar.

Heikle Botschaften sind unvermeidbar.

Der Überbringer dieser Botschaft hat kein leichtes Los: Schon in der Antike war er derjenige, der dafür die Prügel bezogen hat. Heute im Büro bekommen Sie häufig immer noch Ärger, wenn Sie den Mund aufmachen. Zwar müssen Sie keine Prügel mehr einstecken, aber Ihre klaren Worte haben andere Konsequenzen: Sie machen sich unbeliebt.

Was eine heikle Botschaft ist, entscheiden nicht Sie, sondern der Empfänger. So kann die heikle Botschaft bereits aus einem einzigen Wort mit vier Buchstaben bestehen. Ihr Chef wirft Ihnen einen Stapel auf den Tisch und sagt: »Bitte bis nächste Woche erledigen.« Und als er schon wieder halb aus der Tür ist, sagen Sie: »Nein!« Und schon haben Sie Ihre Reiberei. Gelebte Streitkultur sozusagen.

Ich war einmal im Konzentrationslager Auschwitz. Der Ort hat mich sprachlos gemacht. Ich war schon nach der Führung durch den wieder aufgebauten Abschnitt mehr als bedient. Aber es war noch nicht vorbei. Die Führung wurde in einem zweiten Teil fortgesetzt. Dort, wo früher die Züge ankamen und heute nur noch die Ruinen der Baracken zu sehen sind. Ich spürte das ganze Leid, die Gräueltaten, den Tod. Orte haben ein Gedächtnis. Ich kriege jetzt noch Gänsehaut, wenn ich daran denke. Am schlimmsten war es an den Betonüberresten der Gaskammern. Dort kamen mir die Tränen vor lauter Schmerz. Und ich war nicht der Einzige, der mit seinen Emotionen kämpfte.

Doch etwas passte nicht ins Bild: Gleich neben diesen Überresten picknickte eine Gruppe Teenager – fröhlich, ausgelassen. Viele Menschen gingen an ihnen vorbei, einige schüttelten auch den Kopf, aber kein Einziger hat etwas gesagt. Nur unsere Fremdenführerin! Sie rastete fast aus, schimpfte die Jugendlichen lautstark aus und hieß sie, sofort ihre Sachen zusammenzupacken. Das hat mich und viele aus unserer Gruppe beeindruckt. Wir waren dankbar für ihre klaren Worte. Aber solche Menschen gibt es viel zu wenige in unserer Gesellschaft. Die meisten denken sich ihren Teil – und halten die Klappe!

Dabei brauchen wir den freien Austausch von Meinungen ohne Weichspülerei. Denn die Qualität unserer Gesellschaft, unserer Demokratie hängt davon ab. Wir müssen lernen, wieder miteinander zu streiten.

Kultiviert streiten

Doch wo liegt eigentlich das Problem? Gibt nicht schon jeder seinen Senf an allen Ecken und Enden dazu? SMS, Twitter, Facebook, WhatsApp, Snapchat, E-Mail, Telefon, Blog, Bericht, Präsentation, Video, und, und, und: Auf allen Kanälen wird pausenlos gesendet. Laut *Eric Schmidt*, dem ehemaligen CEO von *Google*, produzieren wir heute innerhalb von zwei Tagen die gleiche Menge an Informationen wie unsere Vorfahren seit Anbeginn der Menschheit bis ins Jahr 2003. Wir übertreffen aktuell mit zwei Tagen Geplapper also mengenmäßig die gesamte Kommunikationsgeschichte der letzten fünf Millionen Jahre! Traut man dieser Rechnung, wäre die Conclusio: Noch nie wurde der Mund so weit und so häufig aufgerissen wie jetzt.

Ich traue dem Ergebnis der Rechnung. Und bin dennoch anderer Meinung.

Was stimmt, ist, dass wir uns im Zeitalter der Selbstvermarkter befinden. Das ist praktisch gleichbedeutend mit dem Zeitalter der Self-Publisher. Wo es früher wenige Medienunternehmen gab, die eine Zeitung, einen Radio- oder einen Fernsehsender betrieben haben, ist heute jeder sein eigenes Medienunternehmen. Um sich Gehör zu verschaffen, müssen Sie keinen Sender mehr für sich gewinnen. Sie machen einfach einen YouTube-Kanal auf. Ist Ihr Inhalt wertvoll, finden Sie schnell eine nennenswerte Anzahl von Zuschauern. Leider wird auch eine Menge sinnloser Schrott verbreitet. Und auch der findet erschreckend viele Konsumenten ...

Wir sind eine Sendegesellschaft geworden. Das monologhafte, teilweise narzisstische Aussenden von Botschaften haben wir perfektioniert. Und dabei haben wir etwas anderes, aber nicht minder Wichtiges verlernt: die Fähigkeit, zu streiten.

Wir sind eine Sendegesellschaft geworden.

Trotz der Kakofonie der Postings, Videobotschaften, Vorträge und Präsentationen sind wir in Wirklichkeit stumm, aussage- und wirkungslos. Es wird viel zu schnell viel zu viel geredet. Dabei gehen wir auf die Meinungen von anderen gar nicht mehr ein. Jeder ist mit sich selbst beschäftigt. Sie kennen das wahrscheinlich auch aus dem Beruf. Zwei Menschen diskutieren. Der eine sagt: »Ich bin dafür, dass wir eine neue Homepage erstellen.« Der andere: »Wir brauchen einen neuen Werbefilm, um die Kunden zu erreichen.« Der erste: »Ja, aber die Homepage ist wichtig, weil ...« Der andere: »Der Film bringt uns mehr Umsatz ...« Jeder bleibt in seiner eigenen Argumentationswelt und ignoriert den anderen. Es findet kein Gespräch statt, sondern zwei Monologe laufen parallel ab.

Wir müssen die Streitkultur wiederbeleben, um in einer wirkungsvollen Gesellschaft zu leben. Dazu gehören zwei Dinge.

Erstens: Streit. Doch damit stoße ich im Gespräch mit meinen Kunden regelmäßig zunächst auf Widerstand. Der Begriff »Streit« ist in unserem Sprachgebrauch negativ besetzt. Er wird assoziiert mit aufbrausenden Emotionen, unsachlichem Gegeneinander bis hin zum erbitterten Kampf. Doch was heißt »streiten« wirklich? Streit bedeutet das bewertungsfreie und offene Austragen von Meinungsverschiedenheiten. Und das ist bitter nötig.

Streit ist bitter nötig.

Stellen Sie sich vor, Sie haben die Wahl zwischen zwei Gesprächspartnern, mit denen Sie jeden Tag zu tun haben müssen. Der Erste ist ein Jasager, streitet nie mit Ihnen und jede Idee, jeder Gedanke von Ihnen erntet ausschließlich seine Zustimmung. Der Zweite ist unbequem, ein Mensch, der Ihre Äußerungen hinterfragt und Ihnen kritisch Kontra gibt. Der Ihnen offen sagt, wenn er anderer Meinung ist. Und nun Hand aufs Herz: Für wen würden Sie sich entscheiden? Mit wem möchten Sie sich lieber unterhalten?

Vermutlich werden Sie wie die meisten Menschen argumentieren, dass der Unbequeme die bessere Wahl ist. Denn er zwingt Sie dazu, Ihre eigenen Gedanken noch einmal zu überprüfen. So gewinnen Sie neue Perspektiven und Einsichten und können die Qualität Ihrer Gedanken auf ungeahnte Niveaus katapultieren. Doch tatsächlich bevorzugen werden wir wohl eher den Netten, den Jasager. Doch so entsteht keine Spitzenleistung. Sie versumpfen mit Ihren Gedanken im eigenen Saft.

Halten wir fest: Wenn Sie herausragende Gedanken haben wollen, brauchen Sie ein streitfreudiges Umfeld.

Zweitens: Kultur. Der Begriff »Streit« ist eigentlich neutral, im Alltag jedoch sehr mit negativen Emotionen aufgeladen. Deswegen braucht es noch den zweiten Aspekt: die Kultur. Der Zusatz »-kultur« vermittelt, dass auch Streit kultiviert ausgetragen werden kann. Dass nicht Dominanz sich durchsetzt, sondern auch die stillen Gemüter in die Diskussion einsteigen. Es sollte gewährleistet sein, dass alle Beteiligten für die Sache kämpfen, ihre Position klar und begründet darlegen, die Positionen und Argumente der anderen aufmerksam anhören und reflektieren, die eigene Position bei Bedarf überdenken – und diesen Prozess so lange »aushalten«, bis eine wirklich gute Lösung gefunden ist. Das hat nichts mit Weichspülerei zu tun. Denn die Meinungen müssen klar und unmissverständlich auf den Tisch – das ist anstrengend und manchmal hart. Umso wichtiger, dass Sie dann in der Lage sind, kultiviert und offen miteinander umzugehen.

Um in einer Streitkultur wirkungsvoll den Mund aufzumachen, brauchen Sie Zeit. Zeit, die Worte Ihres Gesprächspartners zu verstehen, ihn nicht nur ausreden zu lassen, sondern ihm wirklich zuzuhören. Nachzufragen, wenn etwas unklar geblieben ist. Um erst danach das Gesagte zu durchdenken, sich inhaltlich damit auseinanderzusetzen und es zu verarbeiten. Dann wird aus dem Monolog ein Dialog. Aus unverständlichem Getuschel eine hörbare, klare Stimme. Doch die fehlende Auseinandersetzung macht unsere Gesellschaft trotz der Aber- und Abermilliarden von Worten und Bildern auf allen Kanälen zur sprachlosen Gesellschaft.

Natürlich können Sie jetzt die Frage stellen, wann oder warum die Streitkultur in Deutschland so in Mitleidenschaft gezogen worden ist. Sie werden viele Erklärungsansätze finden. Manche machen die rücksichtslose Nazikultur dafür verantwortlich. Wer hier den Konflikt suchte, wurde hart bestraft. Den Vertretern des Systems nach dem Mund zu reden wurde dagegen belohnt. Aber eigentlich ist es völlig gleichgültig, seit wann und warum die Streitkultur heute so schwach ausgeprägt ist. Vielleicht hat es sie auch noch nie wirklich gegeben. Mir reicht es aus, festzustellen, dass wir keinen Klartext reden. Ich beobachte das nahezu überall. Zum Beispiel in den Erzählungen meiner Mutter. In ihrer Familie wurde weder über Geld noch über Gesundheit noch über sonstige Sorgen gesprochen. Darüber schwieg man. Ich beobachte es auch in den Firmen. Viele Mitarbeiter würden gerne Klartext sprechen. Das tun sie auch, doch nur hinter vorgehaltener Hand. Aber nicht, wenn der Chef im Raum ist. Oder in der Schule, wenn Eltern dem Lehrer nach dem Mund reden und versichern, wie toll alles laufe. Nur weil sie befürchten, dass eine Auseinandersetzung sich als Bumerang in schlechten Noten des Kindes äußert.

Wie dem auch sei. Mich interessiert nur das beobachtbare Muster: Wir streiten zu wenig! Und das schon seit vielen Jahren und

Jahrzehnten. Dabei ist eine funktionierende Streitkultur eine der besten Versicherungen gegen das erneute Aufkommen totalitärer Strukturen. Eine der Grundfesten der Streitkultur ist es nämlich, sich auf die Sache, den Inhalt, zu konzentrieren und sich nicht von der Inszenierung, wer auch immer da Regie führe, blenden zu lassen.

Wer beeinflusst wen?

Ob im Fernsehen, auf Kongressen oder firmeninternen Meetings, aber auch in den eigenen vier Wänden: Überall wird diskutiert und versucht, Menschen für die eigenen Ideen oder Vorhaben zu gewinnen. Doch was entscheidet eigentlich darüber, wer wen beeinflusst? Nehmen wir als Beispiel Diskussionsrunden im Fernsehen. Sie sollten eigentlich der Hort der geistigen Auseinandersetzung im Sinne der Streitkultur sein: ein heikles Thema als Einstieg, Anhänger verschiedener Positionen als Gäste, ein Moderator, der für einen regen Austausch sorgt und seine Gäste ausreden lässt. Setzen sich hier die besten Argumente durch? Im Gegenteil: Es ist ein Schaulaufen der Beteiligten, eine Inszenierung der eigenen Person. Jeder stellt möglichst ausführlich seinen eigenen Standpunkt dar, unterstützt von einer auf Überzeugung ausgerichteten Körpersprache. Die Teilnehmer wiederholen wie auf Knopfdruck die immer gleichen Argumente, umschiffen mehr oder weniger elegant unangenehme Fragen und bewegen sich keinen Deut von ihrer Meinung weg – das käme ja einer Niederlage gleich. Die Schlagkraft Ihres Auftritts hängt leider nicht nur am Inhalt, also an dem, was Sie sagen. Entscheidend ist das Wie – also die Frage, wie Sie Ihre Botschaften inszenieren.

Dasselbe Phänomen können Sie beobachten, wenn Sie gut geschulte Politiker im Interview sehen. Der Reporter stellt eine kritische Frage. Der Politiker antwortet. Seine Worte klingen souverän und überzeugend. Spulen wir das Video jedoch noch einmal zurück und hören uns die Antwort ein zweites Mal an. Diesmal lassen wir uns vom *Wie* nicht blenden, sondern achten nur auf seine Worte, also darauf, *was* er sagt. Und siehe da: Die gesagten Worte passen gar nicht zu der Frage! Die Argumente hören sich zwar brillant an. Klare inhaltliche Aussagen werden jedoch vermieden. Die besten Inszenierer halten die Nebeltaktik selbst nach bohrenden Nachfragen aufrecht. Das ist Weichspülen in Reinkultur!

Der Grund dafür ist leicht nachvollziehbar: Wegen der Angst um die Wiederwahl alle vier Jahre traut sich niemand, die grundlegenden Probleme beim Namen zu nennen. Man riskiert damit, dass dieses Problem eine Eigendynamik entwickelt. Ein sehr gutes und sehr trauriges Beispiel dafür ist die Rente. Seit Jahrzehnten ist bekannt, dass das derzeitige System an die Wand fahren wird. Ich frage mich, warum noch niemand auf die Barrikaden geht. Jedem, der heute in die Rentenkasse einzahlt, wird vom Bruttogehalt etwas weggenommen. Und zwar für die Rente. Doch die wird es vermutlich nicht geben. Deswegen soll jeder vom verbliebenen Netto zusätzlich privat vorsorgen. Wofür zahlen Sie also in die Rentenkasse ein – wenn Sie am Ende so gut wie nichts rausbekommen? Das Totschlagargument »Generationenvertrag« scheint noch ausreichend stark zu betäuben. Denn eigentlich müssten alle Betroffenen aufstehen und schreien: »Seid ihr bescheuert?« Aber niemand sagt etwas.

Wenn Sie solch ein Interview eines Politikers nur hören oder sehen und nicht schwarz auf weiß vor sich liegen haben, wird Ihnen das weichspülende Ausweichen womöglich gar nicht auffallen. Das liegt daran, dass wir verlernt haben, auf das Was zu hören. Wir lassen uns stattdessen von dem Wie, von der Inszenierung, blenden. Das heißt, ich kann unter Umständen inhaltlich Mist reden, in meiner Wirkung aber stark sein, sodass alle sagen: »Oh ja, genau!« Das ist fatal. Denn erst wenn wir wieder lernen, auf das Was zu hören, kann Streitkultur überhaupt entstehen. Denn Streitkultur beginnt nicht mit dem Sprechen, sondern mit dem Zuhören. Und mit »Zuhören« meine ich nicht nur: den anderen »ausreden lassen«.

Streitkultur beginnt nicht mit dem Sprechen, sondern mit dem Zuhören.

In vielen Gesprächen erleben Sie, dass Ihr Gesprächspartner – während Sie noch sprechen – in Schnappatmung verfällt. Er will etwas sagen und wartet nur noch auf die Lücke in Ihrem Redefluss, um seinen Senf dazuzugeben. Damit lässt er Sie formal zwar ausreden, ist aber mit dem Suchen nach der Lücke und dem Festhalten seines Gedankens so beschäftigt, dass er Ihnen gar nicht zuhört. Ja, er *kann* Ihnen gar nicht zuhören, denn kein Mensch ist multitaskingfähig. Selbst auf dem Computer können Sie zwar etliche Programme gleichzeitig geöffnet halten, aktiv arbeiten kann man jedoch immer nur in einem Fenster. Gleichzeitig dem Gegenüber mit voller Aufmerksamkeit zuhören und sich dabei Gedanken darüber machen, was Sie als Nächstes sagen? Unmöglich! Zudem gilt: Je mehr Sie gleichzeitig zwischen verschiedenen Tätigkeiten hin- und herspringen, desto mittelmäßiger werden die Ergebnisse.

Doch der Instant-Virus lockt uns genau in diese Falle: Wir spüren den Drang, sofort etwas Intelligentes zu antworten. Wie aus der Pistole geschossen. Das funktioniert aber nur dann, wenn wir entweder über die Antwort nachdenken, statt zuzuhören, oder aber eine vorformulierte Standardantwort abfeuern, die nur mit Glück zu dem passt, was das Gegenüber gerade gesagt hat.

Wenn ein Gesprächspartner lediglich seine Meinung verkündet, ist das ein Zeichen von Respektlosigkeit. Respektvoll wäre es, dem anderen zu signalisieren: »Ich habe deine Meinung gehört und ernsthaft erwogen, nehme jetzt dazu Stellung und komme zu einer Gegenthese.«

Dieses Vorgehen wird in sogenannten Debattierklubs viel geübt. Das funktioniert zum Beispiel wie folgt: »Das heutige Thema ist: ›Abtreibung – dafür oder dagegen?‹ Du da bist dafür, du da bist dagegen. Ihr habt eine halbe Stunde Zeit für eure Vorbereitung.« Unabhängig von der eigenen Meinung müssen die Kontrahenten ihre Rede vorbereiten. Sie trainieren ihre persönliche Überzeugungskraft, indem sie Argumente formulieren, dem Diskussionspartner konzentriert zuhören und analysieren, was genau der andere sagt – um dann präzise darauf zu antworten und die Argumente des Gegenübers zu entkräften.

Damit Streitkultur funktioniert, müssen wir also lernen, wieder richtig zuzuhören. Und es gibt noch eine weitere Voraussetzung: Sie brauchen eine eigene Meinung!

Ohne eigene Meinung kein Streit

Kürzlich schaute ich mir das Theaterstück »Terror« von Ferdinand von Schirach an. Es handelt von einem Piloten eines Kampfjets der Bundeswehr, der vor Gericht steht. Ein Passagierflugzeug mit 164 Menschen an Bord wurde von Terroristen entführt. Sie änderten den Kurs der Maschine, um das Flugzeug über einem ausverkauften Fußballstadion abstürzen zu lassen. Der Befehl an den Piloten der Luftabwehr lautete: Nicht abschießen. Der Pilot hatte innerhalb kürzester Zeit zwischen Pest und Cholera zu entscheiden: Hält er sich an den Befehl, sterben möglicherweise Tausende von Stadionbesuchern. Hält er sich nicht an den Befehl, sterben 164 Menschen im Passagierflugzeug. Am Ende entschied sich der Pilot gegen den Befehl und schoss das Flugzeug mit 164 Passagieren ab.

Das Theaterstück ist brillant. Auf der einen Seite steht der Pilot mit seinem Anwalt. Die Argumentation ist schlüssig und überzeugt mich: Ich plädiere für »nicht schuldig«. Dann spricht die Staatsanwältin. Sie ist herausragend! Ihre Argumente wirken auf mich stark und kraftvoll. Ziehen mich in ihren Bann. Mit einem Mal plädiere ich für »schuldig«. Und je länger das Stück dauert, desto unsicherer werde ich. Meine Meinung wechselt wie der Tennisball in Wimbledon die Seiten. Endlich die erlösende Pause. Das ganze Foyer diskutiert leidenschaftlich den dargestellten Fall. Denn es ist nicht egal, was die Zuschauer denken. Sie müssen sich entscheiden. Jeder Einzelne! Wenn sie am Ende der Pause wieder in den Theatersaal strömen, müssen sie zwischen zwei Türen wählen: Über der einen steht »Schuldig« – über der anderen »Nicht schuldig«. Es werden die Stimmen gezählt. Und die Mehrheit bestimmt so über das Ende des Theaterstücks.

Es hat mich sehr beeindruckt, wie leicht manipulierbar ich mit meiner Meinung während der Aufführung war. Wie stichhaltig die vorgetragenen Argumente wirklich waren, kann ich nicht beurteilen. Aber die Auftritte waren überzeugend. Auf der Bühne standen auftrittsstarke Charaktere. Deren »Wie« hat sich mehr in mir eingebrannt als das »Was«.

Wer keine eigene Meinung hat, ist leicht zu manipulieren.

Der Punkt bei dieser Aufführung und im realen Leben ist der: Wenn Sie (noch) keine eigene Meinung haben, können Sie nicht vernünftig mitreden. Solange Sie sich inhaltlich mit dem Thema nicht auseinandergesetzt haben, fällt es schwer, die Stichhaltigkeit der Argumente zu prüfen. Sie *haben* also nichts zu sagen. Und bleiben stumm. Im besten Fall. Im schlimmeren Fall funkt Ihnen Ihr Ego dazwischen und wispert Ihnen zu, Sie müssten jetzt unbedingt auch irgendetwas zum Thema sagen. Die Gefahr, sich in dieser Situation vom Wie, also von einer – vielleicht sehr überzeugenden – Präsentation noch mehr beeindrucken zu lassen als sonst, ist groß.

Es besteht die Gefahr, dass in einer Welt, in der die Streitkultur am Boden liegt, der Inhalt nicht mehr so viel zählt wie die Inszenierung. Wo nicht mehr gestritten wird, wird Meinungstheater gespielt. Was zählt, ist nicht mehr der Austausch, sondern die beste Darstellung. Wenn dann noch der Weichspüler des Gemocht-werden-wollen-Virus dazukommt, wird es sehr kritisch. Schauen Sie sich Bundestagsdebatten oder Talkshows an, und Sie wissen, was ich meine. Alle wollen recht haben. Und reden, als sei ihre Meinung in Stein gemeißelt. Sie schaffen es, mit großer Überzeugung und vielen Worten nichts zu sagen.

Doch wehe, jemand sagt etwas Falsches! Dann fallen alle über ihn her. Plötzlich sind die Menschen in der Lage, deutliche Worte zu finden. Das lässt sich vor allem in den sozialen Medien gut beobachten. Hier wird – gerne auch vollkommen inhaltsbefreit – beschimpft und beleidigt, ohne ein Blatt vor den Mund zu nehmen. Weil sich jeder in der Anonymität verstecken kann. Außerhalb der Anonymität wird sofort der Weichspüler eingesetzt. Denn jetzt bekommt die Aussage ein Gesicht. Ihr Gesicht! Wenn Sie nun etwas sagen, bei dem die Mehrheit der Bevölkerung zustimmen kann, sind Sie auf der sicheren Seite. Warum also riskieren, sich angreifbar zu machen? Und so kommt es, dass unglaublich viel kommuniziert wird – ohne dass dabei die *eigene* Meinung geäußert wird.

Was wir für eine Streitkultur benötigen, sind das Zuhören und eine eigene Meinung. In beidem weist unsere Gesellschaft Defizite auf. Dabei sind die Defizite je nach Menschentyp unterschiedlich

Was wir für Streitkultur benötigen, sind Zuhören und eine eigene Meinung. verteilt. Die Katzen haben in der Regel keine Hemmungen, sich eine eigene Meinung zu bilden, sie in die Welt hinauszusenden und sie unter Umständen auch von heute auf morgen zu ändern. Ihr Manko liegt meist im Zuhören. Die Hunde dagegen hören zu. Ununterbrochen. Nur scheuen sie sich, aus dem Gehörten eine eigene Meinung zu formen, und erst recht nicht, sie laut und aktiv zu vertreten. Wenn wir diese Defizite beseitigen wollen, müssen beide Seiten an ihrer Schwachstelle arbeiten. Nur so kann unsere Gesellschaft zu einer guten Streitkultur finden, damit wir aus der ohrenbetäubenden Sprachlosigkeit herausfinden und wirkungsvoll werden.

Der Umgang mit Macht

Streitkultur ist für mich persönlich und beruflich ein bedeutsames Thema. Es macht mir Freude, mich mit anderen Menschen inhaltlich auseinanderzusetzen. Unbequem zu sein. In meiner Familie aber war eine Streitkultur, die allen Beteiligten gleiche Rechte einräumt, in meinen Jugendjahren ein herausforderndes Thema. Mein Vater war streng und ließ nur ungern eine andere Position gelten als seine eigene. Als Kind überforderten mich diese Kommunikationsszenarien, und ich lernte erst später schätzen, welch wertvolles Training mein Vater mir damals bot.

Nichts passiert!

Ich hatte mir ein neues Keyboard zu Weihnachten gewünscht. Meine Eltern hatten schon vor den Feiertagen ein Sonderangebot erstanden. Und nun stand das Geschenk also vorzeitig und verführerisch auf seinem Ständer in meinem Zimmer.

Immer wieder schlich ich um das neue Instrument herum. Irgendwie gefiel mir die horizontale Neigung nicht; ich schob also die Hand unter die eine Seite und zog den Befestigungsstift heraus. Blöd war nur, dass die andere Seite des Keyboards – die mit den Laut-

sprechern – viel schwerer war als die, unter der meine Hand lag. Das Keyboard rutschte also vom Ständer. Ehe ich reagieren konnte, donnerte es auf die Metallfüße. Knapp an meinen Zehen vorbei. Meine Mutter sprach gerade am Telefon – wie jeden Mittag – mit meinem Vater. Sie hatte den Knall gehört, er aber nicht. Nachdem sie aufgelegt hatte, stürmte sie mit schreckgeweiteten Augen in mein Zimmer. Gemeinsam untersuchten wir das Keyboard: Die hintere Außenhülle war eingebrochen. Aber es funktionierte einwandfrei! Es hatte nur einen optischen Schaden an der Seite, die sowieso zur Wand hin stand. Also alles halb so schlimm.

Als mein Vater am Abend nach Hause kam, hätte ich einfach sagen können: »Mensch, Papa, mir ist da ein Missgeschick passiert: Das Keyboard ist runtergefallen. Es hat hinten ein Loch! Aber es funktioniert noch.« Ich wusste allerdings genau, dass mein Vater das Missgeschick nicht als Lappalie betrachten würde ... Und deswegen sagte ich: nichts!

Damals fand ich diese Momente, in denen ich machtvoller Autorität begegnete, einfach nur ätzend. Doch mit der Zeit hat sich meine Perspektive geändert. Es entwickelt sich zunehmend Dankbarkeit gegenüber meinem Vater für die schwierigen Situationen von damals, denn er war ein anspruchsvoller Sparringspartner. Die Konfrontation mit seiner dominanten Autorität hat in mir zum einen die Fähigkeit entwickelt, in den Diskurs zu gehen, mich zu streiten. Sie hat mein kommunikatives Durchsetzungsvermögen trainiert. Sie legte den Grundstein in mir, Konfrontationen auch mit unbequemen oder vermeintlich mächtigen Gesprächspartnern nicht aus dem Weg zu gehen. Er trainierte unbewusst meinen Mut, den Mund aufzumachen, und hat somit wesentlich zu meinem späteren beruflichen Erfolg beigetragen.

Zum anderen hat diese Erfahrung dazu geführt, dass ich unfaire Behandlung oder das willkürliche Ausüben von Dominanz verabscheue. Leider werden wir täglich und überall damit konfrontiert. Man nennt das »Macht«, oder auf Englisch: »Influence of Power«, die sich breitgemacht hat und Gesellschaft, Unternehmen und ganze Staaten steuert. Davon gibt es also mehr als genug. Wovon wir dringend mehr brauchen, ist die »Power of Influence«. Auch hier spielt Macht eine Rolle, aber es geht vor allem um Einfluss und die Fähigkeit, hart in der Sache und fair zum Menschen zu sein.

Für eine gelungene Streitkultur brauchen wir eine angemessene Kombination von Einfluss und Macht. Im dritten Teil dieses Buches werde ich Ihnen mehr davon erzählen, wie wir alle Einfluss und Macht wirkungsvoll kombinieren können, um sowohl aus der Sackgasse von Sprachlosigkeit als auch aus unserem Tornado herauszukommen. Dort werde ich Ihnen zeigen, wie Sie Ihre »Power of Influence« verstärken können.

Bevor ich aber zu diesen Erkenntnissen, meinem heutigen Berufsfeld und schließlich zu diesem Buch kommen konnte, musste ich selbst erst einmal einen Aufbruch wagen und mich aus einer Sackgasse befreien.

Teil II
LAUT WERDEN

4. Raus aus der Sackgasse

Versprechen an einen Freund
»Hallo, Arnd«, *flüstere ich und streiche mit den Fingerkuppen über den rauen Grabstein. Eine alte Frau im zerbeulten Mantel schlurft vorbei und schaut mich neugierig an. Ich senke meine Stimme noch weiter:* »Ich komme dich besuchen, weil sich alles anders entwickelt als gedacht. Mache ich was falsch?« *Statt einer Antwort bläst der Wind mir welke Herbstblätter um die kalten Ohren. Und treibt mir die Tränen in die Augen.*

Genau drei Jahre ist es her, dass mein bester Freund gestorben ist.

Auf dem Totenbett hatte er zu mir gesagt: »Es sieht nicht so aus, als bekämen wir beide das mit dem Unternehmen hin.« *Und mit einem leichten Lächeln:* »Du, Peter, du kannst es schaffen! Versprich mir bitte zwei Sachen. Das Erste: dass du Erfolg haben wirst, dass du dich durchbeißen und es allen zeigen wirst. Und das Zweite: Wenn du die Frau deines Lebens gefunden hast, sei gut zu ihr! Kannst du mir das versprechen?« *Ich fühlte mich überrumpelt und zögerte. Aber ich versprach es ihm.*

Jetzt stehe ich hier, meine schwarz glänzenden Schuhe schaben an der Grabsteinumrandung, der Hamburger Herbstwind zerrt an den Aufschlägen meines Mantels. Ich habe mein Versprechen gehalten, denn ich habe nicht aufgegeben, auch wenn der Weg hin und wieder schwer ist. Ich arbeite rasend viel, aber es geht auch rasend schnell bergauf. Erfolg kann so einfach sein.

Doch ich hatte erwartet, dass der Erfolg mich glücklich macht. Macht er aber nicht. Ich fühle mich beschäftigt, unendlich beschäftigt. Aber ich fühle mich nicht erfüllt.

Sondern leer.

Das Katapult

Mein bester Freund Arnd starb mit nur 25 Jahren. Wir hatten zusammen ein Unternehmen gründen wollen, gleich nach dem Studium. Doch das letzte Semester erlebte er nicht mehr.

Nach seinem Tod rannte ich mit der größtmöglichen Geschwindigkeit in die Richtung weiter, die wir uns eigentlich gemeinsam ausgesucht hatten. Erst als Angestellter in einem fremden Unternehmen lernen, wie es geht? Nicht notwendig. Nach Arnds Tod hatte ich erst recht keine Lust mehr auf diesen Bewerbungskram. Ich wollte lieber die Abkürzung nehmen und gleich ein eigenes Unternehmen gründen. Das hätte Arnd gefallen.

Die Firma, die ich dann nach seinem Tod aufbaute, hatte gar nichts mehr mit unserem Projekt zu tun. Ohne ihn hatte ich die alten Ideen fallen gelassen. Stattdessen verfolgte ich mit neuen Menschen neue Ideen und fing an, in der Finanzbranche zu arbeiten.

Ich ging mit einer gewaltigen Euphorie an den Aufbau des Unternehmens heran und versuchte, allein den Erfolg zu haben, den Arnd und ich geplant hatten. Mit meinem Versprechen an ihn im Rücken entwickelte ich eine enorme Schubkraft.

Ich konzentrierte mich sehr auf das Unternehmen und meine Arbeit. Kein Fernsehen, keine Hobbys, kein Nichts. Präsentationen vorbereiten, Marketingaktionen planen, Klinken putzen, Termine über Termine – wann ich Zeit zum Schlafen fand, weiß ich nicht mehr. Meinen Kühlschrank hatte ich in den gegenüberliegenden Kiosk ausgelagert. Mit dieser Arbeitswut betäubte ich auch die Trauer um Arnds Tod. Erfolge feierte ich mit irgendwelchen Bekannten und Geschäftspartnern. Es floss viel Alkohol – die eine Betäubung wurde durch die andere abgelöst.

> **Die eine Betäubung wurde durch die andere abgelöst.**

Betäubt, wie ich war, durchschaute ich meinen Zustand nicht, den ich heute so genau kenne und von dem ich Ihnen schon erzählt habe: dass man nicht mehr nach außen sieht, dass der Alltag an einem vorbeirauscht, einen mitreißt wie ein Sturm, herumwirbelt und nicht mehr zu Atem kommen lässt – und man plötzlich erschrocken feststellt: Es ist schon wieder Weihnachten! Das ist er, der *Tornado des Alltags*!

Denn das ist der Zustand, der Sie unweigerlich heimsucht, sobald Sie sich aufmachen – egal, zu welchem Ziel. Das muss nicht gleich eine Unternehmensgründung sein. Ihr Ziel kann auch einfach nur lauten: *mehr Sport treiben* oder *mehr Zeit mit den Kindern verbringen* oder *einen neuen Job suchen*. Oder auch nur *mehr Ordnung halten*.

Besonders zu Anlässen wie Silvester hat die Produktion solcher Ziele Hochkonjunktur. Aber Sie und ich wissen, wie lange diese guten Vorsätze halten: Sie überstehen kaum die ersten Tage des Jahres. Sie werden im Nullkommanix vom Tornado verschlungen. Ihre kurze Bestandszeit ist nicht der mangelnden Ernsthaftigkeit geschuldet. Es ist einfach rasend schwierig, im Sturm des Alltags die Ausrichtung auf den Horizont beizubehalten und die gewünschten Veränderungen umzusetzen.

Besonders schwer wird es, wenn Sie sich ohne Orientierung durch den Sturm vorankämpfen. Dann werden Sie bald merken, dass Ihr Elan mehr und mehr verpufft. Sie werden aufgeben.

Aber ich hatte ja mein großes Ziel und das hieß »Erfolg haben«. Ich rannte stupide dem Geld hinterher. Mir hatte mal ein erfolgreicher Autohändler gesagt: »Wenn du in der Knopfindustrie arbeitest, sammelst du Knöpfe. Wenn du in der Autoindustrie arbeitest, sammelst du Autos.« Ich hatte das für mich ergänzt: »Wenn du in der Geldindustrie arbeitest, sammelst du Geld.« So einfach und klar schien das Leben zu sein.

Nur manchmal, vorwiegend nachts, meldeten sich Bedenken, Zweifel und Skepsis. Aber ich wollte nicht zweifeln. Schließlich führte das, was ich tat, offensichtlich zu dem Erfolg, den Arnd und ich uns für unser Projekt ausgemalt hatten: Ich verdiente unanständig viel Geld, hatte den klapprigen Kleinwagen gegen einen voll ausgestatteten BMW getauscht und meine Wohnung war um drei Zimmer gewachsen.

Der Tod von Arnd war mein Katapult, das mich aus dem Trainingsraum namens Studium in die Welt des realen Business hineingeschossen hatte. Der unglaubliche Schmerz über seinen Verlust war gleichzeitig eine Art Turbo, beruflich erfolgreich zu werden.

Ein einschneidendes Erlebnis wie der Tod ist wie ein Tritt in den Hintern.

Was passiert wäre, wenn nichts passiert wäre, also Arnds Erkrankung nicht zwischen uns und unsere unreifen Träume gekommen wäre, weiß ich nicht. Es kann sein, dass wir nicht den Mut gehabt hätten, von der Uni weg in die Selbstständigkeit zu gehen. Es kann sein, dass uns die Energie zum Durchhalten gefehlt hätte. Denn eines ist sicher: Ein einschneidendes Erlebnis wie der Tod verschiebt die Perspektive, die Prioritäten und den Fokus. Es ist wie ein Tritt in den Hintern: Das tut weh und kann gleichzeitig in Bewegung setzen.

Ein Katapult ist toll, denn es lässt Sie ungeahnte Kräfte entwickeln. Es rüttelt Sie auf, zieht Sie aus dem Alltagssumpf und lässt Sie riesige Schritte machen, die Sie ohne diesen Energiebooster nicht geschafft hätten. Sie können Ihre Kraft bündeln, anstatt sie in alle Richtungen zu verpulvern.

Das Katapult kann aus einem traumatischen Erlebnis heraus entstehen, es kann aber auch weniger dramatische Ursachen haben: Eine prägende Begegnung, ein visueller Eindruck, eine berührende Geschichte oder eine besondere Emotion können – wenn man sie denn als Fingerzeig wahrnehmen kann – zu einer Klarheit der Erkenntnis führen, die markerschütternd ist.

Bei mir waren die Energie, das Aktivwerden, der Erfolg da. Nur die Befriedigung, das gewünschte Glücksgefühl – die waren nicht da. »Aber was soll's?«, dachte ich damals. »Arnd hätte jetzt auch nicht aufgegeben.« Und biss mich weiter durch. Nichts sollte mich davon abhalten, meinen Weg zu gehen.

Schlimmer als Sterben

Die Stimme aufs Spiel setzen
In dem Arztzimmer riecht es nach Desinfektionsmittel und alten Vorhängen. Der Raum ist schulterhoch weiß gekachelt, die Wände darüber eierschalenfarben gestrichen. Draußen herrscht ein trüber, stiller Tag, die Geräusche vom Flur dringen nur gedämpft in den Raum.

Ich sitze da in Jogginganzug und Schlappen und warte auf den behandelnden Arzt, der mir die Ergebnisse der Nachuntersuchung mitteilen soll. Genervt schweift mein Blick durchs Zimmer: Der Arzt soll jetzt gefälligst kommen und mich entlassen, schließlich warten schon jede Menge Termine auf mich. Endlich wieder Gas geben. Telefonieren, durch die Gegend fahren, Vorträge halten und wieder den Rausch des Verkaufens durch meine Adern pulsieren spüren. Ich vertrödele hier im Krankenhaus nur wertvolle Zeit.

Die Nachricht vor vier Wochen war ein Schock gewesen. Bei einer harmlosen Kontrolluntersuchung war die Schilddrüse aufgefallen. Die Untersuchungen ergaben schnell ein tumorverdächtiges Areal. Ich hatte gar nicht viel Zeit zum Nachdenken, schon lag ich unter dem Messer. Ich ließ die Diagnose »Krebs« auch zunächst gar nicht an mich heran. Der Arzt hatte gesagt, das sei inzwischen ein Routineeingriff und die Wahrscheinlichkeit hoch, dass mit nur einer Operation alles überstanden sei. Also Augen zu und durch. Hauptsache, ich war schnell wieder einsatzbereit.

Endlich öffnet sich die Tür und der Mann im weißen Kittel rauscht, einige Krankenakten unter dem Arm, herein. »Bitte behalten Sie Platz, Herr Holzer«, sagt er, so als sei ich ein gebrechlicher Greis. Er schüttelt mir die Hand und setzt sich mir gegenüber an seinen Schreibtisch. Dann klappt er eine Akte auf und fährt mit dem Finger eine Liste mit Zahlen herunter. Bei einer rot gedruckten Zahl bleibt sein Finger stehen und tippt zweimal darauf. Seine Augen wandern von der Zahlenkolonne zu mir: »Dieser Wert bedeutet leider nichts Gutes, Herr Holzer. Der Tumormarker ist immer noch zu hoch. Irgendwo muss es also Tumorzellen geben, die wir noch nicht entfernt haben. Das heißt, wir müssen Ihnen in einer zweiten OP die benachbarten Lymphknoten rausnehmen.«

Der Arzt hält kurz inne, schaut mich über den Rand seiner Lesebrille hinweg an und setzt hinzu: »Leider ist das Gewebe nach der ersten OP vernarbt. Die Herausforderung besteht nun darin, Ihren Stimmbandnerv zu finden und ihn nicht zu verletzen. Wir werden dazu den Nerv mit einem speziellen Gerät darstellen und die ganze Zeit überprüfen. Aber es kann dennoch in diesem diffizilen Bereich zu Komplikationen kommen.«

Ich räuspere mich und frage: »Und was heißt das konkret?«
»Dass die Gefahr besteht, dass es bei der Operation zu einer Irritation oder gar Verletzung des Stimmbandnerven kommt und Sie dadurch Ihre Stimme verlieren«, sagt er und bricht dann ab. Er wartet auf eine Reaktion von mir.
Ich öffne den Mund, um etwas zu sagen, aber es kommt nichts raus. Ich begreife nicht. Erst langsam formen sich Gedanken in meinem Kopf: ›Ich verliere meine Stimme. Ich werde nicht mehr sprechen können. Ich werde nie mehr mit jemandem reden können, nie mehr Worte formen, nie mehr Ausdruck finden.‹ Ich starre auf die Schreibtischplatte, meine Gedanken überschlagen und verknoten sich, mir wird schwindelig.
»Herr Holzer? Ich kann Ihnen versichern, dass durch die Operation Ihre Heilungschancen sehr gut sind. Sie werden gesund werden«, sagt er und schaut mich aufmunternd an.
›Gesund, aber stumm! Ohne Stimme! Das ist schlimmer als Sterben‹, denke ich verzweifelt. Ohne ein Wort stehe ich auf und verlasse das Zimmer.

Um es kurz zu machen: Ich habe meine Stimme nicht verloren. Die Operation ist komplikationslos verlaufen. Danach waren die Tumormarker auf null gesunken. Ich wurde als geheilt entlassen.

Und doch war nichts wie zuvor. Ich hatte bis dahin in dem Gefühl gelebt, alles unter Kontrolle zu haben: meine Arbeit, meinen Körper, mein Leben. Mit dem Krebs war etwas in meinen Körper gekommen: unerlaubt, unbemerkt, unkontrolliert. Das verunsicherte mich zutiefst. Wenn das möglich gewesen war, was mochte es dann darüber hinaus noch in mir geben, wovon ich nichts ahnte? Worüber ich keine Kontrolle hatte?

Das Schlimmste aber, das, was mich am meisten erschreckte, war der drohende Stimmverlust. Noch heute hallt dieser Moment im Arztzimmer in mir nach. Erst in dieser Sekunde wurde mir klar, wie lebensentscheidend für mich meine Stimme ist. Ich erkannte erschüttert: Lieber wäre ich gestorben, als ohne Stimme weiterzuleben.

Ohne Stimme keine Vorträge mehr. Ohne Stimme keine romantischen Momente mehr, in denen ich meiner Frau meine Gefühle für sie mitteile. Ohne Stimme keine Vater-Sohn-Gespräche mehr, in denen ich meinem Jungen etwas für sein Leben mitgeben kann. Stimme war meine Verbindung zur Außenwelt! Alle meine Bedürfnisse und Empfindungen drückte ich mit ihr aus. Mir wurde klar: Meine Stimme gehört zu den wahren Schätzen meines Lebens. Denn mit ihrer Hilfe kann ich viel bewirken.

Meine Stimme gehört zu den wahren Schätzen meines Lebens.

Schon immer hatten mir Freunde und Geschäftspartner zurückgemeldet, meine Stimme sei angenehm zu hören. Und ich wusste, dass ich stark darin war, im direkten Gespräch auf Menschen einzuwirken und sie zu überzeugen. All das war jetzt bedroht.

Zum ersten Mal wurde mir bewusst, wie wichtig mir meine Stimme ist. Und warum war erst ein Schock nötig, um mir das klarzumachen?

Heute weiß ich: Ich habe nicht klar gesehen, weil ich mich verloren hatte. Im Tornado des Alltags. Mir fehlte die Richtung im Leben. Stattdessen tappte ich unweigerlich in das, was ich heute die *Sackgasse* nenne.

In der Sackgasse

Im Englischen heißt die Sackgasse »dead end« – wörtlich übersetzt: »totes Ende«. Und genau dorthin führt die Sackgasse auch. Nehmen Sie zum Beispiel eine Ehe. Das Paar wechselt seine Stimmung im Monatsrhythmus von himmelhoch jauchzend verliebt bis hin zu knapp vor der Scheidung. Das ist eine Sackgasse. Es geht nicht wirklich vorwärts. Es gibt keine Richtung, keinen Horizont, der es lohnt, angesteuert zu werden. Das Paar tritt auf der Stelle. Am Ende führt diese Sackgasse in den Tod der Ehe – das Paar wird sich trennen oder bis zum Lebensende mit einer unerfüllten Sehnsucht nach einer guten Ehe weiter in der Sackgasse herumirren.

Wenn Sie mit geballter Wucht gegen die Wand am Ende einer Sackgasse rennen, holen Sie sich mindestens eine blutige Nase. Das ist gut, weil Sie dann eine Chance haben, zu merken, dass es hier nicht mehr weitergeht. Meist aber stoßen Sie in den Sackgassen des Lebens gar nicht frontal an die Wand, sondern finden sich eher in einer Art Nebel wieder. Sie tappen orientierungslos in diesem Teil der Sackgasse herum. Falls Sie doch einmal an die Wand stoßen, nehmen Sie die Wand vielleicht als vermeintliche Orientierungshilfe und tasten sich daran ein Stückchen vorwärts. Sie erkennen die Wand nicht als Ende dieses Weges, sondern glauben sogar, dass sie Ihnen weiterhilft.

Sackgassen zu identifizieren ist schwierig. Führt der Job, für den Sie sich gerade krummlegen, zu irgendetwas Sinnvollem? Ist das Studium, das Sie gerade durchlaufen, das richtige? Lohnt es sich, die Reibungen mit dem Ehepartner anzugehen – oder wäre eine Trennung sinnvoller? Sie sollten sich intensiv damit beschäftigen. Denn wenn Sie Energie in eine Sackgasse investieren, ist es, als würden Sie ein totes Pferd reiten. Es führt am Ende zu nichts. Sie verpulvern nur wertvolle Lebenszeit und Energie. Input- und Instant-Virus erfreuen sich daran und halten Sie durchgehend beschäftigt.

Sackgassen zu identifizieren ist schwierig.

Das Problem ist, dass Sie in einer Sackgasse keine Erfüllung finden werden. Woher soll die auch kommen? Von einem Ziel, das Sie nicht kennen und nicht erreichen? Von der Energie, die Sie versprühen, ohne welche zurückzubekommen? Von den Schrammen, die Sie sich an den Wänden holen?

Denken Sie einmal darüber nach. Ihre Lebenszeit ist begrenzt – Sie haben nicht unendlich viel Zeit, in Ihrem Leben etwas zu bewirken. Sie sollten sich also auf den Bereich konzentrieren, in dem Sie richtig was erreichen können. Wo Sie der Beste werden, die Nummer eins. Das muss nicht die Nummer eins weltweit bedeuten. Es geht um die Nummer eins in der für Sie relevanten Welt. Denken Sie zum Beispiel an Ihren Lebenspartner: Sie müssen nicht der beste Partner für 3 Milliarden Menschen sein; es reicht, wenn Sie für ihn die Nummer eins werden. Die beste Ehe mit ihm führen, die auf diesem Planeten möglich ist. Oder an Ihren Job: Sie müssen nicht der Beste in allen Fachrichtungen werden. Es reicht, wenn

Sie der Beste auf Ihrem Spezialgebiet in Ihrer Firma, in Ihrer Stadt oder Ihrem Land werden. Alles aus sich rausholen. Immer weiter lernen. Nur wenn Sie den Anspruch haben, auf irgendeinem Gebiet in Ihrem Leben etwas Großartiges zu erreichen, gelangen Sie zu den tollsten Momenten, die Ihnen das Leben bieten kann. Wenn Sie diesen Anspruch jedoch nicht haben und sich dementsprechend halbherzig einsetzen, landen Sie hier wahrscheinlich in einer Sackgasse.

Den meisten Menschen geht es so, dass sie keine Befriedigung finden, obwohl sie unendlich beschäftigt sind und all ihre Energie aufwenden, um viele verschiedene Dinge zu tun. Sie sind verzweifelt, ratlos, denn sie wissen nicht, warum das so ist: Obwohl sie doch schon so viel tun, fühlen sie sich trotzdem leer. Sie ahnen nicht, dass sie sich durch eben diesen Aktionismus in eine Sackgasse manövriert haben.

Dabei könnten sie es wissen, wenn sie genau hinhören würden. Wenn sie die Zeichen, die sie pausenlos bekommen, richtig zu deuten wüssten.

Auch in mir schwelte es, meine Unruhe wuchs, ich wurde immer unklarer. Wie es meine Umwelt damals mit mir aushalten konnte, ist mir heute noch ein Rätsel. Ich konnte mit niemandem darüber sprechen, denn ich konnte die Ursache meiner Unzufriedenheit nicht benennen. Und einfach nur rumjammern wollte ich nicht.

Im Nachhinein kommt es mir manchmal so vor, als hätte Arnds Tod eine Botschaft für mich parat gehabt, die ich einfach nicht richtig verstanden hatte. Vielleicht hätte ich sie verstanden, wenn ich mir etwas Zeit genommen, innegehalten, den Schock verarbeitet und in Ruhe überlegt hätte, was der richtige Weg für mich allein sein könnte. Mir Gelegenheit gelassen hätte, den Horizont zu erkennen, der sich nun unter den völlig veränderten Vorzeichen für mich auftat. Hätte ich die Botschaft gehört, die meine innere Stimme für mich bereithielt?

Die innere Stimme

Unterwegs
Sie fahren mit dem Auto in den Urlaub. Das Endziel haben Sie in Ihr Navi einprogrammiert. Unterwegs müssen Sie aber erst noch den Hund in der Hundepension abliefern, später eine Tankstelle ansteuern und dann noch einen kleinen Umweg zu dem schönen Hotel machen, das Ihnen Ihre Freunde als Zwischenhalt für heute Nacht empfohlen haben. Ach ja, und morgen fahren Sie einen Umweg über die Landstraße, weil die Autobahn mal wieder völlig zu ist. Kein Problem, Ihr Navi macht das alles mit und verliert das Endziel nicht aus den Augen. Es behält immer die grundsätzliche Richtung. Und trotz aller Umwege führt es Sie immer ans Ziel.

Seit es den Menschen gibt, ist er unterwegs. Er ist als Nomade durch die Zeitalter geschritten. Immer in Bewegung. Unterwegs sein, das ist unser Programm. Es gab eine kleine Zwischenphase, in der wir sesshaft wurden. Aber das ist im Grunde schon wieder vorbei. Wir wohnen zwar immer noch in Häusern, doch unsere Ideen, Projekte, Gesellschaftsmodelle, auch unsere Träume, Ängste und Hoffnungen sind heute global ausgerichtet. Stellen Sie sich vor, die 200 000 Jahre Menschheitsgeschichte in eine Zeitstunde zu komprimieren. Zu welchem Anteil waren wir sesshaft, zu welchem unterwegs? Nun, wir waren 180 Sekunden sesshaft. Und 57 Minuten unterwegs. Unterwegssein und Veränderungen liegen uns also in den Genen. Wir sind immer noch Nomaden, moderne Nomaden. Immer auf der Jagd und manchmal auf der Flucht, hungrig oder durstig, dem Lauf der Sonne oder dem Weg eines Wassers folgend. Auf dem Weg sein, das ist unser Element, da können wir uns noch so sehr am Eigenheim, am Bürostuhl oder an der Sofakante festkrallen, es hilft nichts!

Wir sind moderne Nomaden. Unterwegs sein, das ist unser Programm.

Auch Sie sind unterwegs! Ständig! Es geht ab in den Urlaub oder zur Arbeit oder nach Hause, zum Discounter oder zum Weinhändler, zur Familie oder zur Geliebten, zum Kunden oder zum Chef. Manche bewegen sich nur innerhalb ihrer Stadt, andere im ganzen

Land und einige reisen permanent um den ganzen Globus. Klar, das nächste Etappenziel haben Sie immer im Blick. Und dann? Wohin führt Ihr Weg dann? Wer oder was zeigt Ihnen die Richtung? Dafür ist Ihr Navi da.

Auch für das Leben haben wir ein Navi – und zwar jeder von uns. Das Navi, das ich meine, ist: Ihre innere Stimme!

Sie spricht permanent zu uns und sagt uns, wo es langgeht. Das Problem ist nur: Viele Menschen ignorieren die Stimme konsequent und taumeln ihr Leben lang orientierungslos umher. Dabei haben auch sie eine innere Stimme, die genau weiß, wohin es gehen soll, und die es auch sagt. Doch oft findet die innere Stimme kein Gehör. Dabei kennt sie den Weg zu dem, was Sie im Leben erreichen können und wollen, wonach es sich auszurichten lohnt. Ich nenne das den *Horizont*.

Es ist Ihr ganz persönlicher Horizont, der Ihnen die Richtung vorgibt. Nur wenn Sie ihm folgen, können Sie alle Ihre Kräfte optimal entfalten. Der Horizont lockt Sie an. Er definiert Ihre persönliche Vorstellung von Erfolg, hilft Ihnen, Spuren auf der Welt zu hinterlassen und etwas zu bewirken: für Sie selbst, für andere Menschen, für diese Welt. Sie können diese Welt besser machen, wenn Sie Ihren Weg so wählen, dass Sie auf Ihren Horizont zusteuern!

Sie können diese Welt besser machen, wenn Sie Ihren Horizont als Wegweiser erkennen!

Die Welt ist jedoch voll von Menschen, die das nicht tun, sondern sich stattdessen in einer lauten Welt voller Verlockungen und fremder Horizonte verlieren. Sie taumeln fremdbestimmt und orientierungslos durchs Leben. Konstruieren sich Ersatzhorizonte, die mit ihnen selbst gar nichts zu tun haben. Sie verwechseln den Horizont ihrer Firma mit ihrem eigenen – oder den einer Partei oder eines Fußballvereins oder den ihrer Kollegen, Nachbarn oder ihres Ehepartners. Und das prägt diese Welt leider!

Denk dich aus!

Nach dem Tod meines Freundes Arnd ging es mir genauso: Ich war empfänglich für einen fremden Horizont, den ich zu meinem machte. Ich hörte nicht auf meine innere Stimme und fand deswegen für mich keinen eigenständigen Ersatz für den gemeinsamen Horizont, den er und ich gefunden hatten.

Aus dem Studium heraus hatten wir die Idee für unser Unternehmen entwickelt. Darüber zu reden und zu planen hatte Spaß gemacht, erst recht mit so einem brillanten Kopf wie Arnd. Wir hatten alle unsere Aktivitäten darauf ausgerichtet. **Uns hatte die Aussicht auf Unabhängigkeit und Geld gelockt**, und das hatte alles andere in den Hintergrund gedrängt. Losstürmen und die Welt erobern: Wir hatten uns als unschlagbares Team gefühlt. Ob wir allein, jeder für sich, auch auf die Idee gekommen wären?

Als Arnd starb, war damit auch unser gemeinsamer Horizont wertlos geworden und ich verlor die Orientierung.

Dadurch war ich empfänglich für einen fremden Horizont, den ich für mich übernahm. Ich erlag der Verlockung und gründete mit anderen Menschen eine Firma, die finanziell sehr erfolgreich wurde. Erst später merkte ich, dass wir unterschiedliche Wertvorstellungen hatten und ich mit der Arbeit für dieses Unternehmen keine Erfüllung finden konnte.

Zunächst aber stürzte ich mich in diese Arbeit und hatte weder Zeit noch die Bereitschaft, auf meine innere Stimme zu hören.

Dann wurde ich krank. Ich wurde ausgebremst und war gezwungen, mich mit meiner inneren Stimme auseinanderzusetzen.

Konsequent

Alles steht still. Vorher konnte ich nie aufhören zu arbeiten. Jetzt muss ich. Die Welt bricht zwar nicht zusammen. Aber emotional fühlt sich diese Ruhe an wie eine Ruhe vor dem Sturm. Ich brauche einen Ort der Besinnung.

Tilo, ein Freund aus meinen Zeiten im wilden Internetbusiness der 90er-Jahre, lebt auf einem alten, umgebauten Bauernhof – dort kann ich bleiben bis zum Beginn der Radiojodtherapie, die der OP folgen soll.

Tilo beobachtet mich einige Tage lang. Eines Morgens sagt er: »Komm mit in mein Lesezimmer. Da kannst du dich hinsetzen, aus dem Fenster schauen und dich ausdenken.«

Ausdenken – cool, mal ganz was anderes. Ich sitze im Sessel, schaue aus dem Fenster. Nicht mal eine Stunde ist vergangen und mir wird langweilig. Ich hole mir also meinen Laptop und fange an, ein bisschen zu arbeiten. Das bekommt er mit.

Plötzlich steht er vor mir und sagt mit kalter Stimme: »Pass mal auf: Das ist mein Haus. Entweder du machst hier, was ich dir sage, oder du gehst. Und ich sage dir: Du setzt dich jetzt hier hin und denkst dich aus. Den ganzen Tag. Jeden Tag. Bis du dich ausgedacht hast und nichts mehr denkst. Wenn du wieder arbeiten willst, dann geh!«

Er wendet sich zum Gehen, dreht sich aber noch einmal kurz um: »Verstanden?«

Heute weiß ich: Er hatte recht. Ich wollte mich schon wieder ablenken. Bloß keinen Raum lassen für das gefährliche Unbekannte: meine eigene innere Stimme. Doch das ist es, was die innere Stimme braucht, um gehört zu werden: Ruhe. Keine Ablenkung. Das eigene pausenlose Kopfgequassel verklingen lassen.

Und schauen, was danach passiert. Denn die innere Stimme spricht leise mit uns.

Was braucht die innere Stimme, um gehört zu werden? Ruhe.

Damals war mein erster Impuls, Tilo Kontra zu geben. Was fällt dem ein, so mit mir zu reden? Doch glücklicherweise hielt ich die Klappe, gab nach und dachte mich aus. Und dann – erst zaghaft, dann immer deutlicher – zeigte sie sich: meine innere Stimme!

Sie skizzierte ein diffuses Bild. Stellte wirre Fragen. Meldete Unzufriedenheit. Bezweifelte den Sinn meines Weges. Irgendwie klang es danach, als würde sie eine Sackgasse beschreiben und flehen: »Hör auf damit!«

Doch als nach der OP klar war, dass mir meine körperliche Stimme erhalten geblieben war, verschwand die Aufmerksamkeit, und ich überhörte meine innere Stimme erneut – trotz der Schockstarre, in die ich zuvor geraten war.

Ich arbeitete weiter, als wäre nichts geschehen. Ich wusste längst, dass Arnds Tod und meine Krankheit eine Botschaft für mich hatten, die ich noch nicht entschlüsselt hatte. Ich wusste es, aber ich fühlte noch nicht, was das bedeutete. Stattdessen krallte ich mich blind an vermeintlich sichere und stabile Säulen wie Geld und Erfolg. Drogen, die mich erneut berauschten.

Trotz allem war ein Prozess in Gang gesetzt worden: Ich entfremdete mich immer mehr meiner Firma, ich machte zunächst wie eine Marionette weiter, war aber immer weniger wirklich anwesend.

Wenn die Zeit reif ist

Klarheit

Wir sitzen im wöchentlichen Meeting. Die Kollegen präsentieren die neuesten Ergebnisse. Der Beamer surrt leise, und ein Chart nach dem anderen beweist, dass wir deutlich mehr erreicht haben, als wir uns zum Ziel gesetzt hatten. Die Zahlen sind großartig, und aus den Stimmen der anderen höre ich eine Euphorie, die auch ich bisher bei solchen Ergebnispräsentationen gespürt habe: Es ist so geil, erfolgreich zu sein!

Die Blicke der Mitarbeiter sind auf mich gerichtet, sie wollen ihre Freude und ihren Stolz mit mir teilen. Doch ich weiche aus und schaue ins Leere.

Ich kann mich heute einfach nicht freuen.

Wir haben viel Geld gemacht. Mehr als geplant. Ja, das ist beachtlich. Wir haben es allen Skeptikern und erst recht der Konkurrenz gezeigt, sind auf dem Weg nach ganz oben. Wir werden sehr schnell noch viel mehr Geld horten. Aber wozu? Was ist der Sinn dieser Arbeit? Ist das wirklich mein Ding?

Mir ist heiß, ich beginne zu schwitzen. Die Krawatte schnürt mir den Hals zu. Ich lockere den Knoten etwas und mache den obersten Knopf auf. In meinem Kopf jagen sich die Gedanken, die Stimmen um mich herum verschwimmen zu einem akustischen Brei. Ich weiß, man erwartet ein Statement von mir, ich muss jetzt allen Anerkennung zollen und den Blick auf die nächsten Schritte lenken, motivieren für die kommenden Herausforderungen. Aber was kann ich ihnen noch geben? Kann ich hier tatsächlich noch etwas bewirken?

Mein Mund ist trocken, ich bringe kein Wort hervor. Ich bleibe stumm.

Ist denn dieser Erfolg nicht auch mein Erfolg? Ich habe das Unternehmen in den letzten Jahren in rasantem Tempo nach vorne gebracht. Zwischendurch hat es immer mal in mir gebrodelt, ich habe mich nicht gut gefühlt, mich dann aber wieder am Erfolg berauscht und durchgehalten.

Auch nach der Krankheit: Als mich der Tumor zwischendurch auf den OP-Tisch gezwungen hatte, habe ich mir danach keine Pause gegönnt, bin schnell zurückgekommen und habe weiter Gas gegeben. Ich bin geschäftlich jetzt da, wo ich immer hinwollte. Ich müsste stolz und zufrieden sein. Aber ich bin es nicht. Die zweite OP hat etwas in mir verändert. Meine Arbeit und der Erfolg erscheinen mir auf einmal so wertlos. Ich kann nur dann meinen Weg weitergehen, wenn ich voll dahinterstehe. Doch ich glaube nicht mehr daran, dass dies hier mein Weg ist.

Plötzlich höre ich mich sprechen. Ich höre es ganz deutlich, aber die anderen reagieren nicht, nach außen scheine ich weiter stumm zu sein. Es ist meine innere Stimme, die da sehr ruhig und klar zu mir spricht. Sie sagt nur den einen Satz: »Ich bin raus!«

Ich werde ganz ruhig und achte nicht mehr auf die anderen. Auf einmal weiß ich, was ich tun werde. Ich werde aus der Firma aussteigen!

Wie das mit aktiven Vulkanen so ist: Sie brodeln und rumoren, und irgendwann ist der Druck so hoch, dass es zu einem Ausbruch kommt. Die Zeit dafür ist nicht immer reif, aber wenn es so weit ist, dann passiert's eben.

Und so stieg ich eines Tages aus. Einen Plan B hatte ich nicht. Ich wusste nur, dass ich rausmusste. Der Gedanke »weg von etwas« fällt uns Menschen meistens viel leichter als die Antwort auf die

Frage: »Hin zu was denn?« So machte ich danach ein halbes Jahr lang nichts. Außer immer wieder darüber nachzudenken, wie es weitergehen soll. Man kann es Auszeit oder Sabbatical nennen. Aber das ist zu beschönigend formuliert. Denn die Zeit war sehr anstrengend. Viele Fragen, viel Nebel. Keine Ahnung, was ich nun jeden Morgen nach dem Aufstehen tun sollte. Und doch fühlte ich: Der Ausstieg war richtig! Es gab keine andere Möglichkeit. Ich fühlte endlich, was ich insgeheim schon lange wusste: Steckt man in einer Sackgasse, muss man raus. Sofort!

Trotz aller Zweifel und schlechten Gefühle hatte ich jedoch lange Zeit weitergemacht, weil ich keinesfalls den Fehler machen wollte, zu früh den Schwanz einzuziehen. Nur Verlierer geben auf. Aber in diesem Moment fühlte ich endlich, dass mich der Weg, den ich beschritten hatte, nicht weiterführte. Ich trat auf der Stelle, hatte den Glauben an die Sache verloren. Ich erkannte, dass meine Kollegen andere Werte hatten als ich. Ich spielte, um zu gewinnen – dann kann man nicht mit Menschen arbeiten, die spielen, um nicht zu verlieren. Die hoffen, dass es schon irgendwie funktionieren wird. Die Firma war für mich kein Horizont mehr, der die Richtung meines Lebenswegs bestimmen sollte. Der alte Weg hatte seinen Sinn für mich verloren. Ich brauchte einen neuen Horizont.

5. Den Horizont finden

Aussteigen. Aufstehen und gehen, alles zurücklassen. Neu anfangen. Der Gedanke »weg hier« fällt uns leicht. Jeder Mensch kennt Situationen, in denen er sich das heftig wünscht: Sie wollen sich den Ärger im Büro nicht länger antun. Sie ertragen Ihren Partner oder Ihre Partnerin nicht mehr und wollen die Beziehung beenden. Ihr Fluchtreflex ist so heftig, dass Sie an nichts anderes mehr denken können. Bloß raus hier!

»Wenn das hier vorbei ist, dann ist alles viel einfacher.« Dieser Gedanke hatte auch mein Denken beherrscht. Und zwar lange Zeit, ohne dass sich etwas geändert hätte. Ich hatte kein Tagebuch geführt, aber mir immer wieder Notizen gemacht, um meine Gedanken zu strukturieren. In meinem Heft kann ich heute nachlesen, was ich schon zwei Jahre vor meinem Ausstieg aus der Firma geschrieben hatte: »Ich habe keinen Bock mehr auf den Job.«

Ich hatte mir ausgemalt, wie befreit ich mich auf einmal fühlen würde, wenn ich erst einmal den Cut gemacht hätte. So war es denn auch an dem Tag meines Ausstiegs: Ich war voller Euphorie. Doch das Gefühl sollte nicht lange anhalten.

Die Leere danach
Der erste ruhige Morgen nach dem großen Knall. Ich habe mit den Kollegen meinen Ausstieg aus der Firma verhandelt, alle Formalitäten abgeschlossen, endlich Ruhe.

Eigentlich ist es jetzt Zeit zum Aufstehen. Wecker habe ich mir keinen gestellt, denn es gibt keine Termine mehr einzuhalten. Ich hatte erwartet, dass sich das unglaublich toll anfühlt. Aber jetzt …

»Wozu eigentlich aufstehen?«, kriecht es mir durch den Kopf. Bleischwer liege ich da. Müde. Ausgelaugt.

Körperlich fehlt mir nichts, ich bin fit. Das Einzige, was mir fehlt, ist eine Beschäftigung. Ein sinnvoller Horizont. Es gibt nichts zu tun. Kein Büro, wohin ich fahren kann, kein Terminkalender, der von anderen gefüllt wird.
Da ist ... einfach nichts.

Der Moment, in dem Sie ein Projekt, eine Beziehung, ein Beschäftigungsverhältnis beenden, markiert ohne Zweifel einen Ausstieg aus allem, was lästig gewesen ist. Aber die Hoffnung, dass mit diesem Ende plötzlich alles gut wird, verfliegt schnell, und Sie stehen vor einer Situation, die Sie so nicht erwartet haben. Ich jedenfalls hatte sie nicht erwartet.

Die Situation ist unausweichlich, denn auf einmal herrscht Stille. Eine Stille, die Sie so nicht mehr kennen. Solange Sie unglaublich beschäftigt sind, sich mitten im Tornado befinden, ist es um Sie herum und in Ihnen immer laut. Ihre Welt tobt und Ihre Gedanken toben mit. Sie haben einfach keinen Kopf für etwas anderes.

Solange Sie sich im Tornado befinden, ist es laut.

Sie hatten vielleicht eine falsche Richtung. Aber Sie hatten wenigstens eine. Nach einem Ausstieg haben Sie auf einen Schlag gar keine Richtung mehr. Das wirft Sie gnadenlos auf sich selbst zurück: weil Sie sich plötzlich nicht mehr ablenken können. Denn wenn es keine Beschäftigung mehr gibt, wenn Sie nichts mehr zu tun haben, womit Sie sich von den entscheidenden Fragen ablenken können, dann können Sie sich auch nicht mehr vor ihnen verstecken.

Wenn Sie aber kein Versteck mehr haben, sind Sie der Frage nach Ihrer Richtung schutzlos ausgeliefert. Und das ist alles andere als angenehm. Denn selbst wenn die Entscheidung »weg von hier« gefallen ist, ergibt sich daraus nicht gleich eine Antwort auf die Frage »hin zu was denn?«!

Sie entscheiden!

Meine innere Stimme hatte ganz klar und unmissverständlich konstatiert, was längst überfällig war: Ich muss da raus!

Auch Ihre innere Stimme kann Ihnen einen Weg, nämlich Ihren Weg, weisen. Es gibt aber aus meiner Sicht nicht *den* einen Weg, den eigenen Horizont zu finden. Ich misstraue zutiefst diesen Erfolgsfindungsgurus, die von sich behaupten, die sieben Schritte zum Erfolg gefunden zu haben. Wer ihnen hinterherläuft, folgt einer Illusion.

Hinterherlaufen ohne Überprüfung kann unangenehm werden! Ich suchte zum Beispiel einmal in einem Hotel, in dem ein riesiger Kongress stattfand, die Toilette. Deshalb folgte ich einem Herrn, der in gleicher Mission unterwegs zu sein schien – und deutlich zielstrebiger wirkte als ich. Ich blieb ihm auf den Fersen. Und wohin führte er mich? Direkt zum Damen-WC!

Passen Sie also auf, wem Sie hinterherlaufen! Es entbindet Sie nicht von der Verantwortung, selbst die Augen offen zu halten. Irgendwann kommt der Moment, in dem Sie Ihren eigenen Weg finden müssen. Das kann ich Ihnen nicht abnehmen – ich kann Ihnen nur Anregungen geben.

Ich glaube, dass Ihnen die innere Stimme klare Hinweise darauf gibt, was zu Ihrem Horizont gehört. Wie er dann aber konkret aussieht, liegt hauptsächlich in Ihrer Hand. Sie selbst entscheiden, was zu Ihrem Horizont gehören soll und was nicht.

> **Sie selbst entscheiden, was zu Ihrem Horizont gehören soll und was nicht.**

In Ihnen stecken wie in jedem anderen Menschen unglaublich viele Möglichkeiten: Sie sind alle bereits vorhanden. Schon *Sokrates* sagte: »Lernen besteht in einem Erinnern von Informationen, die bereits seit Generationen in der Seele des Menschen wohnen.« Sie haben unzählige Talente und Potenziale in sich, die Sie wahrscheinlich noch längst nicht alle entdeckt haben. Je mehr Sie davon aufspüren, desto größer sind Ihre Gestaltungsmöglichkeiten.

Vielleicht aber kennen Sie sie bereits, und es gibt andere Gründe, warum Sie sie nicht nutzen?

Das versteckte Talent

»Was hast du denn da stehen?«, frage ich meine Freundin. Wir sind auf der Suche nach einer Flasche Wein in den Keller ihrer Wohnung gegangen, wo ich hinter einem alten Schrank ein Gemälde entdecke. Ich ziehe es heraus und betrachte es: »Das ist ja toll!«

»Ach, das. Nein, das ist nichts. Das habe ich früher mal für mich gemalt. Stell es bitte wieder weg«, sagt sie heftig. Es klingt beschämt.

»Aber nein, es ist großartig. Ich wusste gar nicht, dass du malst.« Ich kann es gar nicht fassen, so beeindruckend ist dieses Bild.

»Ich male ja auch nicht mehr. Schon lange nicht mehr«, antwortet sie. Das Thema ist ihr unangenehm, sie wendet sich ab.

»Aber warum nur? Du hast so viel Talent«, bohre ich nach.

»Nein, habe ich nicht. Mutter hat mir das schon als Kind gesagt: Auf die Art verschwende ich nur Papier«, erwidert sie unwirsch und beendet das Gespräch kategorisch, indem sie mir das Bild aus der Hand nimmt, es wieder hinter den Schrank stopft und mich aus dem Keller schiebt.

Sie übernehmen Verantwortung für Ihr Leben, wenn Sie sich bewusst für Ihr Talent entscheiden, auch und gerade dann, wenn jemand anderes sich entschieden hat, es zu begraben. Die Gestaltung des Horizonts ist Ihre Entscheidung, auch wenn es nicht immer leichtfällt.

Das ist eine Frage der Grundeinstellung. Die Psychologie spricht in diesem Zusammenhang von »Mindset«. *Carol Dweck*, Professorin an der Harvard University, hat ihre Erkenntnisse dazu in einem sehr lesenswerten Buch zusammengefasst. Sie unterscheidet zwei Arten von Mindsets: ein *fixed mindset* und ein *growth mindset*.

Wenn Sie ein *fixed mindset* haben, wird Ihnen das zuvor Gesagte nicht gefallen. Denn dann glauben Sie daran, dass Talent angeboren und nicht beeinflussbar ist. Entweder man hat es oder man hat es nicht. Und wenn man sich anstrengen muss, um etwas zu lernen? Dann hat man es einfach nicht und lässt es am besten gleich sein. So denkt ein Mensch mit *fixed mindset*.

Menschen mit einem *growth mindset* sehen das völlig anders. Sie glauben daran, dass Talent zwar angeboren, jedoch zu einem Großteil beeinflussbar ist. Sie glauben daran, dass Anstrengung belohnt wird und man dadurch alles lernen kann, wenn man will und bereit ist, den Preis dafür zu zahlen.

Die Haltung des *fixed mindset* ist deutlich bequemer: Es ist so, wie es ist. Man gibt einfach den eigenen Horizont auf oder macht keine Anstalten, ihn zu erweitern. Aber ich bin sicher: Sie zahlen einen hohen Preis für diese Bequemlichkeit.

Sie entscheiden sich dafür, in Ihrem Leben etwas zu bewirken.

Denn nur mit der aktiven Gestaltung Ihres Horizontes übernehmen Sie wirklich die Führung in Ihrem Leben. Sie nehmen aktiv Einfluss auf den Lauf der Dinge. Das ist die zentrale Grundentscheidung, um in Ihrem Leben etwas bewirken zu können: Sie entscheiden sich dafür, dass Sie selbst es sind, der in Ihrem Leben die Führung übernimmt. Diese Entscheidung bestimmt Ihr Schicksal.

Führen oder führen lassen?

Es klingt zunächst wie ein Widerspruch, wenn ich sage: Führen Sie, aber geben Sie die Führung auch mal aus der Hand. Jede Medaille hat zwei Seiten. Im Hinblick auf Führung bedeutet das auf der einen Seite: Ja, gestalten Sie aktiv und übernehmen Sie die Führung, wenn Sie wirksam werden wollen. Und gleichzeitig auf der anderen Seite: Lassen Sie sich vom Leben führen, wenn Sie richtig wirksam werden wollen.

Wir Menschen sind darauf geeicht, nach Mustern zu suchen. Wenn wir uns fragen: »Was ist Leben?«, dann zerlegen wir die Organismen in Zellen, die Zellen in Moleküle, die Moleküle in Atome und so weiter – wir suchen nach dem kleinsten Teil, in der Hoffnung, herauszufinden, wie Leben funktioniert. Das gibt uns viele Erkenntnisse. Aber auch Einsichten?

So können Sie zum Beispiel eine Fliege in ihre kleinsten Bestandteile zerlegen. Und es reicht der Bruchteil einer Sekunde aus, um ihr Leben mit einem gezielten Schlag auszulöschen. Doch um eine Fliege zu erschaffen und ihr Leben einzuhauchen – dazu reicht all Ihr rationales Wissen nicht aus!

Wenn Sie das Leben rein rational zu begreifen versuchen, werden Sie es nicht verstehen. Warum nicht? Die naturwissenschaftlichen Erkenntnisse sind logisch, beweisbar und hilfreich. Aber das reicht nicht, um den Kern des Lebens zu beschreiben. Es ist mehr als die Summe dessen, was wir rational erfassen können.

Wenn Sie das Leben rein rational zu begreifen versuchen, werden Sie es nicht verstehen.

Das glauben Sie nicht? Dann schauen Sie einem Menschen, den Sie lieben, in die Augen. Ihrer Frau, Ihrem Mann oder Kind. Sehen Sie dann lediglich einen Zellhaufen, der in Ihrem Gehirn biochemische Reaktionen auslöst? Oder spüren Sie die Liebe? Ich wünsche Ihnen, dass Letzteres der Fall ist.

Das ist der Unterschied zwischen Wissenschaft und Kunst: Auf der einen Seite können Sie die Gestaltung Ihres Horizonts ganz strukturiert und rational angehen mit dem Anspruch: »In diesen zehn Schritten erarbeite ich mir nun meinen Horizont.« Genau auf diesen Mustern fußen die Versprechen der Erfolgsgurus auf dem Markt: Alles funktioniert nach Rezept. Scharen von Jüngern laufen ihnen hinterher. Wenn das eine Seminar noch nicht zum Glück führt, tut es bestimmt das Folgeseminar. Oder das Folge-Folgeseminar. Die Gurus sind Meister darin, anderen das Gefühl zu geben, dass sie noch nicht gut genug sind. Dass noch etwas fehlt. Und das, was fehlt, verkaufen sie für teures Geld – und leben das Gelehrte meist noch nicht einmal vor. So werden Menschen zu Junkies, Gurus zu Dealern – und die Junkies tun nichts anderes, als einen fremden Horizont zu ihrem eigenen zu machen.

Auf der anderen Seite steht die Kunst des Lebens – das, was jenseits der Ratio liegt. Wenn Sie einen Künstler fragen, wie er malt, wird er Ihnen nicht wirklich eine präzise Beschreibung geben. Bereits *Michelangelo* sagte, dass seine Skulpturen schon im Stein angelegt seien. Er müsse nur den Marmor drum herum weghauen. Machen Sie daraus mal eine Beschreibung!

Der Haken an einer rational geprägten Kultur ist, dass wir Schwierigkeiten haben, uns dieser anderen Seite zu öffnen. Doch wenn wir uns dazu entscheiden, gibt es ein Hilfsmittel. Wenn Sie mir bis hier gefolgt sind, wissen Sie schon, dass ich damit nicht irgendeine Form von Esoterik meine, sondern das Akzeptieren, dass es neben jeder Wissenschaft auch eine Kunst gibt. Dass beide ihre Berechtigung haben und doch nicht für sich allein stehen können. Das gilt auch für den eigenen Horizont: Sie können Leben sehr stark systematisieren, aber wenn Sie wirklich glänzen wollen, dann gehört auch die Kunst dazu. Und die Kunst beim Gestalten des Horizonts ist das Sichführenlassen.

Die Kombination von Wissenschaft und Kunst erhöht Ihre Chance, klar zu werden: auf der einen Seite die strukturierte Auseinandersetzung, das gezielte Fragen, Durchdenken und rationale Aufschlüsseln, das systematische Gestalten einer Strategie und eines Lösungsweges. Auf der anderen Seite die Suche nach der Ruhe und dem Raum, um die Dinge in Ihnen zu finden, die in der hohen Geschwindigkeit und dem großen Lärm des Alltags vom Radar rutschen. Das Einlassen auf die Fügungen des Lebens. Der Glaube daran, dass der Weg klar wird, wenn man ihn geht.

Das wirft die Frage auf, ob Sie sich in dem Moment, in dem Sie sich vom Leben führen lassen, nicht in die Rolle des Spielballs begeben. Schließlich geben Sie die Verantwortung ab und bestimmen nicht mehr selbst die Richtung. Es gibt immer wieder Momente, in denen das Leben die Führung übernimmt – ob Sie wollen oder nicht. In diesen Momenten bleibt Ihnen gar nichts anderes übrig, als sich führen zu lassen und die Kontrolle abzugeben.

> **Es gibt immer wieder Momente, in denen das Leben die Führung übernimmt.**

Führen und führen lassen

Nach der Tumordiagnose und dem ersten Schock danach habe ich unglaublich viele Anstrengungen unternommen, die Kontrolle wiederzuerlangen. Mein Ziel war klar: überleben, gesund werden, die Stimme behalten. Ich habe mich also hochstrukturiert auf die Suche nach dem richtigen Weg gemacht: Fachliteratur gelesen, Gespräche geführt, kritische Fragen gestellt, den richtigen Chirurgen gesucht.

Aber eines Tages war es so weit: Der Anästhesist stand mit dem

Intubationsschlauch hinter mir, das Betäubungsmittel begann, in meine Vene zu fließen.
Ich murmelte noch: »Passen Sie auf meine Stimme auf!«
Er sagte nur ruhig: »Herr Holzer, jetzt ist es Zeit, uns zu vertrauen. Alles wird gut!«

Es sind nicht nur diese erzwungenen Momente des Loslassens, die Ihnen das Leben auferlegt. Darüber hinaus stellt es Ihnen auch immer wieder Aufgaben, die Sie persönlich in Ihrer Entwicklung weiterbringen – wenn Sie sie annehmen und sich davon führen lassen. Wenn Sie eine berufliche Krise haben, wenn Ihre Ehefrau Sie mit Ihren unpassenden Verhaltensweisen konfrontiert, dann ist das etwas, was einfach so passiert. Sie suchen sich diese Situationen nicht aus. Sie werden konfrontiert mit einem Thema, ohne dass Sie es selbst auf die Agenda gesetzt haben. Das sind die Momente, in denen das Leben Sie an einen bestimmten Punkt führt, Ihnen eine Aufgabe stellt. Doch das macht Sie noch lange nicht zum Spielstein.

Kennen Sie den Film »Die 36 Kammern des Shaolin«? Für mich nicht gerade ein Meisterwerk der Filmgeschichte, aber seine Botschaft ist interessant. Ein Junge kommt als Schüler in ein Kung-Fu-Kloster und möchte sofort mit dem Training beginnen. Doch anstelle eines Trainings muss er »Kammern« durchlaufen. In jeder Kammer lernt er etwas. Erst wenn er es beherrscht, qualifiziert er sich für die nächste Kammer. Alle Versuche, zu tricksen oder auszuweichen, führen zu keinem Ergebnis. Er muss die Aufgabe, die ihm die Kammer stellt, bewältigen. Erst dann geht es weiter.

Ich glaube, dass das Leben Sie immer wieder in solche Kammern steckt. Dort haben Sie zwei Möglichkeiten: Sie nehmen die Trainingslektion an oder Sie ignorieren sie. Manchmal wollen Sie die Aufgabe bewusst nicht annehmen, aber oft genug sehen Sie sie einfach nicht, weil Sie nicht den nötigen Moment der Ruhe finden. Sie haben keine Zeit, zu reflektieren, was gerade um Sie herum passiert: *Warum* passiert es? Kann ich daraus einen Nutzen für mich ziehen?

Das heißt, am Ende geht es um Achtsamkeit. Lassen Sie sich von dem Wort, das heute einen esoterischen Klang hat, nicht abschrecken: Es bedeutet letztlich nur, intensiver und bewusster wahrzunehmen, was um Sie herum passiert. Das ist nichts Neues, doch in einer Welt voller Input- und Instant-Viren lohnt es sich, sich diese Erkenntnis wieder und wieder bewusst zu machen.

Wenn Sie eine wichtige Aufgabe ignorieren oder nicht sehen, dann ist die Aufgabe wie ein Bumerang: Sie wird immer wieder zu Ihnen zurückkehren. Vielleicht an anderer Stelle, zu anderer Zeit. Und meist wird die Trainingseinheit bei jeder Rückkehr intensiver ausfallen. Der Schlag wird jedes Mal härter. So wie beim Vater einer Schulfreundin, einem sehr erfolgsorientierten, arbeitswütigen Mann: Er litt immer häufiger an starken Erkältungen, die ihn aber nicht vom Arbeiten abhalten konnten. Er war, sobald es irgendwie ging, wieder im Job. Er sah von Monat zu Monat schlechter aus, doch er behauptete stets: »Mir geht es gut. Ist nur eine Erkältung.« Er ignorierte die Kammer, in die das Leben ihn geführt hatte.

Wenn Sie eine wichtige Aufgabe ignorieren, wird sie immer wieder zu Ihnen zurückkehren.

Eines Morgens wachte er auf und hatte ein taubes Gefühl im Arm. Noch bevor der Notarzt eintraf, war er tot.

Ziel oder Horizont?

Viele, denen ich von meinen Vorstellungen vom Horizont erzähle, verwechseln diesen Horizont zunächst mit Zielen. Als Ziel gilt in der modernen Managementwelt nur, was »spezifisch, messbar, akzeptiert, realistisch und terminiert«, also smart, ist. Das funktioniert für das berufliche Leben sehr gut. Aber für den Lebenshorizont gilt das nicht immer.

Stellen Sie sich vor, Sie sagen in jungen Jahren: »Mein Horizont ist, bis 35 mit Frau und drei Kindern im idyllischen Eigenheim zu leben, sonst habe ich es vergeigt.« Doch in der Realität will das mit den Kindern nicht so recht klappen. Und das Geld reicht noch nicht für die Traumimmobilie. Was machen Sie dann? Die restlichen 50 Jahre Ihres Lebens jammern?

Oder Sie sagen: »Ich werde Fußballstar und sonst nichts.« Und nach wenigen Jahren macht Ihr Knie nicht mehr mit. Leben Sie den Rest Ihres Lebens von Hartz IV?

Nein, so funktioniert das mit dem Horizont nicht. Ein Horizont ist dazu da, Ihrem Leben eine Richtung, eine Orientierung zu geben. Es geht nicht um das eine, ganz spezifisch festgelegte, perfekte Leben, sondern es geht um die attraktiven Möglichkeiten, die sich auf dem Lebensweg bieten sollen.

Sie gestalten Ihren Horizont aus all dem, was Sie anlockt, wonach Sie Sehnsucht haben. Das kann etwas sein, was Sie lernen wollen: Sprachen, Tänze, Fertigkeiten. Oder Dinge, die Sie besitzen möchten. Länder, die Sie bereisen wollen. Menschen, mit denen Sie sich umgeben wollen.

Ein Horizont ist ein Spektrum an Ideen, auf die Sie blicken und sagen: »Wow, das gehört zu meinem Horizont? Da habe ich Bock drauf.«

Es gibt einen wichtigen Unterschied zwischen Zielen und dem Horizont. Ziele sind rational. Sie erreichen sie – oder verfehlen sie. Ein Horizont berührt dagegen Ihr Herz. Er ist flexibel, denn er entwickelt sich mit jedem Schritt, den Sie auf ihn zugehen. Er kann auch widersprüchliche Ziele beinhalten. Beispielsweise »erfolgreiche Karriere hinlegen« und »möglichst viel Zeit mit den Kindern verbringen«. Auf dem Weg setzen Sie einfach Schwerpunkte. Mal ist es die Karriere, mal ist es die Familie. Oder vielleicht wollen Sie gern Golf spielen, haben derzeit jedoch nicht die Zeit dafür. Dann integrieren Sie es in Ihren Horizont und machen es einfach später. Oder auch nicht. Sie brauchen sich nicht heute zu entscheiden.

Ziele erreichen ist etwas für den kleinen Hunger, den großen Hunger stillt nur der Horizont.

Es soll Urvölker geben, die unterscheiden zwischen dem großen und dem kleinen Hunger. Die meisten Menschen kümmern sich nur um den kleinen Hunger, indem sie immer mehr arbeiten oder immer mehr konsumieren. Sich also den banalen Kleinigkeiten des Alltags hingeben. Der Haken an der Sache: Wirklich satt werden sie so leider nicht. Den großen Hunger unserer Seele stillt nur etwas Größeres. Etwas, was dem Leben eine Richtung und eine Bedeutung gibt: der Horizont.

Horizont und persönliche Erfüllung

Es ist einfach, zu spüren, ob Ihr Leben Sie erfüllt oder nicht. Sie können es jedoch auch in eine Art Formel packen. Stellen Sie sich eine Waage vor. Auf der einen Seite befindet sich Ihr aktueller Status quo: Wie sieht Ihr Leben derzeit aus? Auf der anderen Seite der Gleichung steht Ihre Erwartung: Wie *sollte* Ihr Leben heute aussehen? Wenn der Status quo Ihren Erwartungen entspricht, halten sich beide Seiten die Waage, Ihr Zustand ist ausgeglichen und Sie sind happy. Wenn der Status quo hinter Ihrer Erwartung zurückbleibt, dann senkt sich die Waagschale auf dieser Seite. Zum Beispiel wenn Sie als Mann die Erwartung haben, mit 43 samt Frau und zwei Kindern draußen vor der Stadt in einem schmucken Eigenheim mit Garten zu leben, tatsächlich aber immer noch als Single in einer Großstadtwohnung hocken und die meiste Zeit im Büro verbringen: Dann sind Sie unzufrieden. Nun haben Sie zwei Möglichkeiten. Entweder verbessern Sie Ihren Status quo. Oder Sie hinterfragen Ihren Horizont und passen Ihre Erwartungen an das an, was wirklich zu Ihnen passt.

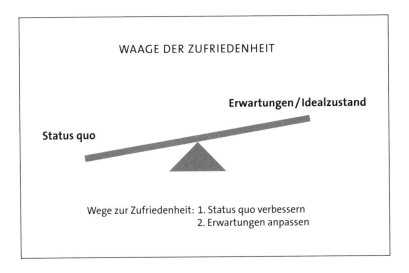

Die meisten Menschen schrauben wie wahnwitzig an der Verbesserung ihres Status quo herum. Um sich besser zu fühlen, halten sie sich unglaublich beschäftigt oder schaffen sich immer mehr Statussymbole an. Arbeitswut und Konsumwahn sind wie Drogen: Sie stillen nur den kleinen Hunger. Man wird abhängig, niemals satt und braucht immer wieder einen neuen Schuss.

Interessant wird es, wenn Sie die andere Seite der Gleichung betrachten: die Erwartungen. Wer sagt Ihnen eigentlich, wie Ihr Leben heute aussehen sollte? Richtig, das sagt Ihnen Ihr Horizont. Aber ist es wirklich Ihr eigener Horizont? Oder richten Sie sich nach fremden Horizonten – geprägt durch die Erwartungen von Eltern, Freunden, Nachbarn, der Gesellschaft, die Ihnen vorgeben, wie man in Ihrer Situation leben »sollte«? Um zum oben erwähnten Beispiel zurückzukommen: Ist es denn wirklich Ihr Horizont, mit 43 Frau, Kinder und Haus zu haben? Oder wollen Sie eigentlich etwas ganz anderes? Vielleicht haben Sie gar keine Lust auf ein solches Leben. Worauf dann?

Manchmal ist es klüger, wenn Sie sich auf dieser Seite der Gleichung um *Ihren* großen Hunger kümmern. Um die wirkliche Erfüllung im Leben. Um das, was Sie wollen – und nicht, was Ihnen von außen eingeflößt wurde.

Ihr Horizont ist emotional, er löst viel Positives in Ihnen aus. Er hält Sie neugierig, lässt Sie Freude am Leben haben, lockt Sie magisch an. Selbst wenn Sie wissen, dass Sie nicht alles erreichen werden, was Ihnen möglich erscheint. Der Horizont ist so etwas wie Ihr Anspruch an sich selbst, Ihr Anspruch an Ihr Leben.

Ich habe einmal *Rüdiger Nehberg* erlebt. Der Survival-Experte ist inzwischen über 80 Jahre alt – ein Alter, in dem andere sich schon lange zur Ruhe gesetzt haben. Er stand auf der Bühne und hielt einen flammenden Vortrag gegen die Beschneidung von Frauen in Afrika. Am Ende entrollte er ein Plakat und sagte: »Hier schon mal in Klein das Transparent, das ich groß über dem Vorplatz der Kaaba in Mekka aufspannen möchte.« Das ist sein Horizont und er brennt dafür. Das geht, auch mit 80!

Das bedeutet auch, dass der Sinn des Horizontes nicht darin liegt, ihn jemals komplett zu erreichen. Den klassischen Horizont, die

Linie zwischen Erde und Himmel, erreichen Sie auch nie. Mit jedem Schritt in Richtung Ihres Horizonts gewinnen Sie eine neue Perspektive hinzu. Ihr Horizont entwickelt sich auf Ihrem Lebensweg mit Ihnen. Er ist dazu da, Sie in Bewegung zu halten. Und dafür sind Sie nie zu alt. Dabei können sich auch Facetten zeigen, die sich teilweise zu widersprechen scheinen. Ihre innere Stimme sagt Ihnen zum Beispiel: »Ich will beruflich erfolgreich sein.« Gleichzeitig sagt sie: »Ich will meinem Sohn ein guter Papa sein.« Was machen Sie denn jetzt? Diese Ausgangslage führt in der Regel zu einem Konflikt: Mit wem verbringen Sie Ihre Zeit? Mit Ihrer Karriere oder mit dem Sohnemann?

Der Horizont ist dazu da, Sie in Bewegung zu halten.

Wenn der Sohn den Papa ruft
Der Abend vor dem ersten Schultag in Köln. Mein Sohn Eryk hat Angst. Das haben andere Kinder auch. Aber Eryk hat einen besonderen Grund: Wir sind neu in der Stadt. Die gewohnten Freunde aus dem Kindergarten musste er zurücklassen. Es erwartet ihn eine Odyssee mit der unbekannten Straßenbahn und lauter Fremden in einem für seine Kinderaugen riesigen Großstadtdschungel.

Mit großen Augen sieht er zu mir auf, als es darum geht, ob ich ihn auf dem Weg zur Schule begleiten kann. Und diese Augen füllen sich mit Tränen, als ich ihm erkläre: »Nein, Eryk, ich kann leider nicht mitkommen. Ich muss arbeiten, habe Termine.« Er sagt kein Wort. Ganz still zieht er, der sonst pausenlos plappert, sich in sein Zimmer zurück.

Die ganze Nacht geht mir die Stille dieses Abends nicht mehr aus dem Kopf. Und doch stehe ich am Morgen mechanisch auf, gehe wie programmiert aus dem Haus und rase zum ersten Termin des Tages. Ich stehe schon dort vor der Tür, als ich meine innere Stimme höre. Ihre Botschaft trifft mich wie ein Schlag ins Gesicht: »Ich bin falsch hier, mein Platz ist heute woanders.«

Ich zücke mein Handy, rufe im Büro an, sage alle meine Termine für diesen Tag ab. Und fahre so schnell wie möglich zur Schule. Ich quetsche mich auf den einzigen freien Parkplatz ganz hinten in der Straße und renne los.

»Eryk«, rufe ich schon von Weitem und winke. Er ist gerade auf dem Weg in das Gebäude, an der Hand seiner Mutter. Er strahlt, als er mich sieht, und ruft mir mit seiner hellen Stimme entgegen: »Dann hast du mich also doch gehört.«
Meine Frau raunt mir ins Ohr: »Er hat den ganzen Morgen vor sich hin gemurmelt, dass du kommen sollst.«

Wenn ich jemals das Gefühl hatte, etwas wirklich richtig gemacht zu haben, dann an diesem Morgen, an dem ich auf meine innere Stimme hörte. Ich erkannte, dass es mehr gibt als nur den Job.

Es ist auch heute noch so, dass Karriere und Erfolg bei mir gut funktionieren – das ist das, was mich besonders gut antreibt. Aber daneben findet in mir ständig ein innerer Kampf darum statt, der Sucht nach Karriere und Erfolg Einhalt zu gebieten.

Damals war für mich alles schwer zu ertragen, was keinen direkten Nutzen für den Erfolg hatte. Es war für mich sinnlose Ablenkung. Wenn mir mein Sohn früher lang und breit etwas von den coolsten YouTube-Videos erzählte, dann war ich in erster Linie genervt. Ich dachte: Er quatscht mich mit Zeug voll, das mir nichts nützt, von dem ich keine Ahnung habe und das mich von meiner Arbeit abhält.

Im Laufe der Zeit lernte ich, dass es nicht nur meine Erfolgswelt gibt, sondern auch andere Welten. Zum Beispiel die meines Sohnes. Und die ist eben voller Themen, die völlig anders sind.

Ich lernte, dass es nicht nur meine Erfolgswelt gibt.

Diese Kleinigkeit, ihm in dem Moment wirklich zuzuhören und mich auf sein Thema einzulassen, ohne es sofort kritisch zu hinterfragen – das fiel mir früher sehr schwer. Doch ich habe mich auf das »Training« eingelassen. Und ich werde Tag für Tag besser. Heute ist mein Teenager 18 Jahre alt, und ich freue mich über jedes Detail in seinem Leben, an dem er mich teilhaben lässt.

Je mehr ich diesen Konflikt zwischen den verschiedenen Welten wahrnehme und mich kritisch damit beschäftige, desto lauter höre ich meine innere Stimme, die sagt: »Du sehnst dich nach Familie.« Und ich lasse beide Welten zu.

Denn bei einem Horizont müssen Sie sich nicht heute zwischen

Familie und Beruf entscheiden, sondern er kann beides umfassen. Das ist, als ob Sie loswandern und zu Ihrem Horizont gehört Italien. Während der Wanderung kommen Sie an München vorbei, das ebenfalls zu Ihrem Horizont gehört, weil Sie außer Oliven und Wein auch Weißwurst und Bier mögen. Hier machen Sie nun einen Abstecher und kommen scheinbar vom geraden Weg ab. Doch das ist nicht schlimm, weil Sie Italien nicht aus dem Blick verlieren.

Es spricht auch nichts dagegen, dass Sie Teile eines fremden Horizonts übernehmen. Wenn Sie zum Beispiel für eine Firma arbeiten, dann folgen Sie dem Horizont dieser Firma. Wenn Ihr Horizont mit diesem fremden Horizont kompatibel ist und es eine gewisse Schnittmenge gibt, dann ist alles stimmig. Wenn Sie zum Beispiel die Energiewende als Teil Ihres Horizonts betrachten, aber selbst kein Unternehmertyp sind, dann macht es Sinn, bei einem entsprechend ausgerichteten Konzern anzuheuern. Problematisch wird es, wenn Ihr Horizont keinerlei Schnittmenge mit dem Horizont Ihres Arbeitgebers hat. Oder der fremde Horizont gar völlig entgegengesetzt zu Ihrer eigenen Richtung verläuft. Das ist ein Grund, dringend über eine Veränderung nachzudenken.

Hat Ihr Horizont eine Schnittmenge mit dem Horizont Ihres Arbeitsplatzes?

Der Horizont nimmt Gestalt an

Auch wenn es keine festen Regeln gibt, wie Sie zu Ihrem Horizont mit seinen vielen Facetten finden, gibt es doch drei Prinzipien, die Ihnen helfen, Ihren Vorstellungen näher zu kommen:

Erstes Prinzip: Visualisieren Sie Ihre Gedanken in irgendeiner Form. Denken Sie nicht nur beim Duschen oder beim Autofahren über Ihren Horizont nach, sondern malen Sie ihn auf. Oder machen Sie eine Collage. Oder beschreiben Sie ihn schriftlich. In Stichworten oder mithilfe von Geschichten oder Mindmaps. Sie können handschriftlich oder am Computer arbeiten. Die Form der Visualisierung bleibt völlig Ihren Vorlieben überlassen, entscheidend ist, dass Sie es tun.

Zweites Prinzip: Gestatten Sie sich die Freiheit der Gedanken. Alles, was Ihnen in den Sinn kommt, was zu Ihrem Horizont gehört, gehört auch tatsächlich dazu. Es geht nicht darum, zu bewerten, ob etwas wirklich sinnvoll ist oder nicht. Ob es realistisch oder absurd ist. Das ist wie bei einem guten Brainstorming: Zerschießen Sie nicht Ihre Ideen, weil »das ja doch nichts wird«. Packen Sie sie einfach zu Ihrem Horizont dazu. Ob und was Sie davon in Ihrem Leben und in diesem Moment aktiv verfolgen werden, entscheiden Sie später. Jetzt geht es erst einmal darum, festzustellen, was es ist, das in Ihnen Sehnsucht auslöst.

Drittes Prinzip: Manchmal stehen Sie vor einer Art Blockade. Sie wissen nicht, wo Sie anfangen sollen, wenn Sie Ihren Horizont visualisieren wollen. Dann ist es hilfreich, wenn Sie ein paar Leitfragen zum Einstieg haben:

- Welche Ziele wollen Sie unbedingt erreichen?
- Was begehren Sie: Materielles? Immaterielles?
- Ihre Sehnsüchte?
- Vergessene Kindheitsträume?
- Was wollen Sie lernen? Was vergessen?
- Wohin wollen Sie reisen?
- Wie sieht Ihr Leben in 20 Jahren aus?
  - Womit beschäftigen Sie sich?
  - Wie sieht Ihr Tagesablauf aus?
  - Was haben Sie bis dahin alles erlebt?
- Welche Menschen bilden den engsten Kreis um Sie? Rolle der Menschen? Haben diese Personen bestimmte Eigenschaften? Welche Bedeutung hat die Liebe?
- Wen möchten Sie kennenlernen? Gibt es Vorbilder, Idole? Was lockt sie an diesen Menschen an?
- Wie soll Ihr Unternehmen aussehen? Umsatz, Gewinn, Märkte, Produkte, Mitarbeiter?
- Oder Ihr Job: Gehalt, Aufgaben, Verantwortung, Arbeitsplatz, Lernkurve, Status, Themen, Herausforderungen?
- Was fällt Ihnen noch ein?

Bei der Reflexion und der Visualisierung Ihres Horizonts sollte nur eines nicht passieren: dass Sie ihn für den Rest Ihres Lebens festschreiben. Ihr Horizont darf und sollte sich über die Jahre verändern: Sie entdecken neue Talente an sich, Sie entwickeln neue Leidenschaften, Ihre Lebenssituation eröffnet neue Perspektiven und so weiter. Sie erreichen in einigen Teilbereichen das Ersehnte – und dann? Bleibt da eine Lücke? Ich bin sicher, wenn Sie genau hinhören, hat Ihre innere Stimme schon viele Ideen, was als Nächstes folgen kann …

Die Richtung und der Mut

Sobald Ihr Horizont Gestalt angenommen hat, haben Sie es gut: Ihr Horizont ist Ihre Messlatte, es ist Ihr Anspruch an Ihr Potenzial, das Sie durch Veränderungen freischaufeln wollen – wohlwissend, dass diese Veränderungen auch zu Problemen führen und Sie dafür durch das ein oder andere Tal der Tränen gehen müssen. Aber der Horizont gibt Ihnen etwas, wozu Sie sich selbst verpflichten: »Das will ich einfach! Deshalb bin ich hier.« Ihr Horizont zieht Sie magisch an!

Wenn Sie klar sind, Ihre Richtung kennen und wissen, dass sich der Kampf durch das Tal der Tränen hindurch lohnt, dann finden Sie auch die Kraft dafür. Ihre innere Stimme gibt Ihnen den Mut, konsequent Position zu beziehen und gemäß Ihrer Ausrichtung voranzugehen.

Aus diesem Grund habe ich dieses Buch mit »Mut braucht eine Stimme« überschrieben. Der wichtigste Schritt in Richtung des »Lautwerdens« ist nicht, dem Mut eine Stimme zu geben, sondern umgekehrt: Die innere Stimme erst erweckt diesen Mut!

Die innere Stimme erweckt den Mut.

Meine Eltern haben mir und meiner Frau zu unserer Hochzeit eine Karte geschenkt. Darauf stand ein Spruch, der sich in meine Seele gebrannt hat: »Man muss sich nicht immer in die Augen schauen. Viel wichtiger ist, stets in die gleiche Richtung zu blicken.« Wenn Sie mit Ihrem Partner keinen gemeinsamen Horizont haben, nach dem Sie sich beide ausrichten, dann wird es auf Dauer schwierig. Denn diese Ausrichtung gibt Ihnen für sich und als Paar den Mut und die Kraft, durch das unvermeidliche Tal der Tränen zu gehen – gemeinsam.

Mein Horizont

Soviel Anziehungskraft der eigene Horizont auch entfaltet – der Weg zu ihm ist nicht immer leicht. Manchmal braucht es Erlebnisse oder Weggefährten, die uns auf dem Weg hilfreiche Impulse geben.

Extralektionen
Winfried war so ein Weggefährte. Er war in meiner Jugendzeit mein Leichtathletiktrainer. Er brachte mich dazu, über mich hinauszuwachsen. Denn er war unbequem. Ich hatte Träume, Ziele, wollte Wettkämpfe gewinnen und neue Bestzeiten aufstellen. Doch dazu gehörte auch harte Arbeit. Wenn ich mal keine Lust aufs Training hatte, ließ er mich nicht ausweichen. Wir schoben sogar Extraschichten. Sonntags trafen wir uns im Wald. Es gab einen Hang, an dem der Weg über rund 800 m bergauf verlief. Mein Trainer fuhr mit dem Fahrrad vor: konstant 18 km/h. Ich hinterher. Nach dem fünften Durchgang wurde mir schlecht. Doch er spornte mich weiter an. So lehrte er mich: Hör nicht auf, wenn es wehtut – sondern erst dann, wenn du fertig bist.

Mit seiner Härte prägte er mich. Die Botschaft war klar: Wenn du etwas machst, dann gib immer dein Bestes! Aber was dies im Kern bedeutete, wurde mir erst später wirklich bewusst – in der Zwangspause nach meinem Ausstieg aus der Finanzbranche, in der Zeit der Stille, als ich meine innere Stimme zu hören begann.

Da erst fügten sich die Puzzleteile zu einem Bild zusammen. Mein Bestes geben – das wollte ich nach wie vor. Aber nicht mehr bedingungslos. Während meiner Zeit in der Geldbranche hatte ich erlebt, dass mir dort der Nutzen fehlte. Es wurde zu viel gezockt und vor allen Dingen nach Regeln gespielt, die nicht meinen Werten entsprachen. Ich wollte etwas Sinnvolles tun. Etwas, was für andere Menschen einen Nutzen stiftet. Lebenszeit ist begrenzt. Das hatte ich verstanden. Und ich wollte sie nicht mehr mit Dingen verschwenden, hinter denen ich nicht stehe. An die ich nicht glaube. Ein Horizont ist nur dann sinnvoll, wenn er auch etwas umfasst, was gut und nachhaltig für andere ist.

Doch für wen wollte und konnte ich etwas tun? Ich schaute mir mein Umfeld an. Aus der Mittelstandsfonds-Zeit kannte ich einige Unternehmer, mit denen ich immer noch Kontakt hatte. Sie suchten das Gespräch mit mir und wir hatten spannende Diskussionen. Es macht mir einfach große Freude, mit Menschen zu arbeiten, die etwas erreichen wollen. Die ihr Bestes geben. Mit Menschen, die mit dieser Haltung Marktführer geworden sind – oder die die Marktführerschaft zumindest im Visier haben. Mit Gewinnertypen, nicht mit Problemfokussierern. Mit Menschen, die auch offen für unbequeme Wahrheiten sind. Die Klartext wollen und auch bereit sind, sich für ihre Ziele anzustrengen. Die spielen, um zu gewinnen. Ich erkannte damals: Das ist der Bereich, in dem ich einen hilfreichen Beitrag leisten kann; hier suchten Menschen meinen Rat. Eine Tätigkeit, die nicht einfach nur Geld bringt, sondern mich mit Freude erfüllt und für andere einen spürbaren Nutzen stiftet. Und so ist es gekommen: Ich berate, unterstütze bei der Umsetzung von Strategien, halte Vorträge, teile Wissen in Workshops, schreibe Texte …

Wie man diesen Job bezeichnet, weiß ich bis heute nicht. Einmal fragte ich einen Unternehmer, wie er meine Arbeit beschreiben würde. Seine Antwort: »Sie sind sympathisch unbequem. Sie drücken so lange, bis es wehtut – damit wir wissen, wohin wir schauen müssen. Und Sie sorgen dafür, dass wir unsere Mitarbeiter auf dem Weg mitnehmen und es ihnen auch noch Spaß macht.«

Ich hatte so viele Menschen im Berufsleben kennengelernt, denen trotz ihres materiellen Erfolgs, wachsenden Vermögens und trotz aller Statussymbole etwas fehlte. Oder die trotz hoher Eigenmotivation in der Trägheit eines großen Konzerns feststeckten. Statt

Zufriedenheit machte sich eine innere Leere breit. Diese Menschen folgten nicht ihrem Horizont, sondern den Horizonten anderer, und wirkten dadurch wie Schauspieler im falschen Film. Sie hatten sich vom Input-Virus, Instant-Virus oder Gemocht-werden-wollen-Virus anstecken lassen und sich in einem unglaublichen Tornado verheddert. Deplatziert und ohne den richtigen – nämlich den eigenen – Richtungsweiser. Nun taumelten sie herum, suchten nach irgendeiner Orientierung und blieben hinter ihren Möglichkeiten zurück.

Ich möchte Menschen begleiten, die ihren Horizont entdecken und erreichen wollen. Menschen, die aufbrechen, um eine sinnvolle Zukunft für sich zu gestalten, um dann wiederum andere dabei unterstützen zu können, das Gleiche für sich zu tun. Ich wollte mit ihnen reden, sie konfrontieren mit dem, was ich als Lektion gelernt hatte: dass nur derjenige dauerhaft erfolgreich und glücklich sein kann, der auf seine innere Stimme hört und der Richtung folgt, die ihm sein Horizont vorgibt. Der eine emotionale Geschichte erzählt, die ihn selbst und andere begeistert. Und der mutig genug ist, für seinen Weg offensiv einzustehen, der den Mund aufmacht und spricht. Nur so kann er andere erreichen.

Nur der ist erfolgreich und glücklich, der auf seine innere Stimme hört.

Dafür wollte ich jenes Werkzeug nutzen, das ich beinahe verloren hätte: meine Stimme. Sie sollte mir auf meinem Weg als Werkzeug dienen.

Welch großartige Idee, welch überwältigendes Gefühl! Ich hatte meinen Weg gefunden. Doch der schwerste Teil der Strecke stand mir noch bevor.

6. Im Tal der Tränen

Als ich meinen Horizont gefunden hatte und meinen Weg in seine Richtung lenkte, brach für mich nicht automatisch eine Zeit der reinen Glückseligkeit an. Im Gegenteil, ich geriet bald in eine schwierige Phase. Jeder, der seinen Horizont gefunden hat, wird früher oder später auf einen schwierigen Wegabschnitt geraten. Ich nenne ihn: das *Tal der Tränen*. Das ist etwas anderes als die Sackgasse, von der ich bisher erzählt habe, obwohl beide sich oft ähnlich anfühlen. Denn sowohl in der Sackgasse als auch im Tal der Tränen erleben wir schwere Momente.

Eine Sackgasse führt im Ergebnis zu nichts. Es gibt keinen Horizont, auf den wir zuschreiten. Wir sind einfach nur unglaublich beschäftigt. Mal läuft es besser, mal schlechter. Aber es gibt keine Richtung, der wir folgen. Deswegen gibt es nur eine Option: Wenn wir in einer Sackgasse stecken, sofort mit dem Aktionismus aufhören! Aufgeben ist in der Sackgasse keine Schwäche, sondern die Lösung!

Im Tal der Tränen verhält es sich völlig anders. Hier haben wir eine Richtung. Einen Horizont, den wir anstreben. Und doch wird es auf dem Weg plötzlich schwer. Jetzt dürfen wir nicht aufgeben! Wir müssen kämpfen. In diesem Moment ist Durchhalten das Richtige!

Stellen Sie sich ein frischverliebtes Paar vor. Beide sind euphorisch in die neue Beziehung gestartet. Aber nach ein paar Monaten ist die rosarote Brille verschwunden und es kommt öfter zu Streitereien, fast schon wie im sprichwörtlichen verflixten siebten Jahr. Aber die beiden haben einen Horizont, ein Bild von einer Ehe, wie sie sie leben wollen. Auch wenn sie gerade im Tal der Tränen eine Zeit voller Schwierigkeiten erleben, ist es jetzt wichtig, durchzuhalten. Zu kämpfen. Alles zu geben, um das Tal hinter sich zu bringen.

Wenn Sie in diesem Tal der Tränen unterwegs sind, hört es sich manchmal so an, als würde Ihre innere Stimme Ihnen zuflüstern: *Lass gut sein! Tu dir das nicht an!* Aber lassen Sie sich nicht verwirren, hören Sie genauer hin! Ist das wirklich die innere Stimme, die Sie in die richtige Richtung führt? Oder ist das nur die Stimme der Feigheit und Bequemlichkeit, die Sie dazu bringen will, mitten auf dem Weg zu kapitulieren und Ihren Horizont aus dem Blickfeld zu verlieren?

Es gibt eine einfache Methode, mit der Sie testen können, ob Sie sich nur vorübergehend im Tal der Tränen befinden und durchhalten sollten oder ob Sie in einer Sackgasse stecken, aus der Sie ausbrechen müssen. Fragen Sie sich selbst! Fragen Sie sich: *Glaubst du in deinem tiefsten Inneren grundsätzlich daran, dass du auf diesem Weg erfolgreich sein wirst?* Denken Sie nicht über diese Frage nach, sondern spüren Sie ihr nach! Es gibt Dinge, die müssen Sie ohne Ihren Kopf lösen. Finden Sie die Antwort, die Ihre innere Stimme Ihnen geben will!

Finden Sie die Antwort, die Ihre innere Stimme Ihnen geben will!

Die anderen Stimmen sind laut und aufdringlich und feuern ein Argument nach dem anderen auf Sie ab, machen Sie unsicher und wollen Sie verwirren. Die innere Stimme ist leise, sie argumentiert nicht – sie ist einfach da und sagt Ihnen, was zu Ihnen passt und was nicht. Und wenn Ihre innere Stimme zu etwas ein ruhiges und klares Ja abgibt, dann können Sie sicher sein, dass Sie auf dem richtigen Weg sind – auch wenn es sich im Moment anders anfühlt.

Ihre innere Stimme ist immer da. In allen Lebensbereichen und in allen Lebenslagen. Sie spricht zum Beispiel in der Partnerschaft zu Ihnen, wenn Sie ihr nur Gelegenheit dazu geben. Stellen Sie sich vor, Sie sind mit Ihrem Partner bereits ein paar Jahre zusammen und es brodelt, denn Ihre bessere Hälfte ist fremdgegangen. Ständig gibt es Streit. Es macht keinen Spaß mehr. In dieser Situation können Sie sich fragen: *Glaube ich in meinem tiefsten Inneren daran, dass ich mit diesem Menschen eine glückliche Zukunft haben kann?* Ihre innere Stimme kann Ihnen darauf eine Antwort geben.

Ich bin überzeugt davon, dass sich die meisten Menschen heute diese Frage nicht stellen und viel zu früh aufgeben, wenn ihre Beziehung sich im Tal der Tränen befindet. Es gibt ja auch genug verführerische Verlockungen da draußen. Attraktiv. Sexy. Dann noch eine Prise Betäubung mithilfe der rosaroten Brille. Und schon erscheint der Partnerwechsel so einfach und so sinnvoll. Bis wir auch mit dem neuen Partner im Tal der Tränen landen. Eine Zeit der Mühe und der Schwierigkeiten ist ganz normal und gehört eben zur Entwicklung jeder Beziehung dazu!

Sie können diese Frage auch Ihrem Partner stellen. *Glaubst du daran, dass du mit mir eine glückliche Zukunft haben kannst? Glaubst du wirklich daran?* Es kann sein, dass die Antwort bei Ihrem Partner anders ausfällt als bei Ihnen. Vielleicht haben sich Ihre Horizonte zu unterschiedlich entwickelt und Sie haben sich auseinandergelebt. Oder Sie waren noch nie wirklich kompatibel, haben aber auch nie darüber gesprochen. Sie wünschen sich zum Beispiel Geborgenheit und Sicherheit, Ihr Partner wünscht sich Abenteuer. Das müssen Sie klären und abgleichen: *Wie sieht dein Horizont aus, so wie meiner?*

Ich sage nicht, dass Sie beide den exakt gleichen Horizont haben sollten. Das kann funktionieren, kann aber auch recht langweilig sein. Es ist durchaus möglich, dass Sie und Ihr Partner Ihre unterschiedlichen Horizonte und damit auch Ihre unterschiedlichen Bedürfnisse und Ansprüche harmonisieren können. Dafür benötigen Sie eine gewisse Schnittmenge an Vorstellungen, wie das Leben aussehen sollte, und für den Rest brauchen Sie gegenseitigen Respekt.

Auch im Beruf müssen Sie sich die Frage nach dem Horizont stellen. Ist der Karriereschritt, der sich da gerade auftut, sinnvoll, und ist es richtig, dass Sie die Ochsentour auf sich nehmen, oder werden Sie sich dabei verlieren? Können Sie Ihre Potenziale maximal ausschöpfen? Oder lassen Sie sich nur von anderen, fremden Stimmen beeinflussen und folgen dem falschen Horizont?

Glaubst du daran, dass du in diesem Job den Erfolg erreichen wirst, der dir möglich ist?

Fragen Sie sich: *Glaubst du daran, dass du in diesem Job den Erfolg erreichen wirst, der dir möglich ist?* Mag sein, dass Sie selbst bei einem Ja auf diese Frage dennoch etwas Angst oder Respekt vor dem nächsten Schritt haben. Das ist o. k. Es geht hier nur um die Frage, ob Sie grundsätzlich auf Ihre innere Stimme vertrauen. Das heißt noch lange nicht, dass sich die Umsetzung dann sofort einfach oder angstfrei gestaltet. Doch wenn Sie Ihren Weg weitergehen, werden Sie schon in jede neue Herausforderung hineinwachsen. Zumindest wenn Sie zuvor ehrlich zu sich selbst gewesen sind und die notwendigen Potenziale und Fähigkeiten in sich tragen.

Oft lassen sich zum Beispiel Mitarbeiter auf eine Führungsposition hieven und scheitern dort, weil sie zwar hervorragendes Fachwissen haben, aber nicht sehr geschickt mit anderen Menschen umgehen können oder den Druck und die Verantwortung der neuen Position nicht aushalten.

Das ist für mich übrigens auch eine reale Gefahr der Frauenquote. Entweder sind Sie in der Lage, den Druck, die Verantwortung und auch die Macht auszuhalten, mit denen Sie auf hohen Positionen konfrontiert sind – oder Sie sind es nicht. Eine Quote wird die Kälte der Macht nicht angenehmer machen. Und Frauen, die diesen harten Umgang aushalten, machen auch Karriere. Mit oder ohne Quote.

Es ist in diesem Zusammenhang völlig egal, ob jemand Bikini oder Badehose trägt. Eine starre Quote zu fordern und dadurch mehr Frauen in Führungspositionen zu bekommen, halte ich für Unsinn. Als Frau würde ich das auch gar nicht wollen! Stellen Sie sich vor, dass eine Frau per Quote Vorstand wird: Sie wäre immer der Quotenvorstand. Absurd! Sie müssen Führungsqualität, Durchsetzungsvermögen, Aushalten von Druck, Macht, Risiko und Konfliktbereitschaft mitbringen. Der Mensch, der die Anforderungen der Position erfüllt, sollte sie auch einnehmen. Egal, ob Mann oder Frau. Und dazu braucht es absolute Selbstehrlichkeit. Denn nicht jeder hat das Zeug zur charismatischen Rampensau!

Umgekehrt gibt es Mitarbeiter, die eine innere Scheu davor haben, mehr Verantwortung zu übernehmen und ihre Fähigkeiten optimal einzusetzen. So wie ein Kunde von mir, der als Führungskraft in seinem Unternehmen Aufgaben wie Projektmanagement und Business-Development erfolgreich übernommen hatte. Er traute sich aber lange nicht, sich selbst als Verkäufer zu bezeichnen, weil ihm das Selbstbewusstsein dazu fehlte. In vielen Gesprächen arbeiteten wir seine Berufung und seinen Horizont heraus. Denn er war und ist ein sensationell guter Verkäufer und eine gute Führungspersönlichkeit. Er musste nur erst den Mut entwickeln, dieses Potenzial für sich zu erschließen, den Mund aufzumachen und ins Tun zu kommen. Heute ist er Geschäftsführer für Vertrieb und Marketing in seinem Unternehmen – und darin sehr wirksam.

Die Forschung hat gezeigt: Unser Selbstbild steht uns am meisten im Weg, wenn es um unsere persönliche Entwicklung geht. Nur das, was Sie selbst in sich sehen, woran Sie glauben, können Sie auch freisetzen. Simpel formuliert: Wenn Sie glauben, Sie haben kein Sprachtalent, dann werden Sie zwar viel Vokabeln üben und zu Hause alles können, doch in den Klausuren versagen.

Auf Ihrem persönlichen Weg durchs Leben ist in den schwierigen Situationen also die entscheidende Frage: Tal der Tränen oder Sackgasse? Durchhalten oder einen Schlussstrich ziehen? Die Antworten sind nicht schwer zu bekommen, denn sie existieren bereits. Ihre innere Stimme flüstert sie Ihnen ständig zu. Sie ist der Kompass, der auf Ihren Horizont ausgerichtet ist und Ihnen sagt, wo es langgeht.

Die entscheidende Frage: Tal der Tränen oder Sackgasse?

Sie müssen nur lernen, auf sie zu hören! Und wenn Sie das tun und sich dann entschließen, durch das Tal der Tränen weiterzugehen, dann sollten Sie vor allem eins: durchhalten!

Zwei Mauern

Stellen Sie sich einmal vor, Sie haben sich vorgenommen, Ihre Ehe zu retten. Als Zeichen Ihrer Zuneigung wollen Sie Ihrer Frau jede Woche Blumen mitbringen. Sie fangen voll Euphorie damit an, aber nach einiger Zeit kommt Ihnen an Ihrem »Blumentag« zu viel dazwischen – Sie schaffen es nicht mehr rechtzeitig in den Blumenladen. Und in der Woche darauf auch nicht …

Oder Sie wollen endlich Sport machen: 45 Minuten. Dreimal pro Woche. Das muss doch immer drin sein, denken Sie. Anfangs läuft es auch gut. Aber spätestens nach drei Monaten: bum! Die Ausreden sind zahllos und von bestechender Überzeugungskraft, weswegen Sie schon seit einer kompletten Woche keinen Sport mehr machen können.

Oder Sie wollen keine Kohlehydrate mehr essen: Das ist ja auch nicht so schwer. Einfach sagen: »Nein, ich greife zu etwas anderem.« Das geht so lange gut, bis Sie sich eines Abends in einem Hotel wiederfinden. Die Minibar ist gut gefüllt, inklusive Chips … Tja, das ist das Tal der Tränen. Der Moment, in dem es entscheidend wäre, durchzuhalten, der Versuchung zu widerstehen – und in dem die meisten Menschen aufgeben. Ich spreche aus Erfahrung.

Ein Bekannter von mir war Führungskraft in einem Konzern. Er war todunglücklich mit den dortigen Strukturen. Monatelang beschwerte er sich, wie scheiße sein Job sei (sorry – O-Ton) und wie ihn die internen politischen Spielchen nerven würden. Schließlich hielt er es nicht mehr aus: Er machte sich selbstständig. Nur ein halbes Jahr später hörte ich, dass er sich wieder in einem Konzern hatte anstellen lassen. Er hatte das Tal der Tränen nicht überstanden. Ich habe ihm geschrieben: »Du hattest den Mut, dich selbstständig zu machen. Aber die Eier, durchzuhalten, wenn es hart auf hart kommt, hattest du nicht.« Er antwortete: »Klingt zwar blöd, ist aber wohl leider so …«

Wenn wir etwas verändern oder erreichen wollen, müssen wir zwei Mauern durchbrechen. Die erste heißt: entscheiden. Die zweite: durchhalten. Um eine Veränderung zu bewirken, brauchen Sie zweifelsohne Mut. Mut, eine Entscheidung zu treffen. Aber damit ist es nicht getan. Denn nachdem Sie die Veränderung in Gang gesetzt haben, brauchen Sie eine zweite Art von Mut, die mindestens genauso groß sein muss: den Mut zum Durchhalten, wenn es schwierig wird. Beide Mauern können Sie zum Scheitern bringen.

Sie brauchen Mut zur Entscheidung und Mut zum Durchhalten.

Da hilft es nicht, sich vor Angst in die Hosen zu machen und zu kneifen. Sie kommen um die Mauern nicht herum. Der einzige Weg nach vorne ist, über die Mauer zu klettern oder zu springen, sie zu durchbrechen oder sich unter ihr hindurchzugraben. Egal, wie – Hauptsache auf die andere Seite. Eines kann ich Ihnen versprechen: Sie werden daran wachsen.

Die Angst vor dem Tal

In Wahrheit ist es nicht die Angst vor der Veränderung, die uns vom Handeln zurückhält. Es ist die Angst vor den möglichen Konsequenzen der Veränderung: vor den Problemen, die im Tal der Tränen auf uns warten könnten. Denn jede Entscheidung hat ihren Preis.

Viele Menschen verharren lieber im Status quo, auch wenn er unangenehm und alles andere als erfüllend ist, als dass sie in den Nebel der Veränderung aufbrechen. Denn der Nebel ist ihnen fremd, und jeder Schritt bedeutet eine Veränderung, die unbekannte Folgen hat. Diese Menschen haben Angst, weil sie sich Sorgen machen.

Schon die Formulierung zeigt: Eine Sorge ist nicht etwas, was Sie ereilt. Eine Sorge ist etwas, was Sie sich selbst machen. Sie sind der Schöpfer Ihrer Sorgen. Wenn Sie sich selbst keine Sorgen machen, dann haben Sie auch keine.

Sie sind der Schöpfer Ihrer Sorgen.

Das hat viel mit Angst zu tun. Angst vor Szenarien, die in der Zukunft passieren. Oder eben nicht passieren. Angst davor, dass Sie nichts finden werden, was Sie erfüllt. Dass Sie zum Beispiel beruflich nicht wieder Fuß fassen werden. Angst davor, dass Sie die Zukunft nicht meistern könnten.

Die Angst, keine Antworten auf die Fragen der Zukunft zu haben, hatte auch mich gepackt, kurz nach dem Ausstieg aus der Firma.

Im Kloster
Ich bin in ein Zen-Kloster in der Schweiz geflohen: Eine Woche Schweigen habe ich mir auferlegt. Dieses Schweigen ist unglaublich schwer, denn da nun niemand mehr mit mir spricht, bin ich ganz allein mit meiner Angst. Und mit meiner Müdigkeit: Mehrfach am

Tag überkommt mich ein unkontrolliertes Schlafbedürfnis, mein Kopf knickt immer wieder weg. Ich bin beunruhigt und frage den Meister, ob das normal ist. Er lächelt nur und sagt: »*Das ist nur die Müdigkeit, die du so lange ignoriert hast. Halt durch, das geht vorbei.*«
Und mir wird sofort klar: Das ist die Müdigkeit von meinem langen Kampf in der Sackgasse. Also kehre ich auf mein Meditationsbänkchen zurück und kämpfe schweigend abwechselnd gegen meine Angst und gegen meine Müdigkeit.

Und tatsächlich: Am Ende des dritten Tages macht es plötzlich klick. Die Müdigkeit ist verschwunden und mit ihr die Angst. Ich spüre Ruhe, Zufriedenheit und empfinde fast schon Euphorie. Ich habe nicht die Antworten auf die Fragen gefunden, die mir Angst machen. Allerdings habe ich auch aufgehört, nach ihnen zu suchen, weil ich aufgehört habe, Fragen über die Zukunft zu stellen. Ich bin endlich wieder im Hier und Jetzt angekommen. In das alte Holzbett meiner Stube ist ein treffendes Wortspiel eingeritzt: »*Das Leben ist nur im NOW and HERE. Alle Alternativen bringen dich ins NOWHERE.*«

Wenn Sie mit Ihren Gedanken ständig irgendwo anders sind, also nicht im *NOW and HERE,* dann sind Sie im *NOWHERE,* also weder in der Gegenwart noch in der Zukunft noch in der Vergangenheit, sondern im Nirgendwo. Und im Nirgendwo sind Sie der Angst vor möglichen zukünftigen Gefahren ausgeliefert.

Aber nicht nur das Negative macht uns Angst. Marianne Williamson hat einmal geschrieben: »Our deepest fear is not that we are inadequate. Our deepest fear is that we are powerful beyond measure. It is our light, not our darkness that most frightens us.« Frei übersetzt: Wir erschrecken vor unserem eigenen Potenzial. Wir bleiben lieber im Dunkeln sitzen, als in unser Licht zu treten. Das können Sie beobachten, wenn Sie einem Menschen ein Kompliment machen. Die meisten reagieren darauf verlegen und wiegeln ab: »Ach, so toll war das doch auch nicht.« Oder beobachten Sie, wie schnell manche Referenten die Bühne verlassen, wenn sie ihren Auftritt beendet haben. Das Publikum klatscht und ist begeistert. Der Redner aber fürchtet sich davor, diese Fokussierung auf ihn selbst auszuhalten, und verschwindet lieber schnell wieder hinter dem Vorhang.

Ob im Guten oder im Bösen: Diese Szenarien haben alle mit der Zukunft zu tun, aber sie stützen sich lediglich auf eine Annahme. Die Sorgen beziehen sich nicht auf das, was heute ist, sondern auf das, was morgen sein könnte. Auf das Vielleicht.

Sorgen beziehen sich auf das Vielleicht.

Und vor diesem Vielleicht, das in der Zukunft liegt, schrecken die Menschen zurück und ziehen es vor, das Elend ihres Hier und Jetzt zu erdulden. So wie Theo. Der ostdeutsche Rechtsanwalt, den ich auf eine zunächst recht unliebsame Weise kennenlernte. Wir hatten beide einen Segelkurs auf Elba mit Unterbringung in einem Einzelzimmer gebucht. Dachten wir zumindest. Vor Ort wurden wir in ein Doppelzimmer mit Doppelbett gesteckt. Wir begrüßten uns mit gebleckten Zähnen, jeder dachte: ›Auf dich habe ich nun wirklich keinen Bock.‹ Doch das Gegenteil geschah: Wir redeten jede Nacht bis in die Puppen über Gott und die Welt. Er erzählte mir von seiner Kanzlei, in der er im höchsten Maße unzufrieden war. Von den Schwierigkeiten der Branche im Allgemeinen. Und von seiner Beziehung, die nicht glücklich war. Aber eine Veränderung hatte er nie forciert. Seine Begründung: Es könnte ja noch schlimmer kommen, als es jetzt schon war. Er raubte sich selbst den Mut, über die erste Mauer zu klettern und eine Entscheidung zu treffen. Aus Angst vor der zweiten Mauer, der Dunkelheit im Tal der Tränen.

Die wahren Schwierigkeiten

Verschwenden Sie Ihre Energie nicht, indem Sie sich um Ihre Ängste kümmern. Sparen Sie sie lieber auf, um die Schwierigkeiten zu bewältigen, die Ihnen im Tal der Tränen auflauern. Diese halten so manche Überraschung für Sie bereit. Denn welche Schwierigkeiten Ihnen tatsächlich Probleme bereiten, erfahren Sie erst, wenn Sie mittendrin stecken. Oft genug werden Sie dann feststellen müssen, dass die wahren Widrigkeiten nicht die sind, vor denen Sie sich vorher gefürchtet haben. Sondern ganz andere – manchmal schlimmer, manchmal aber auch angenehmer als befürchtet.

Kennen Sie die Geburtstagskarten mit dem Wunsch »Bleib so, wie du bist!«? Ist das nicht ein furchtbarer Wunsch? Er drückt aus, was Ihr Umfeld von Ihnen möchte: Es erwartet von Ihnen Berechenbarkeit. Sobald Sie sich verändern, sind Sie nicht mehr berechenbar. Sie passen womöglich nicht mehr in das erwünschte Schema.

Sobald Sie sich verändern, sind Sie nicht mehr berechenbar.

Mal angenommen, Sie leben in einem gesetzten Umfeld, in dem es alle gemächlich angehen lassen und im Körperumfang sachte vor sich hin wachsen. Eines Tages verkünden Sie kurz entschlossen: »Für mich ab jetzt keine Torte und nichts Süßes mehr! Ab heute mache ich Sport.« Welch eine Katastrophe, wenn Sie das durchziehen! Für alle anderen bricht die Selbstlüge »Das Zunehmen in unserem Alter ist normal, da kann man nichts machen« in sich zusammen. Also wird Ihr Umfeld nicht wollen, dass Sie sich verändern.

Ein anderes Beispiel: Sie kommen aus einem bildungsfernen Umfeld, in dem Gewalt und Kriminalität den Alltag definieren. Eines Morgens entscheiden Sie aus heiterem Himmel: Abends wird nicht mehr gesoffen, sondern gelesen. Sie besorgen sich den notwendigen Input, um einen neuen Weg einzuschlagen und auf legale Weise erfolgreich zu werden – dann werden die anderen Sie wenn möglich daran hindern, denn Sie halten ihnen einen Spiegel vor: Sie zeigen ihnen, dass Sie sich nicht widerstandslos ihrem Schicksal als Opfer ergeben – stattdessen nehmen Sie Ihr Schicksal in die Hand, um Ihr Leben anders zu gestalten.

Ihr Umfeld wird Sie im schlimmsten Fall sabotieren, mindestens aber nicht unterstützen. Dieses Aus-der-Gruppe-Treten macht Ihr Vorhaben schwieriger für Sie, als wenn Sie Verbündete an Ihrer Seite hätten. Wenn Sie auf Kohlehydrate verzichten wollen, Ihre Familie beim gemeinsamen Frühstück aber weiterhin die leckeren Croissants verdrückt, ist Ihr Tal der Tränen härter, als wenn alle am Tisch die Gemüsebrühe schlürfen würden.

Und nicht zuletzt gibt es noch Ihren Alltagstornado, der Sie nicht wirklich verlassen hat, nur weil Sie in einem Teilbereich ausgestiegen sind. Er vernebelt weiterhin Ihren Blick und will Sie daran hindern, sich in die Richtung Ihres Horizontes zu bewegen. Jeden Tag aufs Neue kollidiert Ihr Vorsatz mit den Details des Alltags, die Ihnen der Sturm um die Ohren haut: Kinder pünktlich abholen, Extraauftrag für den Chef erledigen, Steuererklärung abgeben, Auto in die Werkstatt bringen etc.

Die wahren Widrigkeiten, die echten Probleme, denen Sie im Tal der Tränen begegnen, sind nicht zu unterschätzen, aber sie sind überwindbar – wenn Sie es wirklich wollen. Und eigentlich sollten Sie sich freuen, wenn Sie Probleme haben.

Probleme? Gratulation!

Haben Sie Probleme in Ihrer Firma? Ja? Ich hoffe es für Sie. Denn wenn Sie mir sagen würden, Sie hätten keine, müsste ich davon ausgehen, dass der Insolvenzverwalter bereits da war. Probleme sind der Beweis dafür, dass eine Firma noch lebendig ist.

Das gilt auch für uns Menschen: Ein Mensch, der keine Probleme hat, liegt unter der Erde. Alle, die noch unter uns weilen, haben unausweichlich Probleme. Sie gehören zum Leben dazu.

Der Grund dafür ist einfach: Der treibende Motor im Leben sind Veränderungen, egal, ob diese von Ihnen selbst initiiert oder von außen an Sie herangetragen werden. Und Veränderungen führen zu Problemen. Sie kommen auf den Parkplatz und ihr Auto ist zerkratzt. Der Chef befördert wider Erwarten nicht Sie, sondern einen Kollegen. Ihr Kind hat auf dem Abschlusszeugnis drei Fünfen. Alles Probleme, um die Sie nicht gebeten haben.

Jede Veränderung ist ein neuer Ausgangspunkt für den Gang durch das Tal der Tränen.

Veränderungen stehen auf der Tagesordnung und führen zu Problemen, die Sie lösen müssen. Auf dem Weg zur Lösung geraten Sie immer wieder in ein Tal der Tränen. Veränderungen führen auf diese Art also gleich doppelt zu Problemen.

Jedes dieser Probleme bedrängt und quält Sie. Es sitzt Ihnen im Nacken, bis es gelöst ist. Je länger Sie die Lösung aufschieben, desto schwerer belastet es Sie.

Dennoch ist es für viele verlockend, die Suche nach einer Lösung hinauszuschieben, nicht wahr? Eine Lösung zwingt in der Regel dazu, Verantwortung zu übernehmen, und das möchte man so lange wie möglich vermeiden. Und: Die Lösung kann manchmal erfordern, dass Sie die Zähne zusammenbeißen und mit eiserner Disziplin an etwas arbeiten müssen. Sie kann Reibung und Konflikt provozieren, weil Sie den Mund aufmachen müssen. Da ist es vielleicht doch erträglicher, die Augen zu verschließen und sich weiter von dem Problem quälen zu lassen?

Vergessen Sie es! Gewöhnen Sie sich lieber an die Existenz von Problemen und sorgen Sie für Lösungen. Denn selbst wenn Sie sich aufraffen und die Lösung für ein Problem herbeiführen, ist damit der Kreis nicht unterbrochen: Ihre Lösung sorgt nämlich für eine weitere Veränderung. Und schon stehen Sie vor dem nächsten Problem.

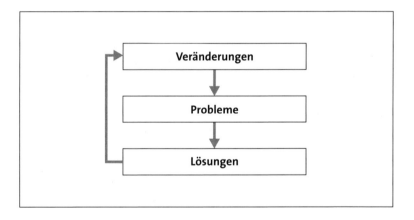

Veränderungen – Probleme – Lösungen – Veränderungen ... Manche nennen das einen Teufelskreis. Ich nenne es den Kreis des Lebens.

Probleme und das Tal der Tränen sind also ein normaler, immer wiederkehrender Wegbegleiter. Doch viele Menschen scheuen vor Problemen zurück. Das ist schade. Denn je mehr Sie versuchen, das Tal der Tränen zu vermeiden, umso größer ist die Gefahr, im Ozean der Bedeutungslosigkeit unterzugehen.

Stellen Sie sich vor, Ihr größter Wunsch ist es, ein möglichst sicheres und harmonisches Leben zu führen. Sie entscheiden sich, wann immer möglich, für die sicherste Handlungsalternative. Das heißt: Wenn Sie sich Ihre Komfortzone wie einen Kreis um sich herum denken, dann bedeutet die sicherste Variante, immer in der Mitte des Kreises stehen zu bleiben. Denn zum Rand hin nimmt die Sicherheit ab.

Nun verhält sich die Komfortzone aber wie ein Muskel. Wenn Sie ihn nicht immer wieder dehnen, schrumpft er. Wenn Sie Ihr Leben lang immer die sicherste Variante wählen, wird Ihre Komfortzone peu à peu kleiner. Immer mehr Handlungsoptionen liegen dann außerhalb Ihrer Komfortzone. Das heißt, es verbleiben immer weniger Handlungsmöglichkeiten, mit denen Sie sich wohl- und sicher fühlen. In der Folge gibt es in Ihrem Leben mehr Unsicherheit und Risiko als früher.

Hier ein kleines Beispiel: Frau Meier wünscht sich ein Leben in Sicherheit, dementsprechend wählt sie stets die sichersten Optionen in ihrem Leben. Bloß kein Risiko eingehen. Eines Tages geht sie in den Supermarkt und hat kein Kleingeld für den Einkaufswagen. Sie möchte einen 5-Euro-Schein wechseln. Doch an der Kasse stehen 17 Leute in der Schlange. Anstatt sich vorne für einen kurzen Moment zwischenzuschieben, stellt sie sich hinten an und wartet 20 Minuten, bis sie an der Reihe ist. Die Kassiererin fragt: »Warum sind Sie nicht einfach kurz dazwischengekommen?«

Nun – weil ihre Komfortzone so klein geworden ist, dass bereits das Geldwechseln gefährlich geworden ist – sie könnte ja angepöbelt werden oder vielleicht noch Schlimmeres, wenn sie sich dazwischenschieben würde.

Wenn Sie Sicherheit wollen, müssen Sie ins Risiko gehen.

Wenn Sie Sicherheit im Leben haben wollen, müssen Sie ins Risiko gehen. Das hört sich zunächst paradox an. Doch wenn Sie immer nur auf Nummer sicher gehen und nichts Neues wagen, landen Sie in einem Leben voller Angst. Persönliches Wachstum, das Ausweiten der eigenen Grenzen, ist zwar in einer gewissen Art gefährlich. Doch das Streben nach permanenter Sicherheit ist ebenfalls gefährlich, führt es doch zu Stagnation und letztendlich zu mehr statt zu weniger Angst.

Aus diesem Grund heißt es im Tal der Tränen: nicht jammern, sondern denken und vor allem handeln. Immer wieder. Eben durchhalten.

In kleinen Schritten durch das Tal

Veränderungen erfordern immer Durchhaltevermögen und Disziplin. Ohne die geht es nicht, gerade an den tiefsten Stellen des Tals der Tränen. Dort, wo viele aussteigen, weil sie das Durchhaltevermögen für diesen Weg nicht aufbringen. Dieser Weg ist Schritt für Schritt zu bewältigen. Die Schritte sind klein, das Tal ist lang. Doch irgendwann hat auch das längste Tal ein Ende.

Nehmen wir an, Sie gründen eine Firma. Sie haben keine Kunden. Sie telefonieren wie wild, um zu akquirieren. Es hagelt Absagen. Aber ich versichere Ihnen: Wenn Sie weitermachen, ganz stoisch jeden Tag weitere potenzielle Kunden anrufen, wird irgendwann der erste »Ja« sagen. Wenn Sie den ersten haben, können Sie Qualität liefern und erarbeiten sich eine Empfehlung. Sie telefonieren jeden Tag weiter – irgendwann kommt der zweite, der dritte und weitere Kunden. Es entsteht ein Netzwerk, das für Sie arbeitet, und plötzlich sind Sie mittendrin.

Das Gleiche gilt für den Sport: Sie können herumlamentieren und nicht vorwärtskommen; Sie können aber auch sagen: »Na gut, dann mache ich halt jeden Tag meine zehn Liegestütze.« Dann werden es 14 und eines Tages schaffen Sie 20.

Es ist die Summe der kleinen Veränderungen, die das Große ausmacht. Die kleinen Schritte, die Sie ans Ende des Tals der Tränen bringen. Ich sage gerne: Wenn ein Komet leuchtet, liegt das nicht nur an der Größe des Himmelskörpers. Es liegt vor allem an den vielen kleinen Staubkörnern in seinem Schweif, die glühen. Es liegt an der Summe der Kleinigkeiten.

John Wooden ist einer der erfolgreichsten Basketballtrainer in den USA. Eine Legende. Er trainierte die Nachwuchs-Superstars, die auf dem Sprung in die NBA waren – die bestbezahlte Basketballliga der Welt. Was trainierte dieser Coach mit solchen Überfliegern? Er trainierte, wie man sich die Schuhe richtig bindet. Das machte er auch vor: Socken korrekt anziehen, dass es keine Falten gibt. Schuhe richtig anziehen, damit sie gut sitzen und es keine Blasen gibt. Dann ordentlich schnüren, damit der Knoten hält und es im Spiel keine Überraschungen gibt. Warum machte er das? Weil die Kleinigkeiten spielentscheidend sind. Wie soll man ein Spiel gewinnen, wenn man Blasen bekommt, der Schuh im entscheidenden Moment aufgeht oder man gar stolpert und auf die Nase fällt?

Oder stellen Sie sich vor, ein Ehemann vergisst den Hochzeitstag. Oder Sie haben eine Telefonnummer Ihres neuen Schwarms ergattert, eine Ziffer jedoch falsch notiert. Wenn Sie die Kleinigkeiten nicht beherrschen, geht es schief! Wenn Sie es so sehen, gibt es keine unwichtigen Kleinigkeiten im Leben. Kleinigkeiten sind entscheidend!

Wenn Sie vor lauter Kleinigkeiten den Weg vor sich nicht sehen können, dann lassen Sie sich davon nicht beeindrucken. Ich gehe ab und zu mit einem Freund von mir, einem Naturliebhaber, in der Eifel spazieren. **Der Weg wird klar, wenn wir ihn gehen.** Als wir das allererste Mal zusammen unterwegs waren, sagte er: »So, lass uns mal hier links gehen.« »Hä? Da ist doch gar kein Weg.« »Doch«, antwortete er. »Der Weg wird klar, wenn wir ihn gehen.« Und genauso war es: Wir sind viereinhalb Stunden kreuz und quer durch den Wald, durch Gebüsch und über Wiesen gelaufen, und am Ende hatte ich den Eindruck, als wären wir nicht planlos, sondern tatsächlich auf einem Weg gegangen.

Sackgasse versus Tal der Tränen

Ich habe Ihnen viel vom Tal der Tränen erzählt und vom Durchhalten in schwierigen Situationen. Die eigentlich entscheidende Frage aber folgt jetzt: Wie ist das mit Ihnen? Was fühlen Sie, wenn Sie einmal nicht mehr weiterkönnen und alles hinschmeißen wollen? Sind Sie in einem Tal der Tränen, durch das Sie sich mit aller Kraft und Konsequenz durchkämpfen müssen? Oder sind Sie vielmehr in einer Sackgasse, aus der Sie sich befreien dürfen, ja befreien *müssen*, indem Sie sich aus dem Staub machen und sich einen sinnvollen Horizont suchen?

Es mag sein, dass Sie das hier und jetzt gar nicht so eindeutig beantworten können. Gerade wenn Sie darauf getrimmt sind, sich durchzubeißen – komme, was da wolle. Wenn Sie häufig die vielen kleinen Hinweise des Lebens übersehen, übersehen Sie womöglich die großen, wichtigen Dinge gleich mit.

Mit den großen, wichtigen Dingen meine ich alles, was Ihnen anzeigt, ob der eingeschlagene Weg der richtige ist oder nicht. Das, was Sie wissen lässt, wann es an der Zeit ist, den Weg zu überdenken. Um das festzustellen, brauchen Sie jemanden, der Ihnen das sagt. Und der Einzige, der dafür infrage kommt, sind Sie selbst. Nur Sie können den Maßstab definieren, an dem Sie am Ende die Qualität Ihres Lebens messen. Diese Verantwortung können Sie auf niemand anderen schieben, ohne sich selbst und Ihre eigene Mündigkeit zu verraten.

Also: Hören Sie auf Ihre innere Stimme! Sie weiß, wohin Ihre Reise gehen soll. Sie weiß die Antwort auf die Frage: »Wer wollen Sie sein?«

7. Vom Wunsch zur Wirklichkeit

Zettelwirtschaft
»Hallo!« Mein Mentor steckt den Kopf durch die Bürotür. Er stutzt und sieht sich um. »Was ist denn mit deinem Büro passiert?«
Ich hebe entschuldigend die Hand. »Ich denke seit Tagen darüber nach, was ich alles tun und berücksichtigen muss, um mein Geschäft in Gang zu bringen. Und alles, was mir dazu einfällt, schreibe ich auf.«
»Junge, da ist dir aber schon eine Menge eingefallen«, grinst er und zeigt auf die unzähligen Zettel, die meinen Schreibtisch übersäen, an der Wand pinnen und auf dem Boden liegen. »Dass du mir vor lauter Nachdenken nicht das Anfangen versäumst«, feixt er. »Komm, lass uns was essen gehen.«
Beim Mittagessen bin ich nicht ganz bei der Sache. Seine im Büro so leger dahingeworfenen Worte klingen immer noch in mir nach.

Als ich mir endlich Klarheit über meinen beruflichen Horizont verschafft hatte, stand ich ratlos vor einem Berg an Notizen. Ich hatte haufenweise Input produziert. Aber noch längst keinen Output.

Dieser Zustand ist ganz typisch, wenn wir uns mit unserem Horizont beschäftigen. Er ist beeindruckend, bunt, magisch und zieht uns an. Das Nachdenken über das große Ganze in unserem Leben stimuliert und motiviert uns, ins Handeln zu kommen und Großartiges zu leisten. Die Welt und unsere Zukunft zu formen. Also auch viel zu bewirken. Das große Ganze kann aber auch einschüchternd und lähmend wirken. Ängste oder Zweifel melden sich zu Wort. Ich selbst jedenfalls fühlte mich erst einmal gelähmt.

Das große Ganze kann auch lähmend wirken.

Wenn Sie Ihrer inneren Stimme vertrauen und Ihrem Horizont

folgen wollen, wird es Ihnen vermutlich so ergehen wie mir. Es kommen Ihnen Gedanken wie: »Um Gottes willen, wie soll ich das jetzt alles schaffen?« Oder: »Wie komme ich am schnellsten voran?« Sie geraten ins Grübeln. Erstellen endlose To-do-Listen, probieren heute diesen Pfad, morgen jenen. Wie mein Hund verfolgen Sie alle Fährten und fangen am Ende: nichts! Sie erschlagen sich selbst mit den tausend Schritten, die Sie gleichzeitig vor sich sehen. Auf diese Weise verstärken Sie lediglich den Alltagstornado und machen es sich unnötig schwer.

Das passiert, wenn Sie das Pferd von vorne aufzäumen. Wenn Sie überlegen, was Sie tun wollen, um endlich auf Ihren eigenen Horizont zusteuern zu können. Doch in dieser Situation ist es hilfreich, das Pferd ausnahmsweise von hinten aufzuzäumen: erst der Horizont, dann können Sie loslaufen.

Wunschträume im Realitäts-Check

Die zahllosen Ratgeber, die dem Muster folgen: »Die sieben Stufen zum Erfolg« oder »Die zehn Schritte zu mehr …«, geben Ihnen Handlungsschritte vor: Was sollen Sie *tun*, um Ihr Ziel zu erreichen?

Meiner Ansicht nach wird Ihnen kein einziger dieser Ratgeber helfen. Sie verstärken nur den Input-Virus, weil sie fokussieren, was Sie tun sollen, ohne zu wissen, wohin die Reise überhaupt gehen soll. Bevor Sie aktiv werden, brauchen Sie zunächst ein klares Bild von Ihrem Ziel vor Augen. Für das neue Projekt oder die bevorstehende Gartenarbeit mag das ja noch einfach erscheinen. Doch Sie brauchen es auch für sich selbst. Ich schaue immer wieder in leere Gesichter, wenn ich Führungskräften in Workshops die Frage stelle: »Wer wollen Sie *sein*?«

Ja, Sie haben sich für Ihren Horizont bereits mit allen möglichen Themen beschäftigt. Ja, Sie haben diejenigen ausgewählt, die Sie anlocken. Sie haben sich damit auch gegen die Themen entschieden, die Sie eben nicht anziehend finden und die Sie deshalb logischerweise aus Ihrem Horizont verbannt haben.

Aber was ist entstanden? Ein Sammelsurium an Themen, die vor Ihnen liegen wie Perlen. Jede für sich wunderschön. Doch jede liegt einzeln für sich. Jetzt ist es an Ihnen, diese Perlen zu einer Kette aufzureihen. Sie geben jeder Perle einen eigenen Platz, die eine weiter vorne, die andere hinten. So schaffen Sie aus den einzelnen Teilen ein Ganzes. Sie gestalten ein Bild von sich, wie Sie in Zukunft sein möchten. Darüber lohnt es sich nachzudenken: über Ihr Zukunfts-Ich. Wer möchten Sie werden? Sie können ein Bild davon entwickeln, wer Sie in der Zukunft sein möchten, nachdem Sie Ihren Weg erfolgreich gegangen sein werden.

Auf diese Art haben Sie sich schon als Baby weiterentwickelt. Sie konnten krabbeln, doch Sie sahen um sich herum Menschen, die auf zwei Beinen aufrecht standen. Das wollten Sie nachmachen. Und Sie taten so, als ob Sie das auch könnten. Natürlich klappte das nicht sofort und Sie landeten wieder auf Ihrem Windelpopo. Aber das Bild von Ihrem Ziel stand Ihnen jeden Tag so klar vor Augen, dass Sie es immer wieder versuchten. So lange, bis es klappte. Sobald Sie stehen konnten, merkten Sie, dass die Erwachsenen nicht nur standen – sie liefen auch noch herum. Zack – ein neuer Wunsch war geboren. Und wieder taten Sie so, als ob, und gaben nicht auf, bis auch hier aus dem Wunsch Wirklichkeit wurde.

Klare Sache: Viele Dinge wissen und tun wir intuitiv, indem wir einfach nur an unseren Horizont und einzelne Wegmarken auf dem Weg dorthin denken. Wir tun das Richtige, wenn wir uns den Endzustand vorstellen.

Wir tun das Richtige, wenn wir uns den Endzustand vorstellen.

Das liegt daran, dass unsere Vorstellungskraft mächtiger ist, als wir wahrhaben wollen. Sie hilft uns nicht nur, etwas zu erreichen, was wir uns vorgenommen haben. Sie kann sogar die chemischen Vorgänge in unserem Körper beeinflussen. Das haben Studien bewiesen. Dazu wurden Teilnehmer in zwei Gruppen aufgeteilt. Die Mitglieder der ersten Gruppe sollten sich zwei Minuten lang vorstellen, dass sie kraftvoll und mächtig seien, und die entsprechende Körperhaltung einnehmen. Die Mitglieder der anderen Gruppe sollten sich, ebenfalls zwei Minuten lang, klein und schwach fühlen und die entsprechende Körperhaltung einnehmen. Vorher und nachher wurden jeweils die Werte für die Hormone Testosteron und Kortisol bestimmt. Die Ergebnisse waren eindeutig: Waren vor dem Experiment die Werte bei allen Teilnehmern ausgeglichen, stieg bei den »Mächtigen« der Testosteronwert deutlich an, der Kortisolwert sank. Bei den »Schwachen« war es genau umgekehrt.

Diese Veränderungen sind nicht nur von theoretischem Interesse, denn die Forscher führten im Anschluss mit allen Teilnehmern ein Verhaltensexperiment durch. Sie testeten mit einem Glücksspiel die Risikobereitschaft – und fanden in den Ergebnissen ein eindeutiges Spiegelbild der Hormonlage: Die »Mächtigen« zeigten sich um Längen risikobereiter als die »Schwachen«.

Es gibt für jeden von uns Situationen, in denen wir uns innerlich nicht stark oder souverän fühlen. Allerdings gibt es von Person zu Person Unterschiede, wie hoch der individuelle Druck sein muss, damit es dazu kommt. Wie wir uns fühlen (= Ursache), beeinflusst unsere Körpersprache und unser Verhalten (= Folge). Das Neue an der zuvor beschriebenen Forschung ist, dass es auch andersherum funktioniert. Wenn Sie sich so verhalten, als ob, werden Sie im Laufe der Zeit auch zu dem, den Sie spielen. So wechseln Sie vom Wunsch zur Wirklichkeit. Gerade im beruflichen Kontext geht es darum, sich professionell und souverän zu verhalten, und zwar unabhängig davon, wie Sie sich innerlich tatsächlich fühlen. Wenn Sie etwas, was Sie sein möchten, (noch) nicht von innen heraus sind, müssen Sie zunächst den Schein wahren. Denn die anderen messen Sie an Ihrem Verhalten.

Gesprächsgegner gesucht
Als ich damals den Fonds aufbaute, übernahm ich die Verantwortung für den Vertrieb. Man kann einen Fonds nur managen, wenn Geld darin ist. Spannend war, dass alle den Fonds managen wollten, doch keiner wollte ihn mit Geld füllen. Viele haben anscheinend nicht den Mumm, Verkäufer zu sein.

Ich dachte mir, dass es so schwer ja nicht sein könne. Mit Mitte zwanzig sieht man die Welt gelassen und fängt naiv einfach mal an. So sprach ich mit Bankern und anderen Investoren, die vom Alter her locker mein Vater sein konnten.

Ich merkte schnell: Denen ging es gar nicht um den Inhalt. Die wollten testen, ob ich mich auf Augenhöhe befinde. Ob ich ein würdiger Gesprächsgegner bin. Ja, sie suchten keinen »Gesprächspartner«, sondern einen »Gegner«. Einen, der das innere Standing zum Gegenhalten hat. Da ging es um Status.

Immer wieder musste ich Niederlagen wegstecken. Das nagte am Selbstbewusstsein. Ich riss mich jedes Mal zusammen, um meine Gefühlslage nur für mich zu behalten und professionell aufzutreten. Dann kamen die ersten Erfolge. Mit ihnen entwickelte sich auch meine innere Haltung, sie wurde stärker. Ich arbeitete weiter an meinem Auftreten, lernte Techniken hierfür, feilte an den Mikromustern meiner Körpersprache. Es dauerte, bis ich das souveräne Auftreten verinnerlicht hatte. Aber die Transformation funktionierte: Immer öfter gelang es mir, bei meinen Kunden den Eindruck des würdigen Gesprächsgegners zu machen – trotz meines Alters, trotz meines Dreitagebarts, trotz meiner langen Haare, trotz null Erfahrung. Und trotz der fehlenden Ahnung, wie man Geld einsammelt. Das Ergebnis schlug ein: Umsatz verzwanzigfacht. In viereinhalb Jahren!

Mit dem Trainieren der Techniken ist gleichzeitig noch etwas Weiteres passiert: Durch viele unangenehme, heikle und herausfordernde Situationen ist meine innere Haltung mitgewachsen. Ich suchte förmlich die schwierigen Situationen, denn hier lernte ich am meisten.

Eines ist klar: Sie können sich noch so viele Techniken aneignen oder über noch so viel Geld verfügen – solange Ihre innere Haltung nicht stimmt, werden Sie mit Ihrer Wirkung nicht überzeugen. Eine schwache Haltung zertrümmert die Schlagkraft Ihrer Techniken. Sie brauchen beides: Denn wenn eine starke Haltung auf gut trainierte Technik trifft – wow, dann ist Ihre Wirkung auf andere Menschen beeindruckend. Ihre innere Haltung ist wie die Kerze in einem Lampion. Sie strahlt nach außen und verstärkt Ihre Techniken, Verhaltensweisen und Ihr Auftreten. Doch eine innere Haltung zu gewinnen ist nicht immer so leicht.

So tun, als ob

Sie bewältigen die Herausforderungen Ihres Lebens mal mit Leichtigkeit, mal fällt es Ihnen schwer. Das hängt von der Tagesform ab. Denn in Ihrem Leben übernimmt manchmal ein Zwerg die Kontrolle und manchmal ein Riese. Wenn die Welt anstrengend, böse, hart, unfair und gemein auf Sie wirkt, dann hat der Zwerg das Sagen. Sie scheuen vor Aufgaben zurück, wollen keine Verantwortung übernehmen. Selbst Kleinigkeiten mutieren mit einem Mal zu unüberwindbaren Schluchten. Der unzufriedene Kunde, den Sie nicht zurückrufen wollen. Der Nachbar, den Sie sich nicht zu fragen trauen, wann er seinen auf Ihr Grundstück ragenden Obstbaum endlich zurechtschneidet. Der Vermieter, den Sie nicht auf den defekten Spülkasten ansprechen.

Und dann wiederum gibt es die Tage, an denen der Riese am Steuer sitzt. Sie fühlen sich wie Superman. Ach was – Sie *sind* Superman! Sie strotzen vor Kraft, Energie und Selbstvertrauen und können es kaum erwarten, in den Tag zu starten. Mit einer unglaublichen Kraft und Stärke fegen Sie eine Aufgabe nach der anderen von Ihrer To-do-Liste. Sie sind nicht zu stoppen!

Wenn Sie also mal einen der Tage haben, an denen Sie sich nicht so fühlen, wie Sie es gerne hätten, fragen Sie sich einfach: »Was würde der Riese in dieser Situation tun?« Eines wohl mit Sicherheit auf keinen Fall: grübeln! Sondern anfangen!

Das klingt leicht, ist es aber nicht. Das Grübeln zu stoppen ist keine leichte Aufgabe. Doch bitte machen Sie sich klar: Wenn Sie versuchen, zunächst alle eventuellen Risiken zu ergründen, werden Sie nie ins Tun kommen. Manchmal fehlt Ihnen vielleicht noch eine Fähigkeit oder Wissen, um Ihr Ziel erreichen zu können. Das nimmt der Zwerg dann gerne als Ausrede, um gar nicht erst zu beginnen. Der Riese jedoch legt los, auch wenn er diese oder jene Fähigkeit noch nicht hat, sich das Wissen noch nicht angeeignet hat. Denn vieles lernen Sie erst, indem Sie es tun. Indem Sie es wagen, auch wenn Sie noch nicht perfekt darin sind. Indem Sie so tun, als ob!

Vieles lernen Sie erst, wenn Sie so tun, als ob.

Je häufiger und intensiver Sie auf diese Art Ihr Verhalten verändern, desto mehr werden Sie zu demjenigen, den Sie zu sein vorgeben.

Wenn Sie sich in Ihrem Leben Herausforderungen stellen, dann gelangen Sie immer wieder an einen Punkt, an dem Sie zunächst so tun müssen, als ob – im Großen wie im Kleinen. Wenn Sie zum Beispiel den Führerschein machen, lernen Sie zunächst die Theorie, bringen dann die Fahrstunden hinter sich und gewinnen mehr oder weniger eine Ahnung davon, wie es funktioniert. Sie machen Fehler, üben viel und haben es eines Tages drauf. Dann kommt die Fahrprüfung. Ihr Puls schlägt bis zum Hals und am liebsten würden Sie sich vor Aufregung neben dem Auto übergeben. Doch Sie reißen sich zusammen und versuchen die Fassung zu wahren, um beim Prüfer den Eindruck zu hinterlassen, dass Sie bereits ein toller Fahrer seien. Damit haben Sie schon die halbe Prüfung bestanden, fahren souverän, und am Ende heißt es von der Rückbank: »Glückwunsch! Bestanden!«

Ein anderes Beispiel: Sie sind Mitarbeiter in einem Team, das sich seit Jahren kennt. Eines Tages werden Sie befördert, Sie sind nun der Chef. Es wird Neues von Ihnen erwartet: Sie müssen mehr Verantwortung tragen, sich um Budgets kümmern, schwierige Verhandlungen führen und so weiter. Wie kommen Sie damit zurecht? Zunächst werden Sie so tun, als ob Sie das Chefsein bereits verinnerlicht hätten: Sie zeigen Größe, Sie zeigen Stabilität – selbst wenn Sie sich innerlich völlig anders fühlen. In der ersten Zeit bereitet Ihnen das vielleicht noch schlaflose Nächte und den ein oder anderen Blutdruckanstieg. Aber irgendwann, vielleicht nach sechs Monaten oder nach zwei Jahren, merken Sie: »Ich bin in diesen Job reingewachsen. Jetzt fühle ich mich wohl darin.«

Es ist hilfreich, wenn Sie sich Vorbilder suchen, die bereits das leben, was Sie erreichen wollen. Mal angenommen, Sie möchten souveräner werden. Wer lebt bereits so, wie Sie gerne wären? Sagen wir, Sie entscheiden sich für *Arnold Schwarzenegger* als Terminator. Das ist vollkommen o. k. – Sie müssen Ihre Vorbilder nicht persönlich kennen, es kann sich sogar um fiktive Charaktere handeln. Verschaffen Sie sich einen guten Überblick, wie der Terminator das lebt, was Sie gerne werden möchten. Sie könnten zum Beispiel alle Filme rauf und runter schauen. Was macht er mit seiner Stimme? Wie setzt er Mimik / Gestik ein? Welche Worte verwendet er? Wie bewegt er sich? Wohin schauen seine Augen? Wie synchronisiert er Bewegung, Worte, Pausen? Sie zerlegen den Gesamteindruck in kleinere Elemente und Routinen. Wählen Sie sich jeden Tag eines dieser Elemente aus und üben Sie es einzeln. Sie werden sehen, dass Sie schnell spürbare Fortschritte machen. Kurze, tägliche Trainingseinheiten sind wirkungsvoller, als wenn Sie intensiv, aber dafür nur einmal im Monat trainieren.

Die Kunst der Verhaltensänderung

1. Voraussetzung: Sie müssen die neue Fähigkeit wirklich erlernen wollen. Ohne Feuer kein Erfolg.

2. Verschaffen Sie sich einen Überblick über den Umfang der Fähigkeit, die Sie sich aneignen wollen.

3. Brechen Sie die Fähigkeit auf einzelne Teilelemente runter.

4. Trainieren Sie jedes Element für sich. Täglich und kurz ist besser als selten und intensiv.

5. Üben Sie am Rande Ihrer Fähigkeiten. Sie müssen (kleine) Fehler machen, um besser zu werden.

6. Beginnen Sie mit Ihrem Training langsam. Mit zunehmender Routine werden Sie automatisch schneller.

7. Holen Sie sich hin und wieder Feedback von einem Profi.

Am Anfang eignen Sie sich neue Fähigkeiten an, indem Sie möglichst langsam und übertrieben die Bewegungen des Terminators nachahmen. Je langsamer Sie beginnen, desto schneller werden Sie Fortschritte erzielen. Machen Sie jeden Schritt bewusst. Je mehr Sie ihn verinnerlicht haben, desto unmittelbarer können Sie ihn abrufen, weil Sie ab einem bestimmten Punkt nicht mehr über den Bewegungsablauf nachdenken müssen.

Wichtig ist, dass Sie sich beim Lernen bis an Ihre persönliche Grenze bewegen. Bis Sie Fehler machen, weil es noch nicht richtig klappt. Diese kleinen Fehler helfen Ihnen dabei, sich immer weiter zu verbessern. Am besten holen Sie sich jemanden, der Ihnen in gewissen Abständen Feedback gibt.

Es gehört eine Menge Aufwand dazu, wenn Sie etwas wirklich lernen wollen. Der Preis für Exzellenz ist harte Arbeit. Deswegen ist es so wichtig, sich vorher Gedanken über den eigenen Horizont und Ihr Zukunfts-Ich zu machen. Nur wenn Sie Ihre Vision vom eigenen Ich wirklich wahr werden lassen wollen, werden Sie auch die hierfür notwendige Energie aufbringen und Spaß auf dem harten Weg haben. Sie brauchen diese Anziehungskraft Ihres Horizontes, damit er Ihnen Kraft und Energie für den Weg Ihrer persönlichen Entwicklung verleiht.

Prüfen Sie sich selbst: Wie viel sind Sie bereit zu geben, um Ihr Ziel zu erreichen und das Gewünschte zu erlernen? Wo stehen Sie auf einer Skala von 1 (= nichts) bis 10 (= alles)?

Andere zu imitieren ist nicht verwerflich. Im Gegenteil, es ist klug. Denken Sie daran, wie Sie als Baby auf diese Weise gelernt haben. Am Anfang Ihres Lernprozesses inhalieren Sie jedes Detail, jedes Wort, jede Bewegung. Ich habe Stunden damit verbracht, Filmszenen von exzellenten Schauspielern im Keller wortwörtlich »mitzuspielen«. Irgendwann sind Sie eine schlechte Kopie des Originals. Jetzt können Sie das Gelernte mit Ihrem persönlichen Stil und Ihrer Persönlichkeit füllen. Anfangs tun Sie so, als ob. Später werden Sie immer mehr zu dem, was Sie vorher nur gespielt haben. So werden Sie zu einem neuen Original.

Andere zu imitieren ist nicht verwerflich. Im Gegenteil, es ist klug.

Auf diesem Weg ist selbst Neid eine wertvolle Eigenschaft. Ich bin neidisch, wenn jemand etwas kann, was ich nicht beherrsche. So etwas fuchst mich, und ich bin neugierig darauf, wie er das macht. Also investiere ich Zeit, Geld, Energie, um die Techniken zu lernen und sie als Schablone einzusetzen. Ich tue so, als ob, und kopiere die Muster. Sobald ich eine gewisse Sicherheit erlange, beginne ich das Schema mithilfe meiner eigenen Persönlichkeit zu interpretieren und entwickle einen eigenen Stil.

In Ihrem Alltag finden Sie genügend Trainingsplätze, um bestimmte Fähigkeiten einzuüben oder damit zu experimentieren. Ihr Verhalten in Konfliktsituationen zum Beispiel können Sie mit Anrufen bei der Kunden-Hotline trainieren. Testen Sie Ihr Vermögen, den Mund aufzumachen, wenn etwas nicht in Ordnung ist. Sie brauchen kein schlechtes Gewissen dabei zu haben. Die Mitarbeiter haben sich ihren Job selbst ausgesucht und sind es gewohnt, wenn andere sich beschweren. Oder üben Sie, Forderungen zu stellen, indem Sie Ihrem Nachbarn sagen, er möge den wuchernden Busch, der sich durch den Zaun in Ihren Garten drückt, endlich beschneiden. Wenn das alles noch zu einfach ist, packen Sie die großen Dinge an: Machen Sie den Mund im Büro auf, wenn Sie anderer Meinung sind – auch wenn Sie damit Ihrem Chef widersprechen.

Je öfter Sie so tun, als ob, desto mehr wachsen Sie in das Geübte hinein. Anfangs stellen Sie sich vielleicht ungeschickt an. Es ist wie beim Tanzen: Die einzelnen Schrittfolgen wollen eingeübt sein, bevor das Ganze unbeschwert oder gar elegant aussieht. Wichtig auf dem Weg zu Ihrem Horizont ist, dass Sie sich frei von den Viren halten, die Ihr Tun blockieren: zu viel Input anhäufen oder eine Instant-Lösung erwarten; ganz fatal auch: Ihren Horizont aus den Augen verlieren. Die beste Abwehr gegen diese drei Widersacher ist es, ein Pokerface aufzusetzen und weiter so zu tun, als ob.

Position und Person

Wenn ich die Als-ob-Methode empfehle, stoße ich in Gesprächen immer wieder auf den Einwand: »Aber man muss doch authentisch bleiben.« »Authentisch bleiben« scheint mir fast schon eine Ausrede geworden zu sein. Eine Ausrede dafür, sich nicht verändern, sich nicht seinen Grenzen nähern und darüber hinauswachsen zu müssen.

Im beruflichen Kontext geht es für mich nicht darum, authentisch zu sein. Es geht darum, glaubwürdig und vor allem professionell zu sein. Mir hilft dabei die Differenzierung zwischen öffentlicher Position und privater Person. Die öffentliche Position ist das, was andere Menschen von Ihnen zu sehen bekommen. Sie haben dieses Bild über Jahre und Jahrzehnte perfekt inszeniert. Wie Sie Ihre Haare tragen, welche Uhr Ihr Handgelenk schmückt, welche Kleidung und welche Schuhe Sie wählen. Welche Stifte Sie zum Schreiben verwenden und welche Statussymbole Sie einsetzen. Oder aber dass Sie bewusst auf alle Insignien verzichten. Wie und worüber Sie reden, welche Worte Sie wählen. Wie viel Sie von sich persönlich offenbaren. Und so weiter. Wenn Sie zum Beispiel das Haus aufräumen, bevor Besuch kommt, schlüpfen Sie in Ihre Position. Dass Sie das gute Porzellan aus dem Schrank hervorholen und extra einen guten Wein beim Händler in der Stadt kaufen, dient dazu, anderen ein bestimmtes Bild von Ihnen zu zeigen.

Im Gegensatz zu dieser Position stehen Sie als Privatperson. Hier zeigen Sie das, was Sie als Menschen ausmacht. So, wie Sie sind. Ohne Einschränkung. Sie spielen nichts. Sie verstecken nichts. Sie inszenieren nichts. Diese Person kommt zum Vorschein, wenn Sie abends nach getaner Arbeit völlig zerschlagen in Schlabberhose auf dem Sofa gammeln. Oder wenn Sie sich beim Duschen in der Nase bohren. Der cholerische Charakterkopf, der zu Hause um sich brüllt. Oder der liebevolle Helfer, der für seine Frau alles tut und sich völlig unterordnet. Vielleicht auch der ehrgeizige Wilde, der in der Freizeit seinem geheimen Hobby Gotcha nachgeht und mit Farbkugeln und in voller Kriegsmontur in den gespielten Kampf zieht. Diese Facette Ihrer Person zeigen Sie so, wie Sie sind.

Im beruflichen Kontext ist es hilfreich, Position und Person voneinander zu trennen und gezielt zu überlegen, was Sie wo von sich zeigen. Denn in vielen beruflichen Situationen ist Ihre Position das Ausschlaggebende. Hier geht es darum, dass Sie professionell sind und die Wirkung entfalten, die von Ihnen und Ihrer (beruflichen) Position erwartet wird.

Unser Auftreten ist vom Kontext abhängig.

Spitzenleistung braucht Balance

Erinnern Sie sich noch an die Analogie zu Hund und Katze? Sie hilft uns auch an dieser Stelle weiter. Denn die Frage ist: Wo wollen Sie sich wie verhalten? Welches Bild sollen andere von Ihrer öffentlichen Position bekommen? Der Vorstand eines DAX-Unternehmens zum Beispiel sollte in seinem Job den Typ Katze leben. Und das tun die meisten Vorstände auch. Wenn Sie ihn dagegen zu Hause als Privatperson erleben, könnten Sie das Gefühl haben, Sie treffen auf einen völlig anderen Menschen: Gegenüber seiner Frau und seinen Kindern ist er liebe- und verständnisvoll – verhält sich also eher wie ein Hund.

Diese Lebensgestaltung – in der Öffentlichkeit Katze und privat Hund – finde ich persönlich sehr sinnvoll. Heute. Früher jedoch war das ganz anders.

Auch ich bin beruflich eine Katze. Ich liebe herausfordernde Projekte, anspruchsvolle Ziele. Ich spiele, um zu gewinnen, und stehe total auf Spitzenleistung, Erfolg und Qualität. Für die öffentliche Position ist das auch alles gut. Der Haken daran: Ich habe lange die gleiche Haltung auch ins Privatleben getragen. Welch ein Fehler! Leider habe ich lange gebraucht, um das zu verstehen.

Früher habe ich immer wieder Anerkennung bei meiner Frau gesucht. Und zwar nach den gleichen Maßstäben, die für mein professionelles Leben gelten. Anerkennung für meine beruflichen Erfolge, für neu gewonnene Kunden, für größere Projekte, für neue Umsatzrekorde. Aber was bekam ich? Ein laues »Toll!«. Ich war enttäuscht. Ich wollte Leistung gegen Zuneigung tauschen. Aber für meine Frau sind meine beruflichen Leistungen zweitrangig. Nicht dass sie sich nicht dafür interessiert. Aber sie würde mich genauso lieben, wenn ich Fliesenleger wäre oder Dichter. Sie ist so viel weiter als ich, was die Welt der Gefühle und der Liebe betrifft. Denn sie verschenkt aus ganzem Herzen Zuneigung, ohne Bedingungen dafür zu stellen.

Ich habe für mich erkannt, dass ich beruflich nur dann Spitzenleistungen erbringen und über mich hinauswachsen kann, wenn ich einen Ort zum Ausgleich habe. Einen Ort, an den ich als Mensch

»nach Hause« kommen, an dem ich einfach nur ich sein kann. Einen Ort, an dem ich so akzeptiert werde, wie ich bin. Bedingungslos. Zu einem Menschen, der mich liebt, weil es mich gibt – und nicht für das, was ich habe (Geld, Status, Macht, Auto …) oder tue (Job, Position …). Meine Frau lehrte mich, dass ich von ihr geliebt werde, weil ich menschlich bin. Dazu gehört, dass ich auch meine weichen, verletzlichen Seiten habe und sie auch zeige. Dass Schwächezeigen gar keine Schwäche, sondern Stärke ist. Also all das, was im Job, in meiner öffentlichen Position, ohne Relevanz ist.

Diese Struktur, im Beruf als Katze und in meiner Familie eher im Hunde-Modus zu handeln, ist die Entscheidung, die ich für mich getroffen habe. Und welche Entscheidung treffen Sie für sich? Wie wollen Sie sich in welcher Lebenssituation verhalten?

Im Beruf die Katze – zu Hause Hund.

Wo wollen Sie Katze sein und Risiko, Abenteuer und Nervenkitzel spüren? Menschen, die das im Privatleben suchen, pflegen oft lebensgefährliche Hobbys. Statt einem festen Lebenspartner haben sie immer neue Dates. Oder ständig Affären trotz glücklicher Ehe. Vorstände von Konzernen oder Präsidenten von Bundesligavereinen schwimmen im Geld und zocken am Finanzamt vorbei. All das ist typisches Katzen-Verhalten. Ich will diese Spannung nur im beruflichen Kontext. Um dort Leistung bringen zu können, brauche ich Balance. Bereiche, in denen ich zum Ausgleich Harmonie, Frieden und Sicherheit erlebe, in denen ich Hund sein darf. Und das will ich in meinem Privatleben, als Privatperson. Hier finde ich, was ausgleicht, harmonisiert und Kraft gibt.

Die Erdung im privaten Bereich ist so wichtig, weil uns im Beruf bestimmte Situationen Spitzenleistung abfordern. Wenn Sie dann keinen Plan haben, was die richtige Entscheidung ist, müssen Sie so tun, als ob. Der Pilot beispielsweise, der 2009 kurz nach dem Start vom New Yorker Flughafen La Guardia wegen eines Triebwerkproblems im Hudson River notlanden musste, steckte in einer äußerst miesen Situation: hinter ihm über hundert Passagiere, unter ihm eine Stadt mit Millionen von Menschen. In Sekundenschnelle musste er eine Möglichkeit finden, seine Passagiermaschine möglichst schadlos herunterzubekommen. Während des (aufgezeichneten) Funkverkehrs klingt er unglaublich ruhig und souverän, obwohl ihm ganz sicher das Herz in die Hose gerutscht war. Aber was sollte er machen? Sollte er den Leuten im Tower einen vorjammern oder Zeit damit verschwenden, sie zu fragen, was er tun soll? Er hatte gar keine andere Möglichkeit, als so zu tun, als ob (er nämlich genau wisse, was zu tun sei).

Anderes Beispiel: ein Notarzt, der zu einem Autounfall gerufen wird. Vor Ort überrumpelt ihn ein Bild des Grauens, als er im zerstörten Auto eine bewusstlose schwangere Frau findet. Es zerreißt ihm innerlich das Herz. Aber soll er jetzt losheulen und in Schockstarre verfallen? Keine Zeit. Er muss dafür sorgen, dass er die Frau und das ungeborene Kind rettet. Er muss Zuversicht und Ruhe ausstrahlen, damit seine Kollegen ruhig und konzentriert bleiben. Je mehr Erfahrung der Notarzt hat, je öfter er also bereits so getan hat, als ob, desto leichter wird es ihm fallen, den Einsatz mit seinem Team professionell bis ans Ende zu bringen. Wenn er dann spät nachts zu Hause ist, die professionelle Position abstreift, treten vielleicht auch mal Tränen in seine Augen, wenn er an die Mutter denkt, die leider ihr Kind verloren hat. Hier, zu Hause, kann er den Gedanken zulassen, wie unfair und brutal das Leben manchmal sein kann.

Unser Verhalten ist also immer abhängig vom Kontext. Entscheidend ist, dass wir es nicht dem Zufall überlassen, sondern uns systematisch und bewusst entscheiden, in welcher Situation wir uns wie verhalten wollen. Das ist professionelle Authentizität. Sie ist notwendig – auch wenn sie nicht mit unseren wahren Gefühlen übereinstimmt. Auf dem Weg vom Wunsch zur Wirklichkeit ist das So-tun-als-ob eine unerlässliche Übung. Sie entwickeln sich dadurch nach und nach zum Profi und Experten auf Ihrem Gebiet – und dann, aber erst dann, müssen Sie auch nicht mehr so tun, als ob. Sie sind der geworden, den Sie vorher nur gespielt haben. Sie sind im Sein angekommen.

Hindernisse

Wenn Sie das für Sie passende Bild von Ihrem Horizont entwickelt haben und dann mit der Umsetzung loslegen, in den Tälern der Tränen die Zähne zusammenbeißen und so tun, als ob Sie schon der Vollprofi wären, dann erzeugt das eine Dynamik, mit der Sie Ihr Leben oder Ihren Berufsweg umkrempeln können. Was soll Sie jetzt noch auf dem Weg zu Ihrem Horizont aufhalten?

Nun, zum Beispiel Ihre Psyche. Der Satz »Du schaffst alles! Du musst es nur wollen!« ist gefährlicher Blödsinn. Versuchen Sie es doch einmal: Gehen Sie auf ein Hochhausdach, reden Sie sich tüchtig ein, dass Sie fliegen können – und springen Sie. Das tut weh. Und doch gibt es immer wieder Erfolgsliteratur, die dem Leser genau das einreden will. Glaube daran und es wird wahr. Was für ein Unsinn! Aber es trifft das Bedürfnis des Menschen, der an sich ein richtiges Faultier ist und am liebsten eine gesuchte Lösung auf Knopfdruck präsentiert bekommt. Wie im Film *Matrix*: Software ins Gehirn einspielen und schon kämpfen können wie Bruce Lee. So weit sind wir trotz aller Digitalisierung dann doch noch nicht.

Aus meiner Sicht können Sie alles schaffen, wenn zwei Bedingungen erfüllt sind. Erstens: Sie haben das grundsätzliche Talent in sich und wollen es entwickeln. Zweitens: Sie fordern sich bis an Ihre Grenzen und arbeiten hart, um es auch zur Entfaltung zu bringen.

Die mentale Sphäre halte ich für eine der größten Herausforderungen auf dem Weg in Richtung Horizont. Wenn ich in meinem Beruf mit Kunden über notwendige Veränderungen spreche, höre ich oft: »Ich will …, aber das geht nicht, weil …« Es folgt eine Auflistung von Gründen, die sich persönlich anhören, genau betrachtet jedoch immer gleich sind und einen Käfig bilden, in den diese Menschen sich selbst eingesperrt haben. Im Laufe der Zeit wurde mir klar: Dieser Käfig ist gar kein Käfig. Er besteht nämlich aus nur zwei Gitterstäben: aus mangelndem Selbstbewusstsein und aus Angst. Diese beiden Befindlichkeiten hängen stark miteinander zusammen, sie bedingen sich gegenseitig. Das mangelnde Selbst-

Mangelndes Selbstbewusstsein erzeugt Angst.

bewusstsein erzeugt Angst. Und die Angst wiederum nagt am Selbstbewusstsein.

Diese zwei Gitterstäbe sind in der Lage, aus dem Leben eine Tragödie zu machen. Dabei ist dazwischen unendlich viel Platz zum Entkommen.

Während eines Urlaubs in Frankreich beobachtete ich Fischer, wie sie ihren Fang an Land brachten. Darunter befanden sich Krabben, die in flachen, offenen Kisten lagen. Keine von ihnen krabbelte über den Rand. Ich fragte einen Fischer, warum die so brav in der offenen Kiste blieben. Er erklärte mir, die unteren würden sich an die oberen klammern. Das fand ich sehr drastisch: Die unteren Krabben, die nicht wegkrabbeln konnten, hinderten auch die oberen daran, es zu tun. Nach dem Motto: Wir kommen hier nicht weg, und deshalb sorgen wir dafür, dass auch ihr schön hierbleibt.

Mit der Angst sieht es ähnlich aus. Denn auch sie kann Sie festhalten. In einem früheren Kapitel habe ich schon darüber gesprochen, wie wir durch unsere Ängste lieber in bekanntem Unglück versumpfen, als ins unbekannte Glück aufzubrechen. Die Angst kann nichts dafür. Sie ist nur ein Instinkt. Und sie reagiert wie ein Instinkt – ohne dass der Verstand eingeschaltet wird, dafür aber sofort. Ihren Instinkten sollten Sie deswegen nur trauen, wenn Sie in tatsächliche (Lebens-)Gefahr geraten.

Instinkt als Lebensretter

Als ich einmal eine Zeit lang in New York arbeitete, stieg ich eines Tages einige Stationen früher aus der U-Bahn als sonst. Ich wollte die Stadt erkunden. Als ich die Rolltreppen hinter mir hatte und auf die Straße trat, fiel mir auf, dass irgendetwas anders war als gewohnt. Mehr Müll auf den Straßen. Kaputte Fenster. Meine Hautfarbe war die einzige helle. Mein Körper reagierte. Adrenalin ins Blut, Puls in die Höhe. Aber ich dachte mir: »Entspann dich. Du bist in New York. Und New York ist doch sicher geworden.« Doch mein Instinkt war klüger. Kurze Zeit später hatte ich die Aufmerksamkeit einer fünfköpfigen Gang gewonnen. Im nächsten Augenblick kam etwas angeflogen. Eine Glasflasche verfehlte nur knapp meinen Kopf und zerschellte auf dem Boden. Ich hatte die Lektion verstanden:

Wenn du in Lebensgefahr bist, trau deinem Instinkt namens Angst und hau ab, erst recht, wenn von der Alternative – dem Angriff – dringend abzuraten ist. Zum Glück kam gerade ein freies Taxi und ich machte mich aus dem Staub.

Wenn jedoch keine (Lebens-)Gefahr droht und Sie dennoch auf Ihre Angst hören, zahlen Sie einen hohen Preis. Die Angst hindert Sie dann daran, Ihre Stärke zu spüren. Sie schrecken vor Ihrem eigenen Potenzial zurück und handeln meist nicht klug – und erst recht nicht souverän.

Wir müssen also lernen, zu erkennen, ob die Angst in uns angemessen und hilfreich oder ob sie fehl am Platz ist. In letztem Fall gilt ein Satz, den in meiner Schulzeit einmal jemand zu mir gesagt hat: »Der einzige Weg, die Angst in den Griff zu bekommen, ist: durch sie hindurchzugehen.« Diese Worte haben sich bei mir eingebrannt. Und jeder Tag, den ich älter werde, zeigt mir, wie zutreffend sie sind. Wir müssen Angst nicht bekämpfen. Wir müssen nur mutig sein und trotz der Angst einfach weitermachen.

Das habe ich einmal als eine Art Experiment bewusst ausprobiert. Vor meiner ersten Operation im Kampf gegen den Krebs hatte ich unendlich viel Schiss. Am Morgen kam die Schwester ins Zimmer und brachte mir eine Tablette, die für einen entspannten Dämmerzustand vor der Narkose sorgen sollte. Ich entschied mich, sie nicht zu nehmen. Ich wollte meine Angst nicht runterschlucken, sondern mich ihr stellen. Im Vorraum des Operationssaals dösten die Patienten vor sich hin, bekamen nichts mehr richtig mit. Ich aber war hellwach. Fokussierte, was gleich passieren würde. Fühlte in mich hinein. Und plötzlich spürte ich eine enorme Energie in mir. Der Gedanke, leben zu wollen, füllte mich vollkommen aus. Für mich hatte er mehr Wirkung als jede Stilllegung durch eine Tablette. Ich redete mir ein, ich sei ganz cool und entspannt. Das sagte ich auch dem Narkosearzt, als er mich fragte, warum ich die Tablette nicht genommen hätte. Er erwiderte mit einem Schmunzeln: »Na ja, Ihr Puls zeigt aber etwas anderes als Entspannung!«

Natürlich war die Angst da. Doch ich konnte von ihr profitieren, da ich sie für mich instrumentalisiert hatte. Sie konnte mir etwas klarmachen, was ich vorher gar nicht registriert hatte, und somit einen Gewinn für meinen Weg in die richtige Richtung darstellen. Da ich dem Angstimpuls widerstanden und auf die Benebelungstablette verzichtet hatte, konnte ich die Zeit unmittelbar vor der Operation bewusst erleben. Wie die Patienten der Reihe nach in die Operationssäle geschoben wurden. Wie schließlich ich an der Reihe war. Die erstaunten Gesichter, dass ich die Tablette nicht genommen hatte. Das Gemurmel im Operationsteam. Die Kälte der EKG-Elektroden, als sie auf meinen Brustkorb geklebt wurden. Wie mir ein Zugang in die Armvene gelegt wurde. All das wollte ich spüren. Warum, weiß ich nicht. Ich erinnere mich jedoch an eine Stimme in meinem Kopf, die mir immer wieder sagte: »Du wirst das hier schaffen.« So stellte ich mich bewusst diesem Kampf um mein Leben. Das allein gab mir Kraft und Zuversicht. Angst ist ein Helfer, wenn Sie sie bewusst einsetzen und sich nicht von ihr lähmen und manipulieren lassen.

Ich habe viele Bücher über Ängste gelesen und mit zahlreichen Menschen darüber sprechen können. Auch Menschen in hohen Positionen haben – natürlich nur unter vier Augen und nicht fürs Protokoll – Angst zugegeben. Sie nennen sie nur anders: Respekt vor der Situation.

Mut heißt, trotz Angst weiterzumachen.

Man kann sich im Kampf gegen die Angst völlig verrückt machen, so viele Ratgebertipps gibt es. Dabei ist meiner Erfahrung nach der beste Weg der einfachste: Sie brauchen einen Horizont, der Ihnen sagt, wohin Sie wollen, und Ihnen Gründe liefert, das zu tun, was Ihnen jetzt weiterhelfen wird: nämlich Schritt für Schritt einfach weiterzugehen. In Richtung Ihres Horizontes. Mut heißt, trotz der Angst weiterzumachen. Lassen Sie sich von Ihrer Angst nicht ins Tal der Tränen locken. Lassen Sie sich nicht dazu verleiten, aufzugeben. Oder vielleicht gar nicht erst anzufangen. Es geht auch hier um die Frage, ob Sie der Spielstein sind, den die Angst für ihre Zwecke herumschiebt. Oder ob Sie der Spieler sind, der selbst schiebt. Sie können die Angst nämlich auch als wertvollen Helfer einsetzen. Wenn Sie sich von der Angst lähmen lassen und in pessimistische Gedanken versinken, werden Sie nichts bewegen können. Sie könnten alternativ positiv denken und sich naiv einreden, dass alles gut wird. Doch auch das ist nicht so klug. Wirklich hilfreich ist, wenn Sie beides kombinieren. Nutzen Sie die positiven Gedanken, und setzen Sie die Angst gezielt ein, um die Situation realistischer einschätzen zu können. Unter Anspannung und mit einem gewissen Respekt werden Sie die zu lösende Aufgabe nicht auf die leichte Schulter nehmen. Wohldosierte Angst hält Sie wach, agil und stärkt Sie. So finden Sie dann auch zu einer sinnvollen Lösung.

Wenn Sie sich als Spieler begreifen, der Herr über die Vorgänge auf dem Spielbrett seines Lebens ist, dann sind Sie nicht mehr so leicht manipulierbar. Nicht von anderen, aber vor allem auch nicht von Ihren eigenen Emotionen. Es gibt ja nicht nur die Angst, die Sie manipulieren will, sondern es tummeln sich auch andere Emotionen in Ihnen, die untereinander Kämpfe auf Ihrem Spielbrett austragen.

Als Spieler sind Sie nicht so leicht manipulierbar.

Auf dem Weg zum Erreichen Ihres Horizonts tragen Sie grundsätzlich zwei Stimmen in sich. Auf der einen Seite das Engelchen, das Ihnen Entschlossenheit, Zuversicht, Mut – kurz alles, was Sie motiviert und durchhalten lässt – verleiht. Auf der anderen Seite ist das Teufelchen mit seinen zerstörerischen Anmerkungen und Kommentaren, das Sie unbedingt am Erreichen Ihres Ziels hindern will.

Kinder fallen nicht vom Himmel

Ich begegne einem Bekannten, den ich jahrelang nicht gesehen habe. Er erzählt mir, wie es ihm in den letzten Jahren ergangen ist.

Verheiratet ist er, schon lange. Seine Frau und er haben eine glänzende Karriere hingelegt. Ich freue mich für ihn, aber er fügt traurig hinzu: »Nur leider haben wir keine Kinder.«

Ich weiß nicht so recht, wie ich darauf reagieren soll. Ich versuche es ganz locker: »Nicht gekonnt oder nicht gewollt?«

»Beides«, sagt er. »Erst stand unsere Karriere im Fokus: Kinder später. Als wir dann beruflich so weit waren, haben wir losgelegt. Dachten, dass es einfach ›zack‹ klappt. Aber es hat nicht geklappt. Wir haben alles versucht. Nichts hat funktioniert.«

»Hm«, fällt mir dazu nur ein.
»Jetzt haben wir aufgegeben. Wir sind jetzt über vierzig. Zu alt für Kinder. Die Ärzte machen uns keine Hoffnung mehr. Der Zug ist für uns abgefahren.«
Seine Worte machen mich betroffen. Dann sagt er noch: »Ich kann nur jedem raten, nicht zu warten. Wer Kinder haben will, muss das Thema angehen. Sofort. Egal, in welcher Lebenssituation er steckt. Sonst ist es irgendwann zu spät.«

Das Hin und Her zwischen Wollen und Noch-nicht-Wollen, der Kampf zwischen Engelchen und Teufelchen führt zu einem fürchterlichen Lebensgefühl. Man steht auf Gas und Bremse gleichzeitig. Das würden Sie Ihrem Auto doch auch nicht antun, oder? Also entscheiden Sie sich und geben Sie dann Gas! Den Kinderwunsch einfach zu Ihrem Horizont zu zählen, reicht nicht. Wer Kinder haben will, muss zur Tat schreiten. Wenn das Kind da ist, wird es schon Möglichkeiten geben, das Leben entsprechend einzurichten und zu organisieren.

Ich habe damals nicht weiter nachgefragt. Aber Sie können sich vorstellen, welche Gründe mein Bekannter vermutlich aufgezählt hätte: zu viel Arbeit, zu viele Verpflichtungen, zu wenig Zeit und so fort. Das Teufelchen verfügt über einen unendlichen Katalog an Argumenten, die letztendlich zu einer weiteren Virusinfektion führen: zur Verschieberitis.

Wie sieht es mit Ihren Wünschen, Zielen und Träumen aus? Auch Sie finden bestimmt problemlos viele Gründe, warum Sie jetzt, in diesem Moment, nicht loslegen können / wollen / sollen, um sie zu realisieren: zu wenig Geld, zu sehr im Stress, zu intensiv durch Ihre Kinder eingespannt, erst noch ein Projekt beenden, warten, bis die richtige Karriereposition erreicht ist, zu alt, zu jung. Vielleicht verweisen Sie aber auch auf Fehler, die Sie in einer bestimmten Lebensphase gemacht haben. Zum Beispiel die vergeigte Schule, sodass Sie keine Möglichkeit für eine Ausbildung und ein Studium hatten. Inzwischen fühlen Sie sich zu alt, um noch etwas zu reißen oder gar der einzige Ü40-Student zu werden. Sie müssen

Es liegt in Ihren Händen, Ihre Zukunft zu gestalten.

sich halt Ihrem Schicksal ergeben ... Verzeihung, das ist Blabla! Die Welt ist nicht vorherbestimmt. Es liegt in Ihren Händen, Ihre Zukunft zu gestalten!

Die Symptomatik der Verschieberitis ist breit gefächert und hört sich stets plausibel an. Doch im Grunde handelt es sich um Bedingungen, die *Sie* stellen. Wer sagt denn, dass man mit vierzig nicht mehr studieren kann? Oder dass man mit Kindern keine schönen Urlaube machen kann? Oder dass man mit fünfundvierzig keinen Tanzkurs buchen kann und auch mit Englisch nicht mehr anzufangen braucht? Wenn Sie auf die Stimme des Teufelchens hören, entscheiden Sie sich dafür, dem Thema – Ihrem Thema – auszuweichen. Machen Sie sich das klar. Sie selbst sind es, der blockiert – nicht das Leben, die anderen oder die Umstände. Sie selbst stellen die Bedingungen, die alle eines gemeinsam haben: Es sind Ausreden. Der Moment wird kommen, in dem die Würfel fallen und das Spiel des Lebens den letzten Zug mit Ihnen als Figur macht. Viel zu oft kommt dann die große Reue, das Bedauern und nicht selten auch eine Wut auf das böse, böse Leben. Doch »das böse Leben« hat Ihr Leben nicht geführt, das waren Sie selbst. Lassen Sie sich deshalb von der Verschieberitis nicht infizieren. Stärken Sie das Engelchen in sich! Es bewahrt Sie vor dieser üblen Krankhcit, die Ihre Anstrengungen, den eigenen Weg zu gehen, mithilfe einer vorgeblich unschlagbaren Logik im Keim erstickt.

Der harte Weg

So viele Bücher versprechen Ihnen einen leichten Weg zum Ziel – egal, um welches Ziel es geht. »Alles ganz easy«, lautet ihre Botschaft. Das ist eine Lüge. Richtig ist, dass sich diese Bücher gut verkaufen, denn jeder möchte es möglichst leicht haben und sucht dafür den ultimativen Geheimtipp. Anstrengung wollen wir, wenn es geht, vermeiden – es ist doch alles schon anstrengend genug.

Wozu auch sich anstrengen, wenn bereits zwei Autos in der Garage stehen, drei Urlaube fürs Jahr geplant sind, um 17 Uhr der

Feierabend ruft, zahlreiche Feiertage mit Brückentagen das Leben versüßen, im Supermarkt alles nur einen Griff entfernt ist, im Krankheitsfall der Lohn fortgezahlt wird, also alles paletti und die Rente sicher ist?

Im Grunde wäre es schön, wenn man ein solches Leben als Glück empfinden könnte und sich dieses Glücks auch bewusst wäre. Doch erfahrungsgemäß gibt es kein Leben, das von Anfang bis Ende ruhig, sicher und glücklich verläuft. Unser Leben ist immer bedroht, vom ersten Atemzug an. Zum Leben gehört der Tod. Zum Glück gehört Unglück. Hell und dunkel, gut und böse. In unserem fortschrittlichen Leben, in dem Technik uns einen hohen Komfort ermöglicht, verlieren wir leicht den Blick für die Härte des Lebens. Erst wenn diese zuschlägt, bekommen wir wieder die nötige Erdung. Die zunehmende Bedrohung durch Attentate ist ein gutes Beispiel dafür. Wenn Anschläge stattfinden, wie zum Beispiel im Dezember 2016 in Berlin, sehen wir plötzlich Risse in unserem kleinen, angeblich gesicherten Paradies. Jeder von uns kann zum falschen Zeitpunkt am falschen Ort sein und sein Leben von jetzt auf gleich verlieren.

Unsere Zivilisation ist ein Konstrukt von Absprachen und allgemein anerkannten Wertvorstellungen, das die Bedrohungen des Lebens weitgehend auszuschalten versucht. Nicht zuletzt ist das ein entscheidender Unterschied zum Tierreich. Da herrschen die Gesetze des Überlebenskampfs. Und jedes wilde Tier steht tagtäglich vor der Aufgabe, den Tag zu überleben. Fressen oder gefressen werden.

In einigen Teilen der Welt müssen auch die Menschen jeden Tag um ihr Überleben kämpfen. Krieg, Hunger, Krankheit sind für viele so real wie für Sie Ihr Smartphone und das Feierabendbier. Für diese Menschen stellt sich nicht die Frage nach einem Lebenskonzept, das sie zu ihrem persönlichen Glück führt. Da geht es um rein existenzielle Herausforderungen: Woher bekomme ich etwas zu essen? Wie schütze ich mich vor den Bombenangriffen? Wo finde ich einen Arzt, der mir helfen kann, damit mein Kind nicht an einer Grippe stirbt? All das haben wir in Europa glücklicherweise weitgehend hinter uns gelassen. Der Schluss jedoch, unser Leben, Ihr Leben sei frei von Härte, ist falsch.

In Ihrem Leben herrscht eine andere Art von Härte. Das Erreichen Ihrer Ziele ist mühsam, sie bekommen dabei nichts geschenkt. Entsprechend sind Sie gefordert, Disziplin und Konsequenz – auch eine Form von Härte – gegen sich selbst an den Tag zu legen. Manchmal gibt es zwar Abkürzungen, die weniger mühsam sind, aber letztendlich führen sie immer wieder zurück auf den steinigen Weg.

> **Die Kunst ist es, nicht aufzugeben und nicht im Tal der Tränen sitzen zu bleiben.**

Konsequenz und Disziplin aufzubringen ist nicht einfach. Sie wissen, warum: das Tal der Tränen, die mentalen Viren, der Alltagstornado und Ihr Selbstbild sind die Feinde auf dem Weg zum Erfolg. Die Kunst ist es, nicht aufzugeben und nicht im Tal der Tränen stecken zu bleiben. Ich wollte damals meine Angst vor der Operation nicht runterschlucken, sondern mich ihr stellen. Doch um die nötige Konsequenz und Disziplin dazu aufzubringen, musste ich eine starke Motivation finden. »Lebenwollen« war stark genug!

Eine starke Motivation ist das, was Ihnen durch die Angst hindurchhilft. Sie müssen etwas wirklich wollen. »Ich möchte« reicht nicht aus. Dann fehlt Ihnen die Bereitschaft, den Preis dafür zu zahlen.

Druck am Markt

Als ich vor einigen Jahren begann, neben meiner Beratertätigkeit Vorträge zu halten, fand ich schnell Geschmack daran. Doch die zusätzlichen Aufgaben, wie Buchungen, Reiseplanung, Abstimmung mit Auftraggebern, wuchsen mir über den Kopf. Obwohl ich eigentlich keine Angestellten mehr haben wollte, brauchte ich jemanden, der sich darum kümmerte. Also traf ich mich mit Marco, einem Bekannten aus alten Zeiten, der aktuell unglücklich mit seinem Job war.

Bei einem Abendessen fragte ich ihn: »Ich will zu den Topvortragsrednern in Deutschland zählen. Was ist wohl die beste Strategie, um das zu schaffen? Derzeit bin ich als Redner einfach noch zu unbekannt.«

Marco überlegte nicht eine Sekunde: »TAM.«

*Ich hatte ihn als absolutes Vertriebsass kennengelernt. Umso faszinierender seine Erläuterung, die er nachschob: »**T**ägliche **A**rbeits-*

*M*ethodik. *Einfach kontinuierlich Druck am Markt machen. Ich rufe jeden Tag 16 potenzielle Interessenten für dich an. Plus Wiedervorlagen. Fünf Tage in der Woche, komme, was wolle. So mache ich dir im Jahr rund 1000 Kontakte zu Personen, die dich bisher noch nicht kennen und das Potenzial haben, Kunden zu werden.«*
Wow, denke ich. Das ist mein Mann! Zielstrebig. Konsequent. So wird das klappen. Und ich bot ihm einen Job an.

Nur mit solcher Konsequenz und Disziplin, also einer gewissen Härte gegenüber sich selbst, rückt ein abstraktes, großes Ziel konkret in greifbare Nähe. Es ist die Kunst, die Umsetzung eines Vorhabens strikt nach Plan durchzuziehen, auch wenn man nicht jeden Tag gleich gut drauf ist. Ich glaubte an Marco, an seine Haltung und seine Disziplin. Ich glaubte an TAM. Und ich gab ihm Freiraum, den er nutzte. Er zog es durch: Nach nur zwei Jahren war ein erheblicher Anteil meines Umsatzes durch Vorträge generiert. Der Druck, den er konsequent am Markt machte, trug Früchte.

Wie konsequent sind Sie? Präziser gefragt: Wer übernimmt die Verantwortung für die Erreichung Ihrer Ziele? Stellen Sie sich vor, Sie wollen beruflich eine Führungsposition anstreben. Dazu brauchen Sie eine Fortbildung, die Sie deutlich nach vorne bringt. Ihr Chef will Ihnen die Fortbildung jedoch nicht bezahlen. Wie entscheiden Sie? Lassen Sie die Beförderung sein, weil Sie die Seminare nicht bezahlt bekommen? Oder übernehmen Sie Verantwortung für Ihr Leben, investieren Ihr eigenes, privates Geld für die Kurse und schaffen sich selbst die Voraussetzungen für den Aufstieg?

Wer übernimmt die Verantwortung für die Erreichung Ihrer Ziele?

Anderes Beispiel: Sie arbeiten als Verkäufer in einem Unternehmen und ertrinken im Tagesgeschäft. Zu viele Routinearbeiten stehlen Ihnen die Zeit. Lösung: Sie brauchen eine Assistentin, um als Verkäufer mehr Abschlüsse zu generieren. Ihr Chef sagt: »Nö. Assistentin gibt's nicht.« Wie entscheiden Sie? Jammern Sie herum und richten Sie sich bequem in der Opferrolle ein? Oder übernehmen Sie Verantwortung für Ihren Erfolg und stellen auf eigene Kosten jemanden ein?

Schauen wir ins Privatleben: Nach einigen gescheiterten Beziehungen haben Sie einen neuen Lebensabschnittsgefährten gefunden. Dieser Abschnitt soll nun endlich bis ans Lebensende dauern. Kaufen Sie sich ein Buch, um noch während der Rosaroten-Brillen-Zeit zu lernen, was eine langfristig glückliche Beziehung ausmacht? Investieren Sie vielleicht in eine Paartherapie, obwohl es noch gar nicht gekriselt hat? Oder warten Sie bis zum ersten Tal der Tränen und springen dann zum nächsten Partner? Nach dem Motto: War doch der Falsche!

Wie sieht es bei Ihrer Gesundheit aus? Ihr Arzt empfiehlt Ihnen eine bestimmte Therapie, die jedoch nicht von der Krankenkasse bezahlt wird. Zu innovativ. Doch dafür mit herausragender Erfolgsbilanz. Investieren Sie in sich und Ihre Gesundheit? Oder warten Sie, bis Ihre Krankenkasse die Methode in den Gebührenkatalog aufnimmt, und machen bis dahin – nichts?

Kurz gesagt: Überlassen Sie sich Ihrem Schicksal und den äußeren Umständen – oder nehmen Sie Ihre Zukunft selbst in die Hand? Spielstein oder Spieler? Wünschen reicht an dieser Stelle nicht. Denn wenn Sie sich etwas wünschen, ist das nur eine vage Idee, doch wenn es konkret wird, werden Sie keinen Einsatz zeigen. Sie müssen es wirklich wollen. Denn wenn Sie etwas wirklich wollen, dann sind Sie auch bereit, den Preis dafür zu zahlen und die notwendigen Anstrengungen auf sich zu nehmen, wenn es darauf ankommt. Hauptsache, es bringt Sie Ihrem Horizont ein Stück näher!

Zur nötigen Härte auf dem Weg zum Ziel gehört es auch, Nein sagen zu können. Nicht jeder Rat von Experten muss auch für Ihre persönliche Situation gültig sein. Die Kunst ist es, Empfehlungen genau zu prüfen und zu überlegen, ob sie für Sie wirklich passen. Manchmal macht es Sinn, Ratschläge und Vorschläge abzulehnen.

Manchmal macht es Sinn, Ratschläge und Vorschläge abzulehnen.

Zweite Meinung

Nach meiner ersten Operation muss ich mich zweimal einer Therapie mit radioaktivem Jod unterziehen. Ich werde in ein Quarantänezimmer gesteckt. Hinter einer Sicherheitsmauer wird mir eine radioaktive

Pille gereicht. Absurdes Gefühl, sich so etwas einzuwerfen! Sie verursacht immense Schmerzen. Und ich muss aufpassen, dass mir die Strahlung nicht die Speicheldrüsen zerstört. Nach der zweiten Therapie erwarte ich die Erfolgsmeldung. Der Arzt hat jedoch keine guten Nachrichten: »Der Tumormarker ist immer noch nicht bei null. Wir empfehlen Ihnen eine dritte Therapie. Diesmal mit vierfacher Dosis.«
Ich bin wie vor den Kopf gestoßen und mehr oder minder sprachlos. In mir regt sich jedoch eine Ahnung, dass diese empfohlene Dröhnung keinen Sinn macht. Inzwischen weiß ich, dass dies die Art ist, wie sich meine innere Stimme bemerkbar macht. Und dass es gut ist, dieser Ahnung zu folgen. Ich konsultiere einen zweiten Arzt. Professor Dietlein von der Uniklinik Köln ist mein Glücksengel. Er bestärkt mich in meinem Zweifel: »Mit der Strahlentherapie schießen wir auf einen Wald ohne Schädling. Ich kann kein Gewebe entdecken, das auf das radioaktive Jod reagieren würde.« Er untersucht mich noch einmal sehr gründlich. Dabei entdeckt er ein kleines auffälliges Gewebeareal, und zwar nicht dort, wo die anderen Ärzte etwas vermutet hatten, sondern auf der anderen Seite des Halses. Und dieses Areal, so stellt er unmissverständlich klar, muss sofort operativ entfernt werden.

Von dem ersten Arzt habe ich mich im Streit getrennt. Meine Weigerung, meinem Körper die empfohlene radioaktive Strahlendosis verpassen zu lassen, empfand er als Angriff auf seine Kompetenz. Gern wäre ich bei ihm geblieben. Die ganze Situation war kompliziert genug. Nun das Vertrauen zu einem neuen Spezialisten aufzubauen, fiel mir nicht leicht. Letztendlich habe ich mir mit meiner Weigerung jedoch eine Menge unangenehmer Nebenwirkungen erspart und mit dem Nein die Entdeckung des verbliebenen Tumorrestes ermöglicht.

Ein Nein kann auch auf Ihrem Weg in Richtung Horizont sinnvoll oder sogar notwendig sein. Einzelne Entscheidungen konzentriert zu durchdenken und zu hinterfragen ist wichtig. Wenn Sie sich für ein Nein entscheiden, bleiben Sie danach auch konsequent und machen Sie den Mund auf. Ohne Angst vor den Folgen. Fürchten Sie sich stattdessen lieber vor den Nebenwirkungen, die auftreten, wenn Sie gegen Ihre innere Überzeugung handeln. Mit einem entschiedenen Nein knallen Sie zwar unter Umständen eine Tür zu, dafür öffnet sich aber eine andere, die ungeahnte Lösungen für Sie präsent hält und Ihnen auf Ihrem Weg weiterhilft.

Neinsagen bedeutet, dass Sie sich gegen Möglichkeiten entscheiden. Dass Sie bewusst Dinge nicht tun, Wege nicht beschreiten, Kämpfe nicht kämpfen. Denn es ist wichtig, dass Sie Ihre Kräfte bündeln. Egal, was passiert, stellen Sie sicher, dass Sie sich nur auf eine einzige Schlacht konzentrieren, die Sie unbedingt gewinnen wollen.

Sicherlich fragen Sie sich manchmal, wie es die Supererfolgreichen so weit haben bringen können. Verstecken sie ein Geheimrezept? Haben sie einfach nur unverschämtes Glück? Sicher, Glück gehört zum Erfolg und auch Sie brauchen davon eine gute Portion. Doch hinter großem Erfolg stecken immer Talent, Wille und eine starke Arbeitshaltung. Wie beim mehrfachen Fußballer des Jahres, Cristiano Ronaldo. Wenn es in Strömen regnet und die anderen Schutz im Trockenen suchen, ist er immer noch auf dem Platz und arbeitet an seiner Technik. Er liebt den Fußball – und er liebt es, Ronaldo zu sein. Er fokussiert sich auf Fußball. Und nicht nur das: Er will der beste Fußballer aller Zeiten sein. Und tatsächlich ist er wohl der beste Fußballer auf diesem Planeten. Er fokussiert sich auf sein großes Thema. Und sagt zu anderen guten Ideen, mit denen er jeden Tag konfrontiert wird, konsequent: Nein!

Hinter großem Erfolg stecken immer Talent, Wille und eine starke Arbeitshaltung.

Dies scheint eine kluge Strategie zu sein: Statt sich auf unzähligen interessanten Gebieten zu verzetteln, konzentriert man sich auf das Wesentliche, das für den Erfolg unerlässlich ist. Wenn Sie zum Beispiel Karriere machen wollen in Ihrer Firma, dann gibt es die verschiedensten Felder, auf denen Sie sich theoretisch bewähren könnten: das Projekt A, das Projekt B, die neue Produktentwicklung, Ausschuss X und Präsentation Y. Müssen Sie wirklich bei jedem Projekt oder Meeting dabei sein? Wo lohnt es sich tatsächlich, sich Gehör zu verschaffen?

Wenn Sie auf vielen Nebenschauplätzen Ihr Pulver schon verschossen haben, dann stehen für die wichtigen Auseinandersetzungen weder Ihre volle Energie noch Zeit noch Ressourcen zur Verfügung.

Das gilt nicht nur im beruflichen Umfeld. Nehmen wir das Thema Glück in der Ehe – das ist für mich wie für viele andere ein erstrebens- und erhaltenswerter Zustand. Früher habe ich mich oft auf unbedeutende Nebensächlichkeiten gestürzt und versucht, in Gesprächen immer recht zu haben. Einmal erzählte meine Frau zum Beispiel bei einem Essen mit Freunden eine Geschichte. Ein kleines Detail stimmte nicht, sie hatte eine Stadt falsch benannt. Weil ich wusste, dass der Name nicht korrekt war, musste ich das unbedingt korrigieren. Dabei war es völlig unerheblich, in welcher Stadt die Geschichte spielte. Also lernte ich – und lerne ich immer noch –, den Zeitpunkt meines Einsatzes sorgfältiger auszuwählen und mir nicht wegen Belanglosigkeiten mit meiner Frau ein Wortduell zu liefern. Es gibt einen feinen Unterschied zwischen dem, was wir tun sollten, und dem, was wir dann tatsächlich tun. Was sollten wir in solchen Situationen tun? Einfach mal die Klappe halten. Was tun wir stattdessen tatsächlich? Wir stürzen uns in viele unnötige Reibereien und Konflikte.

Ein weiteres Beispiel: Sie wollen mit Ihrem Partner abends ausgehen. Kino steht an. Ihr Partner ist für Film A, Sie für Film B. Am Ende geben Sie nach und gehen in Film A. Der Film ist langweilig und schlecht gemacht. Was sollten Sie nach dem Film tun? Klappe halten und das Beste draus machen. Zum Beispiel noch in eine nette Bar einfallen und bei einem Drink den Abend romantisch ausklingen lassen. Was passiert tatsächlich? Sie reiben Ihrem Partner unter die Nase: »Was für ein Scheißfilm! Wären wir mal besser in meinen Film gegangen. Aber du wolltest ja unbedingt …« Ersparen Sie das sich und Ihrem Partner! Choose your battles – wählen Sie Ihre Schlachten!

Wenn Sie sich fürs Kämpfen entschieden haben, dann kämpfen Sie richtig!

Sie sind es, der entscheidet, was wichtig und was unwichtig ist: Wo lohnt es sich zu kämpfen? Steht Ihre Investition im gesunden Verhältnis zum Nutzen, den Sie daraus ziehen? Wenn nein, dann lassen Sie es. Wenn ja und Sie sich fürs Kämpfen entschieden haben, dann kämpfen Sie richtig! Dann bleiben Sie dran, erheben Sie Ihre Stimme und reden Sie Klartext.

Nur die Wirkung zählt

Wie auch immer Ihr Horizont aussieht: Sie können nur dann etwas in Ihrem Leben bewirken, wenn Sie konsequent vorwärtsgehen. Wenn Sie sich auf den Weg machen, eine Vorstellung in Realität zu verwandeln, wenn Sie Hindernisse überwinden und fähig zur Disziplin und Konsequenz im Umgang mit sich und anderen sind. Nur dann bewirken Sie etwas in Ihrem Leben, nur dann bewirken Sie überhaupt etwas und werden nicht mehr von der Wirkung getrieben, die das Handeln Ihrer Mitmenschen auslöst. Wenn Sie Ihrer inneren Stimme folgen und sich in Richtung Horizont aufmachen, ist Wirkung das entscheidende Erfolgskriterium. Jeder Input, jede Aktivität, für die Sie sich entscheiden, macht nur Sinn, wenn am Ende auch ein Output, ein Ergebnis, herauskommt. Nur darauf kommt es an. Das habe ich gleich zu Anfang meiner Beratertätigkeit gelernt. Und zwar von einem Kunden.

Aufs Ergebnis kommt es an
Ich habe einen Termin mit dem Inhaber eines Familienunternehmens. Am Morgen beginnen wir in seinem Büro mit dem intensiven Gespräch, gegen Mittag führt es bereits zum Entwurf einer geeigneten Strategie.
»Jetzt lade ich Sie zum Mittagessen ein«, sagt der Unternehmer.
Er wirkt gelassen, ja, zufrieden, während wir in netter Atmosphäre speisen. Auf dem Parkplatz des Restaurants meint er dann: »Ich danke Ihnen. Ich weiß jetzt, was zu tun ist, und will mich gleich dranmachen.«
»Aber Sie haben mich doch den ganzen Tag gebucht«, erwidere ich.
Darauf er mit väterlichem Blick: »Herr Holzer, ich bezahle Sie für das Ergebnis, nicht für Ihre Zeit.«
Er wünscht mir noch einen schönen Nachmittag und braust davon.

Damals berechnete ich meinen Kunden noch Tagessätze. Diese Äußerung meines Kunden brachte mich in eine Zwickmühle: Sollte ich ihm nun den ganzen Tag in Rechnung stellen, obwohl wir nur den halben gebraucht hatten? Wirkte das unverschämt? Würde ich ihn dann als Kunden verlieren? Ich sprach mit meiner Frau darüber, die es ähnlich sah wie der Unternehmer selbst: Was zählte, war das Ergebnis. Und das kam in diesem Fall halt schneller als erwartet. Also schickte ich ihm die Rechnung über das volle Tageshonorar. Er bezahlte sie anstandslos und blieb mir über Jahre hinweg als Kunde treu. Für mich war das einer der entscheidenden Wendepunkte in meiner Beratertätigkeit. Fortan gab es für mich keine Tagessätze mehr, sondern nur noch das Honorar, das sich am Nutzen meiner Arbeit orientiert. In meinen Angeboten stehen nicht mehr soundso viele Tage, noch nicht einmal Details zur Methodik. Lediglich das Ziel und Messgrößen, an denen wir die Zielerreichung überprüfen, halte ich schriftlich fest. Dazu kommt eine Schätzung über die voraussichtliche Projektdauer, die ich gemeinsam mit dem Kunden abgestimmt habe. Unterm Strich gibt es einen Festpreis. Wenn die geschätzte Projektdauer beispielsweise bei acht Monaten liegt, wir aber die Erfolgskriterien bereits nach fünf Monaten erfüllt haben, ist das Projekt für mich beendet. Das Honorar bleibt jedoch unverändert.

Es geht also allein darum, durch Handeln die erwünschte Wirkung zu erzielen und Ihren Wunsch Wahrheit werden zu lassen. Das wird immer leichter. Ihr Handeln wirkt zunehmend überzeugend und gestattet es Ihnen, Ihre Ziele in vollem Umfang durchzusetzen. Ihre Zweifel und Ihre Unsicherheit lösen sich plötzlich in Luft auf und stören nicht mehr Ihr entschlossenes Handeln. Das ist der Moment, in dem Ihre innere Stimme für andere hörbar wird. Wo das, was Sie innerlich vorhatten, mit einem Mal Wirklichkeit ist und Sie in der Lage sind, es nach außen zu tragen: deutlich zu sagen, wer Sie jetzt sind, wohin Sie wollen und was Sie zu tun gedenken.

Nachdem ich aus der Finanzwelt ausgestiegen war und mich beruflich neu suchte, stand ich zunächst lange im Tal der Tränen. Doch am Ende des Tals habe ich meinen Weg gefunden. Als Berater, mit Vorträgen und mit diesem Buch, also mit der Kraft meiner Stimme und meiner Worte, will ich etwas bewirken. Als ich erstmals mit dem Gedanken spielte, selbst ein Buch zu schreiben, ging ich auf die Buchmesse in Frankfurt. Ich war erschlagen von der Menge der Neuerscheinungen. Mein spontaner Eindruck war, dass alles, was jemals geschrieben werden kann, bereits geschrieben und sogar veröffentlicht ist. Es war ein hartes Stück Arbeit, mich von dieser Vorstellung wieder zu lösen. Wenn Sie aber das große Vorhaben »eigenes Buch« angehen wollen, brauchen Sie die innere Haltung und den Horizont: »Das, was *ich* schreibe, braucht die Welt.« Wenn Sie diese Einstellung nicht haben, werden Sie Ihr Buch vielleicht nie beginnen und erst recht nicht erfolgreich vollenden.

Schöne Stimme

»Hallo, Arnd«, sage ich.

Die Krokusse tupfen Farbe auf und zwischen die Gräber, die Luft ist erfüllt von Vogelgezwitscher.

»Entschuldige, dass ich so lange nicht mehr da war, aber es hat sich viel getan. Ich habe die Firma verkauft. Ich weiß, dass dir das recht wäre, denn ich habe endlich verstanden, was du damals wirklich gemeint hast. Finanzieller Erfolg an sich war dir gar nicht so wichtig, sondern ich war es, der dir wichtig war. Und du hast mir damals schon vermitteln wollen, dass ich auf meine Stimme hören muss und nicht auf irgendjemand anderen.

Ich bin selbst krank geworden und haarscharf an der Katastrophe vorbeigesegelt. Das hat mich aus meiner beruflichen Sackgasse rauskatapultiert. Ich habe meinen eigenen Horizont gesucht und gefunden und ihn auch im Tal der Tränen nicht aus den Augen verloren. So habe ich einen Großteil meiner Wünsche Wirklichkeit werden lassen. Das war ein harter, aber lohnenswerter Weg.

Wahrscheinlich musste ich das alles erst erfahren. Aber jetzt habe ich's kapiert.

Ich weiß jetzt, wohin mein Leben führt, Arnd.«

Ich hole tief Luft: »Ich habe meine Stimme beinahe verloren, aber sie ist noch immer da. Jetzt werde ich sie verdammt noch mal auch einsetzen und meinen eigenen Weg gehen. Und der Beste werden, der ich sein kann.« Habe ich das jetzt plötzlich etwa laut gesagt? Egal, soll es doch jeder wissen!

Ich fühle mich unendlich befreit.

Leichten Herzens wende ich mich zum Gehen und laufe dabei fast die alte Dame in dem zerbeulten Mantel über den Haufen. ›Oje, jetzt wird sie gleich meckern von wegen Störung der Totenruhe und Rücksichtslosigkeit‹, denke ich.

Stattdessen schaut sie zu mir hoch. »Was haben Sie für eine schöne Stimme.« Sagt es, lächelt und schlurft weiter.

Teil III
GEHÖR FINDEN

8. Abkürzen durch Umwege

Nur ein Cent
Sie treffen im Wald eine Fee, die Ihnen Geld schenken möchte. Sie stellt Sie vor die Alternative: drei Millionen heute in bar in diesem Koffer oder einen Cent, der sich 31 Tage lang jeden Tag verdoppelt.
Drei Millionen Cash – sofort – hört sich deutlich attraktiver an. Am liebsten würden Sie der Fee das gleich zusagen. Aber halt! Wie unattraktiv ist das 1-Cent-Angebot wirklich?
Sie denken nach: Wählen Sie diese unspektakuläre Variante, haben Sie am zweiten Tag zwei Cent, am dritten vier Cent, am fünften 16 Cent, am zehnten Tag fünf Euro. Okay. Klingt noch nicht spannend. Am Tag 29 liegen Sie mit 2,7 Millionen immer noch unter den drei Millionen. Aber jetzt kommt es: Am 30. Tag liegen Sie schon klar darüber. Und am allerletzten Tag katapultiert sie das Verdopplungsprinzip auf unglaubliche zehn Millionen, während Sie beim schnellen Entschluss für den Koffer immer noch auf nur drei Millionen sitzen würden. Falls Sie sie bis dahin nicht schon längst ausgegeben hätten …

Der schnelle Weg zum Glück?

Wenn ich meinen Kunden diese Feengeschichte erzähle, wird der Wert des 1-Cent-Angebotes am Anfang von den wenigsten Menschen gesehen. Denn der Benefit kommt erst spät und ist intuitiv schwer zu erfassen. Wer darüber nachdenkt, kann den Vorteil zwar ausrechnen. Aber die 3-Millionen-Sofort-Variante fühlt sich für die meisten trotzdem besser und sinnvoller an.

Dieses Muster begegnet uns nicht nur in märchenhaften Szenarien, sondern auch im tagtäglichen Leben. Wir unterschätzen oft die scheinbar kleinen Dinge und lassen uns von den vermeintlich großen blenden. Was zum Beispiel wie eine sichere Abkürzung ausschaut, kann sich als böser Umweg entpuppen. Und das, was zuweilen wie ein Umweg wirkt, erweist sich am Ende als geniale Abkürzung.

Jeden Tag gibt es Situationen, in denen wir uns wünschen, es würde schneller gehen. Direkter. Einfacher. Wir suchen Wege, um rascher befördert zu werden, mit weniger Qual auf das Wunschgewicht zu kommen, mit weniger Aufwand eine neue Fähigkeit zu erwerben, mit weniger Einsatz, Wartezeit, Investition und Misserfolgen den Partner fürs Leben zu finden, und so weiter und so fort. Kurz: Wir suchen *die* Abkürzung, die uns ganz schnell nach vorne bringt, sodass wir morgen reich sind, übermorgen mit dem Sixpack am Strand liegen und in zwei Wochen fünf Sprachen beherrschen. Wenn es eine Wunderpille gäbe, die uns unseren Träumen näher bringen würde, dann fände sie vermutlich reißenden Absatz.

Das ist ein sehr menschliches Verhalten, das ich selbst von mir auch nur zu gut kenne. Es ist auch leicht nachvollziehbar, dass Sie sich – nachdem Sie bereits hart daran gearbeitet haben, sich über Ihren Horizont klar zu werden – als Nächstes eine Pause wünschen und damit rechnen, dass es ab jetzt, wo es nur noch um die Umsetzung geht, leichter gehen wird. Gleichzeitig wissen wir beide, Sie und ich, dass Sie sich nicht ganz ohne Anstrengung weiterentwickeln können. Ja, insgeheim wissen wir: Es gibt nur den harten Weg zum Glück!

Es gibt nur den harten Weg zum Glück.

Zu einer Schuftorgie oder einer Zitterpartie muss er aber auch nicht werden. Stures, gedankenloses, rein auf Fleiß basierendes Vorgehen halte ich für nicht ratsam. Das hat etwas vom Input-Virus. Auch muss kein Mensch den kompliziertesten Weg zu seinem Horizont wählen. Was ich Ihnen sagen möchte, ist: Auch wenn der Weg zum persönlichen Horizont hart ist, heißt das nicht, dass es keine Abkürzungen gäbe. Die Kunst liegt nur darin, die wahre Abkürzung von der vermeintlichen zu unterscheiden.

Abkürzungsfalle

Erst letztes Jahr habe ich miterlebt, wie es ist, wenn sich eine vermeintliche Abkürzung nach Jahren als ein schmerzhafter Umweg entpuppt.

Ein Umweg zu viel

Meine Frau und ich waren zum Geburtstagsfest meines Geschäftspartners Yannick eingeladen. Er und seine Gattin Julia feierten gleichzeitig die Einweihung ihres neuen Anwesens, in das sie erst vor Kurzem eingezogen waren. Nachdem ihr Haus, in dem sie vorher zehn Jahre lang gelebt hatten, abbezahlt war, beschlossen sie, noch einmal neu zu bauen. Noch größer. Noch repräsentativer. Sie hatten sich erneut verschuldet, aber das Ergebnis ließ sich sehen. Einen zweistöckigen Prachtbau mit ausgedehntem Garten und Waldstück nannten sie jetzt ihr Eigen.

Während wir Gäste es uns bei Prosecco und Canapés gut gehen ließen, hörten wir auf einmal aufgebrachte Worte aus der Küche. Das Gastgeberpaar stritt sich. Sie verließ wütend die Küche, er dackelte geknickt hinterher. Nach einer kurzen Unterbrechung setzte das Partygemurmel der Gäste wieder ein, und jeder tat, als wäre nichts gewesen.

Später am Abend verriet mir Yannick den Grund für den Streit: Sie wollte unbedingt einen Jaguar fahren. Ihm aber schnürte es angesichts einer weiteren hohen Ausgabe die Kehle zu.

Sechs Monate später kam die Nachricht, dass Julia die Scheidung eingereicht hat. Yannick fühlte sich vollkommen vor den Kopf gestoßen, dass seine Frau sich von ihm trennt, und das, nachdem er doch »alles« für seine Familie getan hatte: 15 Jahre geackert, um die Privatschule für die Kinder, das neue Haus, die Luxusurlaube und all die anderen Ansprüche seiner Frau zu befriedigen. Ohne Punkt und Komma zählte er seine »Leistungen« auf. Bis er plötzlich still wurde. Er schaute kurz ins Leere und sagte dann: »Eigentlich habe ich es tief innen von Anfang an gewusst. Ich hätte Julia nicht heiraten dürfen. Oder zumindest nicht so ohne Weiteres.« Über diese Worte schien er zunächst selbst überrascht. Dann begann er zu erzählen.

Schon beim ersten Mal, als er bei ihr übernachtet hatte, hatte sie ihn mit ihrem Anspruchsdenken schockiert. Morgens hatte er gerade in der Küche Kaffee gemacht, als sie aus dem Bad kam und ihn fragte: »Hast du denn keine Brötchen geholt?« Ihr vorwurfsvoller Ton irritierte ihn sehr, und sein erster Impuls war, nachzufragen, was sie meinte. Aber im gleichen Moment sagte eine andere Stimme in seinem Kopf: »Lass gut sein. Du bist schon dreißig, willst eine Familie gründen, und diese Frau sieht top aus. Willst du das Glück wirklich riskieren, indem du dich an Kleinigkeiten aufhängst und dich mit ihr streitest?« Daraufhin nahm er sie in den Arm, küsste ihren Nacken und machte sich zum Bäcker auf.

»Hätte ich mir damals, nach der Irritation des ersten gemeinsamen Morgens, die Zeit genommen, zu überlegen, ob ich mit diesem übertriebenen Anspruchsdenken klarkomme, hätte ich mir den Umweg der letzten fünfzehn Jahre sparen können«, sagte er zu mir. »Denn das Anspruchsdenken setzt sich bis heute fort.«

Keine Kompromisse am Anfang! Umwege sind im Leben oft schwer erkennbar und scheinbare Abkürzungen verführerisch. Das gilt ganz besonders, wenn diese Scheinabkürzungen sich als vermeintliche Chance des Lebens tarnen: »Greif zu, bevor es zu spät ist«, flüstern sie. »Wer lange fackelt, geht leer aus. Also: Beeil dich! Denk nicht lange nach, handele!« Das führt aber zu Entscheidungen, die nicht ausreichend reflektiert sind. Ohne nachzudenken, wählen Sie einen Weg, den Sie eigentlich gar nicht gehen wollen.

Umwege sind schwer erkennbar, scheinbare Abkürzungen sehr verführerisch.

Die Tatsache, dass der gewählte Weg ein Umweg ist, stellt sich jedoch erst nach einiger Zeit eindeutig heraus. Befindet man sich dann schon auf diesem Umweg, ist es gar nicht so leicht, sich die falsche Richtung einzugestehen. Dafür brauchen Sie nicht nur die Erkenntnis, sondern auch den Mut, diese Erkenntnis anzuerkennen – und das kann Jahre dauern.

Kaum jemand bezeichnet sich selbst als Verkäufertyp. Und doch entwickeln sich meiner Beobachtung nach viele Menschen zum Starverkäufer, wenn es darum geht, sich selbst den Umweg als den richtigen Weg zu verkaufen.

Ich halte hin und wieder Gastvorträge an Universitäten. Mit den Studenten diskutiere ich dann über ihre Karriere. Oft höre ich: »Ich möchte später ein eigenes Unternehmen gründen, aber erst mal will ich in einem großen Konzern Erfahrungen sammeln.«

Wie, bitte schön, soll man in einem hierarchischen System, das geprägt ist von Regeltreue, Gehorsam und Political Correctness, lernen, wie man als Unternehmer mutig Risiken eingeht, Märkte neu erfindet und mit an Fanatismus grenzender Begeisterung eine Idee vorantreibt, an die niemand glaubt außer man selbst? Hier verkauft sich jemand einen Umweg als Abkürzung.

Ein anderes, ganz einfaches Beispiel: In Ihrem Wohnzimmer tropft es, wenn es draußen regnet. Die schnelle Abkürzung zur Lösung: Sie stellen einfach einen Eimer an diese Stelle. Sie messen die Zeit und stellen fest, dass es 75 Minuten dauert, bis er voll ist. Also wechseln Sie alle 75 Minuten den Eimer und der Boden bleibt trocken. Natürlich ist das eine Lösung. Sie passen sich jedoch nur der neuen Situation an und ändern nichts an der Ursache des Problems. Klüger, wenn auch zunächst aufwendiger, ist es natürlich, das undichte Dach zu reparieren.

Der Unterschied zwischen der vermeintlichen und der wahren Abkürzung ist der gleiche wie der Unterschied zwischen Symptom- und Ursachenbekämpfung. Die Symptome beseitigen oder sich ihnen anpassen – das geht schnell. Ursachenbekämpfung dauert dagegen länger oder fühlt sich zumindest langwieriger an, führt aber letztendlich zuverlässiger zum gewünschten Ergebnis. Darum lohnt es sich, bei Problemen genau hinzusehen. Zu fragen: Was ist hier wirklich das Problem?

Was ist hier wirklich das Problem?

Das ist fast immer eine berechtigte Frage, denn Probleme sind in dem Moment, in dem sie auftauchen, selten scharf umrissen. Oft zeigen sich nur die Auswirkungen. Um eine funktionierende Lösung zu finden, muss man jedoch Klarheit über die Ursache gewinnen. Dabei werden Ursache und Wirkung gerne verwechselt. Ein Beispiel:

Was steckt dahinter?
Die Gattin gibt unverhältnismäßig viel Geld für Garderobe aus, was ihr Mann nicht versteht. Die oberflächliche Lösung ist, dass der Mann trotzdem zahlt und dann seine Ruhe hat. Doch die Ruhe stellt sich nicht ein, weil die Kleidung nicht das eigentliche Problem ist. Die Ursache für den exzessiven Kleiderkauf ist emotionaler Natur. Vielleicht geht es um das Thema Anerkennung. Die Frau wünscht sich, dass ihr Mann ihre Leistung im Haushalt und in der Familie registriert. Oder es könnte um das Thema Aufmerksamkeit gehen. Die Frau wünscht sich, dass ihr Mann mehr Zeit mit ihr verbringt, und da sie diese nicht erhält, glaubt sie, mit gutem Aussehen bessere Chancen darauf zu haben. Oder der Konsum gibt ihr immer wieder ein »gutes« Gefühl – auch wenn es nie lange anhält. Wenn es also im Wesentlichen um Dinge wie Gesehenwerden, Anerkennung oder Respekt geht, sind Klamotten nicht die Lösung. Konsum ist keine Abkürzung zum Eheglück, sondern ein weiterer unbemerkter Umweg, der von der gewünschten Richtung abbringt und sich vielleicht eher als eine Abkürzung zur Scheidung entpuppt.

Die meisten dieser Umwege wären mit etwas Zeit für Reflexion gut erkennbar. Doch diese Zeit nehmen wir uns nicht. In der Regel sparen Menschen sich das Nachdenken, wählen die vermeintliche Abkürzung und stellen später fest: Sie war ein Umweg. Im Alltag wird diese Klarheit zusätzlich erschwert, weil es zwei permanente Verführer gibt, die Sie an der Reflexion hindern. Beide führen Sie auf Wege, die wie Abkürzungen aussehen, aber Umwege sind.

Verführer Nr. 1: Der Sofort-Impuls

Die meisten von uns wollen ein auftauchendes Problem so schnell wie möglich beseitigen. Aktivität zählt offenbar mehr als Nachdenken. Also nehmen wir spontan den erstbesten Lösungsansatz und verfolgen ihn so lange, bis sich herausstellt, dass es eine Sackgasse ist – oder bis das Experiment geglückt ist. Der positive Ausgang ist dann tatsächlich eine Frage des Glücks.

Der Impuls, die erste Lösungsidee sofort umzusetzen, hängt mit dem Instant-Virus zusammen. Schnelle Lösungen werden eben erwartet, und zwar nicht nur in der Wirtschaft, sondern auch im Privaten. Solange Sie nichts Konkretes tun können, fühlen Sie sich machtlos. Zeit mit etwas zu verbringen, was noch nicht konkret nach Lösung aussieht, fühlt sich nicht gut an und wird deshalb emotional sofort in die Kategorie Umweg gesteckt. Natürlich dauert es länger, wenn Sie zunächst Lösungsideen sammeln, bevor Sie sich mit der Umsetzung der gewählten Lösung auseinandersetzen können. Doch in Wahrheit ist es der Sprung in die Lösung ohne den Umweg über das Nachdenken, der auf Dauer noch mehr Anspannung in die Situation bringt. Die vermeintliche Abkürzung ist eine Verlängerung.

Schnelle Lösungen werden erwartet – auch im Privaten.

Fast immer gibt es einen direkteren Weg als den erstbesten, der uns einfällt. Um den besseren Weg aber zu finden, müssen wir innehalten. Entspannen. Nachdenken. Und für die Frage offen sein: »Gibt es noch andere Möglichkeiten und welche sind das?« Erst dann ergibt sich eine ganze Vielfalt an Lösungen, Ideen und Ansätzen, die sich im besten Fall in puncto Effektivität gegenseitig sogar übertrumpfen.

Das gilt auch und besonders in beruflichen Fragen. Viele Menschen gehen stillschweigend davon aus, dass sie, wenn sie erst einmal einen Job gefunden und es sich darin einigermaßen bequem gemacht haben, diesen auch noch in zehn Jahren haben. Sie bleiben einfach stehen. Doch die Welt ändert sich. Und zwar immer schneller und intensiver. Viele von den Jobs, die es heute gibt, wird es in Zukunft nicht mehr geben. Dafür wird es Jobs geben, die wir heute noch gar nicht kennen. Umso wichtiger ist es, sich immer wieder die Frage zu stellen: »Was muss ich tun, um in drei bis fünf Jahren noch marktfähig zu sein?« Stillstand ist darauf ebenso wenig die beste Antwort wie purer Aktionismus auf Grundlage der erstbesten Ideen.

Mein Rat ist: Nehmen Sie sich Zeit, um nachzudenken und auf Ihre innere Stimme zu hören. Am besten nicht erst dann, wenn es brennt, sondern kontinuierlich.

Sie wissen vermutlich aus eigener Erfahrung: Wenn Sie auf eine Frage wie aus der Pistole geschossen antworten, geben Sie selten gleich die beste Antwort. Die Verführung zum blinden Schnellschuss ist groß.

Verführer Nr. 2: Dreck im Filter

Ineffektiv sind wir auch, wenn wir innerlich nicht klar sind. Ich denke dabei an all die Situationen, in denen wir intuitiv etwas wissen, dieses Wissen aber nicht wahrhaben wollen. Daneben gibt es aber auch noch die Situationen, in denen die Entwicklung des intuitiven Wissens verhindert wird, und zwar durch verdreckte Filter in unserer Wahrnehmung.

Das Wort »wahr-nehmen« sagt alles: Wir entscheiden, was wir von der Welt als wahr annehmen. Die Realität läuft immer durch einen subjektiven Filter. Daraus entstehen bei verschiedenen Menschen verschiedene Ansichten zu ein und derselben Sache. Die Realität wird durch den Filter einer Person eingefärbt. Im Laufe der Zeit kann sich diese Einfärbung auch ändern oder verstärken. Das liegt daran, dass der Filter ab und zu verschmutzt ist.

Wahrnehmen heißt: Sie entscheiden, was Sie von der Welt als wahr annehmen.

Es gibt verschiedene Arten von Dreck im Filter. Eine davon sind *Emotionen*. Sie kennen das Phänomen besser, als Sie vermuten. Wenn Sie frisch verliebt sind, sehen Sie Ihren Angebeteten als den tollsten, schönsten, wunderbarsten Menschen auf dieser Erde. Ein halbes Jahr später klärt sich der Filter und Sie sehen die Realität. Die krumme Nase, das unangenehme Lachen oder die fürchterliche Angewohnheit, den Klodeckel nicht herunterzuklappen. Hat er sich verändert seit dem ersten Date? Überhaupt nicht! All diese Dinge waren vor sechs Monaten genauso da. Sie haben sie nur nicht gesehen. Sie hatten »Dreck im Filter«. Rosaroten Dreck. Klingt nicht romantisch, ist aber so.

Weniger angenehm ist der Dreck, wenn er zum Beispiel von *Angst* geprägt ist. Wenn Sie etwa in einem Job sind, in dem Sie

Ihre Stärken nicht entfalten können oder dominante Vorgesetzte ihr Unwesen treiben. Dann kann Versagensangst oder die Angst, nicht mehr dazuzugehören, bewirken, dass Sie Ihre Handlungsalternativen nicht sehen. Sie sehen nur noch die Bedrohungen, aber nicht mehr die Chancen.

Die vielleicht am weitesten verbreitete Form von Dreck im Filter ist *Stress*. Haben Sie einen hohen Stresslevel bei gleichzeitig hoher Verantwortung oder befinden Sie sich in einer Phase, in der Sie sich lange weit außerhalb Ihrer Komfortzone bewegen, übernehmen, ohne dass Sie es merken, die Hormone das Steuer.

Auf diesem Weg gibt es vier Eskalationsstufen:

- Stufe 1: Die Zeit verlangsamt sich. Morgens sind Sie verspätet im Auto unterwegs auf verstopften Straßen. Unter diesem Stress dauert die Rotphase mit einem Mal unendlich lange – obwohl sie nicht länger ist als an anderen Tagen.

- Stufe 2: Die Sprache wird aggressiv. Unbeabsichtigt beschimpfen Sie andere Menschen. Sie werden impulsiv und ruppig.

- Stufe 3: Die Koordination verschlechtert sich. Vor lauter Stress werfen Sie das Glas um oder lassen die Unterlagen fallen.

- Stufe 4: Ihr Hirn setzt aus. Die Gedanken werden langsam oder verschwinden ganz und hinterlassen eine Leere im Kopf, gern kombiniert mit einer Sprachlosigkeit, die Sie auch noch dumm wirken lässt.

Eines ist offensichtlich: Ihre Entscheidungsfindung kann schon auf der niedrigsten Stufe nicht mehr ruhig und überlegt stattfinden, und auf der obersten Stufe entscheidet nicht mehr Ihr Großhirn, sondern Ihre Urinstinke übernehmen die Führung und lassen Sie mit Flucht, Starre oder Angriff reagieren.

Eine weitere Form von Dreck ist Ihr *Interesse*. Sie nehmen grundsätzlich das wahr, was Sie interessiert. Die Konsequenz: Was Sie nicht interessiert, nehmen Sie auch nicht wahr. Probieren Sie es mit einem einfachen Experiment mit Freunden, Kollegen oder Familienangehörigen aus. Bitten Sie die Teilnehmer, ihre Armbanduhr mit der Hand zu verdecken. Die Teilnehmer sollen nun beschreiben, welche Buchstaben auf der Uhr sichtbar sind. Hersteller, Modellname, Made in XY usw. Die Uhr bleibt zugehalten. Nach rund 30 Sekunden lassen Sie die Teilnehmer nachschauen: Welche Buchstaben haben sie vergessen? Nach fünf Sekunden unterbrechen Sie und fragen: Wie viel Uhr ist es? Sie werden feststellen, dass viele Menschen es nicht wissen, obwohl Sie die Uhrzeit während der letzten Sekunden direkt vor Augen hatten. Aber sie haben nicht darauf geachtet, weil ihr Interesse etwas anderem galt: Sie suchten Buchstaben und nicht die Uhrzeit. Es ist also hilfreich, wenn Sie sich für möglichst viele Themen im Leben interessieren. Dann bekommen Sie mehr vom Leben mit und sind offener für viele Abkürzungen und Chancen, die Sie obendrein auch noch schneller erkennen.

Die Kunst besteht also darin, Abstand zu gewinnen. In einen Zustand zu kommen, in dem Reflexion möglich ist. Das Ziel dabei: sehen, was ist. Nicht mehr, aber auch nicht weniger. Und glauben Sie mir, das ist schon Arbeit genug. Letztendlich geht es darum, den Mustern, die im Affekt greifen, zu entkommen und innere Klarheit zu gewinnen über die verschiedenen Möglichkeiten, die Sie haben. Das ist die Voraussetzung, um überhaupt entscheidungsfähig zu sein.

Die Kunst besteht darin, Abstand zu gewinnen.

Das haben wir Menschen schließlich den Tieren voraus, die nur reflexartig reagieren können. Wenn ich meinem Hund ein Leckerli vor die Nase halte, wird er nicht anders können, als sabbernd vor mir zu sitzen. Wenn dagegen das Leben Ihnen ein »Leckerli« vor die Nase setzt, ist es Ihre willentlich beeinflussbare Entscheidung, wie Sie darauf reagieren. Die faule Ausrede »Ich konnte ja nicht anders« zählt nicht, denn Sie können immer anders. Sie können immer aus mehreren Alternativen wählen.

Natürlich können Sie leugnen, dass Sie diese Wahl haben. Aber was dann? Dann treffen Sie auch eine Entscheidung und machen sich zum Spielstein. Ganz direkt formuliert: Sie machen sich durch Ihre Nichtwahl freiwillig zum Opfer.

Einen Schritt zurücktreten, wenn die Emotionen hochkommen – das ist eine wunderbare Übung, die Sie jeden Tag machen können, um Ihre Abkürzungsfähigkeit zu trainieren. Anlässe gibt es genug. Wenn Ihr Kind mit einer Fünf in Englisch nach Hause kommt, ist es kein Muss, dass Sie ausrasten oder reflexartig Computerverbot erteilen. Wenn ein Mitarbeiter oder Kollege seine Deadline nicht eingehalten hat, werden Sie nicht gleich laut. Überlegen Sie: Was kann ich tun, um dem Kollegen schnellstmöglich wieder auf Kurs zu helfen?

Reagieren Sie zu schnell, nehmen Sie mit hoher Wahrscheinlichkeit einen Umweg. Wenn Sie die Abkürzung suchen, gehen Sie langsam. Schalten Sie bewusst einen Gang herunter. Nehmen Sie den Dreck aus dem Filter. Denn die wahre Abkürzung ist das Durchdenken aller Handlungsalternativen. Und um überhaupt Alternativen zu haben, brauchen Sie etwas Zeit.

Zutrauen statt Vertrauen

Eine extrem wirkungsvolle Abkürzung auf dem Weg zu dauerhaften zwischenmenschlichen Beziehungen ist Vertrauen. Das gilt sowohl beruflich wie privat. Doch was bedeutet Vertrauen eigentlich?

Die meisten Menschen verstehen es im Sinne von »in Sicherheit wiegen«. Als sei es fast schon eine Garantie, dass ihnen die Person, der sie vertrauen, nichts Böses antut.

So weit, so gut. Schauen wir mal, welche Rolle Vertrauen spielt, wenn Paare heiraten. In diesem Fall können wir davon ausgehen, dass sich beide Partner vertrauen, wenn sie sich das Ja-Wort geben. Deswegen gibt es bei der Trauung ja auch den romantischen Zusatz: »... bis dass der Tod euch scheidet.« Und weil beide sich vertrauen, hält die Ehe wirklich bis ans Lebensende? Die Scheidungsquoten sprechen da leider eine deutlich andere Sprache. Eheversprechen und Vertrauen sind keine Garantie dafür, dass ein Paar

Vertrauen hat nichts mit garantierter Sicherheit zu tun.

zusammenbleiben wird. Vertrauen hat nämlich nichts mit garantierter Sicherheit zu tun.

Für mich bedeutet Vertrauen, den Mut zu haben, eine Entscheidung zu treffen – und dabei das Risiko einzugehen, auch enttäuscht oder verletzt zu werden. Am Anfang einer Beziehung steht deswegen auch kein Ver-Trauen, sondern das Zu-Trauen. Und Zutrauen ist nichts anderes als ein Vertrauensvorschuss. Damit sich daraus echtes Vertrauen entwickelt, brauchen Menschen viele gemeinsame beruhigende und bestätigende Erfahrungen. Also quasi Beweise dafür, dass der Vertrauensvorschuss zu Recht gegeben wurde. Und dazu wiederum brauchen Menschen Zeit und gemeinsam geteilte Erlebnisse.

Ein Paar kann die Entwicklung des Vertrauens auch beschleunigen, indem es sich damit beschäftigt, was eine Ehe langfristig glücklich macht – Bücher dazu liest, Seminare besucht oder eine Ehetherapie macht, obwohl man noch gar keine Probleme hat. Es geht darum, mögliche Probleme vorherzusehen, entsprechende Maßnahmen zu ergreifen und so dafür zu sorgen, dass die Probleme erst gar nicht entstehen. Das wirkt zwar zunächst wie ein Umweg. Aber mit dieser Investition bauen Sie sich die Überholspur für Ihre Ehe!

Abkürzungen, die einfach geschehen

Vorhersehen, nachdenken und Entscheidungen treffen ist klug – und bestenfalls Teil der persönlichen Lebensgewohnheiten. Aber Sie haben nicht immer die Möglichkeit dazu. Denn es gibt auch Abkürzungen im Leben, die können Sie nicht wählen, sondern in die werden Sie hineingeschubst.

Ich denke an Schicksalsschläge, Krankheiten, unerwartete Lebenskrisen und Katastrophen. Solche Ereignisse werfen Sie aus der Bahn, kosten viel Zeit, Energie und Emotionen – und fühlen sich entsprechend erst einmal wie riesige Umwege an. Meine Tumorerkrankung zum Beispiel: Natürlich hatte ich mir das nicht gewünscht.

Ich bin froh, dass ich die Erkrankung hatte.

Und natürlich hatte ich null Bock darauf, dass meine Karriere so einen »Knick« bekam. Ich wurde bei meinem erfolgreichen Aufstieg in der Finanzbranche jäh unterbrochen. Eine Zeit lang war ich sogar komplett raus aus dem Business. Aber heute sage ich: Das war kein Umweg und schon gar keine Zeitverschwendung. Ich bin froh, dass ich die Erkrankung hatte. Denn faktisch war es eine Abkürzung für mich.

Nur weil ich Krebs hatte, stellte ich mir Fragen, die ich mir sonst mit meinen 25 Jahren nie gestellt hätte. Nur dadurch machte meine Persönlichkeit einen Reifesprung. Nur dadurch fand ich den Weg zu meinem Herzen – und zu meinem Glück: meiner Frau.

Aus Unglück entsteht Qualität
Im zweiten Jahr meiner neuen Beraterkarriere nach der überstandenen Krankheit bekam ich ein überraschendes Feedback: Der Vorstand eines großen Familienunternehmens, mit dessen erfahrenem Führungskräfteteam ich einen Workshop machte, sagte mir in der Pause:»Herr Holzer, ich habe schon viele Berater gesehen. Aber so wie Sie heute Morgen meine Leute eingebunden haben, so etwas habe ich noch nicht erlebt.« Interessant. Er meinte mit»etwas« nicht meine Methoden, sondern schlicht die Art, wie ich als Mensch das Vertrauen der Führungskräfte gewonnen hatte und über diesen Weg schnell zu Ergebnissen mit dem Team gekommen war. In diesem Moment verstand ich erstmals, dass die Krankheit mich wirklich verändert hatte.

Solche vermeintlichen Umwege machen Sie reifer – und sind darum in Wirklichkeit Abkürzungen zum Glück. Aber nicht jedem ist ein solches Abkürzungsgeschenk vergönnt. Wenn Sie Ihren Weg in Richtung Horizont auch unabhängig davon aktiv steuern möchten, habe ich zwei Ideen für Sie.

In Richtung Horizont steuern
Idee 1: Konstruktiv unbequem sein

Kein Angebot
»Nein, denen mache ich kein Angebot!«, denke ich, während ich die Mail dieses potenziellen Kunden lese.

Er hat sich zunächst übers Büro gemeldet mit dem Wunsch, zügig ein Angebot für ein Führungskräftetraining zu bekommen. Mein Mitarbeiter hat ihm erklärt, wie wir arbeiten und dass ich, bevor ich ein Angebot mache, mit jedem Interessenten sprechen möchte. Ich arbeite nur mit jemandem zusammen, wenn wir eine gemeinsame Wertebasis haben. Außerdem brauche ich eine Beziehung zum Kunden und muss vor allem verstehen, was eigentlich wirklich das Ziel ist. Vorher schreibe ich keine Angebote. Und zu guter Letzt will ich mich versichern, ob er überhaupt das Richtige bucht. Denn das, was Kunden wollen, ist nicht immer das, was sie brauchen. So auch in diesem Fall.

Wir telefonierten. Schon nach sieben Minuten war mir klar: Von der Chemie her passt es. An einem der nächsten Tage kam er in meinem Büro vorbei, um detaillierter über sein Anliegen zu sprechen.

Er kommt gleich auf den Punkt: »Wir brauchen dringend ein Führungskräftetraining.«

»Wozu?«

»Weil wir unsere Ziele nicht in der geplanten Zeit erreichen.«

»Und woran liegt das?«

»Na, die Führungskräfte sind nicht wirkungsvoll genug.«

»Aha, wie kann ich mir das konkret vorstellen? Also, woran merken Sie's?«

Stille. Mein Gegenüber stellt gerade fest, dass er gar keinen konkreten Anhaltspunkt hat für seine Bewertung. Und ich bin wieder dabei, »Nein« zu sagen: »Für ein Führungskräftetraining mache ich Ihnen kein Angebot. Wir wissen schließlich gar nicht, ob Ihre Leute das überhaupt brauchen. Aber wenn Sie möchten, fangen wir gleich heute damit an, das eigentliche Problem genauer einzugrenzen.«

Zwei Wochen später stellte sich heraus: Der Grund, warum die Ziele nicht erreicht wurden, war nicht ein Mangel in den Fähigkeiten der Führungskräfte. Es lag vielmehr daran, dass es an einer Priorisierung der Aktionen fehlte, die das Unternehmen wirklich weiterbrachten. Alles war gleich wichtig, sodass die Führungskräfte in Prioritäten ertranken und am Ende gar nichts mehr wichtig war. Was also helfen würde, war nicht, die Führungskräfte mit einem Training von der Arbeit abzuhalten, sondern ein moderiertes Gespräch, in dem die Prioritäten gesetzt werden. Das herauszufinden hat zwei Wochen gedauert – dem Unternehmen aber unter dem Strich viel Zeit und Geld gespart. Denn wir konnten an der Ursache des Problems ansetzen und sie beseitigen. Der scheinbare Umweg war also eine Abkürzung. Mit einem Training hätte das Unternehmen nur Geld für Kosmetik ausgegeben – das Problem wäre aber bestehen geblieben. Und keiner hätte gewusst, warum das so gewesen wäre.

Was ich Ihnen nahelegen möchte, ist der Weg zu dieser Abkürzung. Er ist ein kommunikativer Weg, also einer, auf dem Sie Ihre Stimme einsetzen können und sollen. Ich nenne ihn das »konstruktive Unbequemsein«. Um unscharfe Probleme genau einzugrenzen, hilft nur das Hinterfragen des Anliegens oder des vermeintlichen Problems. Nur weil Ihr Gegenüber die Lösung schon zu kennen glaubt, sollten Sie dem nicht gleich beipflichten, sondern zunächst seine Motivation hinterfragen. Die wertvollste Frage dabei lautet: »Wozu?«

Um unscharfe Probleme einzugrenzen, hilft nur das Hinterfragen.

Hört sich einfach und logisch an, ist in der Praxis aber eine echte Probe. Denn das Hinterfragen ist immer verbunden mit etwas, was schwerfällt: den Gesprächspartner zurückweisen, ihn unterbrechen, Nein sagen, seine Aussage infrage stellen, nachbohren. Es ist kein angenehmes Geplauder zwischen zwei Menschen, die sich einig sind, sondern ein aktives In-die-Reibung-Gehen. Und das erfordert Mut.

Damit Sie wertvoll für andere Menschen sind, müssen Sie nicht nett sein. Seien Sie stattdessen konstruktiv unbequem. Sonst reden Sie nur um den heißen Brei herum und bekommen kaum etwas bewegt. Das gilt übrigens für alle Gesprächspartner, ob Kunden, Kollegen, Freunde oder den Lebenspartner.

Ja, unbequem sein ist eine Art von Konfrontation, und das ist potenziell negativ. Das, was dem Ganzen die positive Wendung gibt, ist der Zusatz »konstruktiv«. Es geht nicht darum, mit dem Kopf durch die Wand zu wollen und zu behaupten, Ihr Gesprächspartner sei im Unrecht. Sie wissen ja selbst noch nicht, wie die Lage wirklich ausschaut – ganz abgesehen davon, dass es nicht ums Rechthaben geht, sondern schlicht um eine klare Wahrnehmung und eine saubere Analyse. Eine konstruktive Grundhaltung nach dem Motto »Ich will helfen« ist Voraussetzung für eine funktionierende Streitkultur.

Damit die Konfrontation konstruktiv beginnt und auch bleibt, haben sich einige Regeln bewährt, die ich Ihnen schildern möchte.

Regel Nr. 1: Unbequem sein erhöht den Status – und nur mit hohem Status können Sie unbequem sein

Angenommen, Sie sind in Ihrem Job sehr erfahren. Sie kennen alle Tricks und haben in vielen Jahren alles Mögliche bereits gesehen. Nun stellen Sie sich vor, jemand gibt Ihnen ein Feedback, und zwar ein ungebetenes und kritisches: dass Sie etwas nicht gut machen oder verbessern können. Von welcher Person nehmen Sie dieses Feedback gerne an? Von dem Praktikanten, der frisch von der Uni kommt und noch nie gearbeitet hat? Selbst wenn er alle formalen Regeln des Feedbacks vorbildlich befolgt – wahrscheinlich hören Sie ihm gar nicht zu, sondern lassen ihn einfach stehen. Es fehlt Ihnen an der entsprechenden Aufnahmebereitschaft, selbst wenn die Rückmeldung sachlich gut begründet ist.

Und nun denken Sie im Gegensatz dazu an eine Person, die Sie schätzen. Jemand, der hohen Status bei Ihnen genießt. Wenn diese Person Ihnen ungefragt Feedback gibt, auf alle Regeln des korrekten Feedbacks pfeift und Sie einfach nur anblafft: »Da haben Sie aber einen Bock geschossen, weil …«, dann werden Sie sich vermutlich sogar freuen. Denn Sie sind glücklich, dass sie überhaupt wahrgenommen hat, was Sie tun, und dass sie sich die Zeit nimmt, Ihnen Hinweise zu geben, wie Sie noch besser werden. Selbst jenseits aller Feedbackregeln sind Sie ihr gegenüber aufnahmebereit.

Wenn Sie also unbequem und damit wirksam werden wollen, ist es hilfreich, wenn Sie beim Adressaten einen ausreichend hohen Status genießen. Oder technisch formuliert: dass er Ihnen Aufmerksamkeit schenkt.

Auf Augenhöhe funktioniert die konstruktive Konfrontation.

Entscheidend für die Frage, ob eine konstruktive Konfrontation fruchtbar sein kann oder nicht, ist also die Beziehung. Sind die Gesprächspartner auf Augenhöhe, kann jeder konstruktiv unbequem werden und Streitkultur leben. Schaut der eine zu dem anderen hoch, kann derjenige mit dem höheren Status eine Konfrontation beginnen und der andere macht sie – wenn auch notgedrungen – mit. Schaut der, der konfrontiert wird, aber auf den Hinterfragenden hinunter, wird das Gespräch schnell enden.

Regel Nr. 2: Fragen Sie nach, bevor Sie hinterfragen

Im Café (I)
Stellen Sie sich vor, Sie treffen eine Freundin mit ihrem kleinen Sohn im Café. Weil dem Kleinen langweilig ist, steigt er mit den Füßen auf den Stuhl. Die Freundin faucht ihn an, er soll sich wieder setzen. Der Kleine bleibt frech oben stehen und fragt: Warum? Dann hören Sie Ihre Freundin sagen: Das macht man nicht.

Der Ton, in dem die Mutter das sagt, überzeugt den Kleinen, dass eine Diskussion zwecklos ist, und er klettert wieder herunter. Sie aber haben aufmerksam zugehört und denken: Moment! Das macht man nicht? Das ist doch ein blöder Grund.

Ihnen gefällt die Begründung der Freundin nicht. Was tun Sie nun? Im Idealfall bitten Sie um Erlaubnis, diese Begründung zu hinterfragen. Wenn Sie das nicht tun und stattdessen gleich anfangen zu bohren, werden Sie sich vermutlich mit ihr streiten, weil sie sich spätestens nach der zweiten Nachfrage verhört fühlt. Menschen mögen es nicht, wenn sie hinterfragt werden. Denn niemand möchte infrage gestellt werden.

Regel Nr. 3: Hören Sie zu – anstatt nur ausreden zu lassen

Damit Streitkultur funktioniert, müssen Sie richtig zuhören. Doch die meisten sind mit ihren eigenen Gedanken beschäftigt, während der andere redet. Oder sie verfallen in Schnappatmung, weil sie eine Lücke suchen, um ihrem Gesprächspartner mit dem eigenen Kommentar ins Wort zu fallen. So können keine guten Gespräche stattfinden.

Wir müssen besser darin werden, richtig zuzuhören. Wenn Ihr Gesprächspartner ausgeredet hat, setzen Sie nicht nahtlos mit Ihren eigenen Gedanken und Argumenten an. Sondern zeigen Sie zunächst, dass Sie ihn gehört haben: Wiederholen Sie in eigenen Worten, was er gesagt hat, zerlegen und verarbeiten Sie diese Aussage vor seinen Ohren. Und kommen Sie erst dann zu Ihrem Gegenargument, Ihren neuen Gedanken oder einer kritischen Frage. Auf diese Art fühlt sich Ihr Gegenüber wahr- und ernst genommen und wird vielleicht sogar dankbar sein für Ihren Einwand. Denn dieser führt seine Gedanken weiter und tiefer.

Regel Nr. 4: Bleiben Sie hartnäckig, bis das Problem wirklich klar ist

Wenn Ihr Gesprächspartner Ihnen die Erlaubnis gegeben hat, dass Sie hinterfragen dürfen, dann nutzen Sie die Chance und gehen Sie der Sache so lange auf den Grund, bis Sie den wahren Kern gefunden haben. Um bei der Freundin im Café zu bleiben:

Im Café (II)
Sie fragen: »Warum macht man das denn nicht? Das klingt wie eine Allerweltsantwort, das meinst du nicht ernst, oder?«
Die Freundin antwortet: »Na ja, mit den dreckigen Schuhen auf

dem Stuhl, das ist nicht schön. Da wollen sich noch andere hinsetzen und nicht unbedingt den Dreck an ihrer Hose haben.«
Das klingt schon plausibler. Aber Sie lassen nicht locker.
»Okay, habe verstanden. Wie wäre es denn, wenn der Kleine die Schuhe ausziehen würde? Dürfte er sich dann oben hinstellen?«
Die Freundin denkt nach. »Hm. Nein. Dann dürfte er das auch nicht.«
Sie: »Warum nicht?«
Die Freundin: »Na ja, was sollen die Leute von mir denken? Was ist das für eine Mutter, die ihr Kind auf dem Stuhl stehen lässt?«

Jetzt erst sind Sie auf den wahren Grund für das Verbot gestoßen. Durch Ihr Hinterfragen kam heraus: Es ist nicht der dreckige Stuhl, sondern die Frage, was andere über die Mutter wohl denken könnten. Diesen Grund bekommen Sie nur heraus, wenn Sie so lange weiterbohren, bis Sie zum Kern des Problems vorgedrungen sind. Und wenn Sie dort angekommen sind, kann etwas Sinnvolles in Gang kommen. In unserem Beispiel kann es sein, dass die Freundin sich nun grundlegend Gedanken darüber macht, ob die Verbote, die sie aufstellt, wirklich der Kindererziehung dienen oder eher ihre eigenen Ängste verdecken sollen.

Übrigens: Es gibt noch eine Sonderform des Hinterfragens. Sie funktioniert nicht durch das Benutzen der Stimme, sondern im Gegenteil durch den bewussten Verzicht darauf. Stellen Sie sich folgende Situation vor:

Ein Mitarbeiter wird zu seinem Chef zitiert ...

Chef: »Ich habe gehört, in Ihrer Abteilung gibt es Stress.«
Mitarbeiter: »Ach ja, so schlimm ist das alles gar nicht. Wir haben es inzwischen schon gelöst.«
Der Chef sitzt regungslos auf seinem Sessel. Verzieht keine Miene. Bewegt sich nicht. Schaut den Mitarbeiter nur an und schweigt.
Nach drei Sekunden fängt der Mitarbeiter an zu stammeln. »Ja, so ein bisschen Thema ist da noch.«
Der Chef schweigt weiter.
Und endlich packt der Mitarbeiter aus: »Ja, also wenn ich ganz

ehrlich bin, mit dem Herrn Mayer und der Frau Schmidt gibt es ein Mobbingproblem, und ich weiß auch nicht, was ich da tun soll ...«

Das konsequente Schweigen und der bewusste Verzicht auf empathische Kommentare wie »aha«, »o. k.«, »verstehe« kann in der Tat dem Hinterfragen dienen. Je nachdem, mit wem Sie sprechen, kann das Hinterfragen durch Schweigen sogar effektiver sein als das direkte Befragen. Vielen Menschen fällt es schwer, Stille auszuhalten. Sie haben den Drang, die Stille zu brechen, und fangen an zu reden. Insofern: Unterschätzen Sie nicht die punktuelle Wirkung des Schweigens. Einfach mal die Klappe halten – aber bewusst und in der Absicht, damit etwas zu bewirken.

Einfach mal die Klappe halten – in der Absicht, etwas zu bewirken.

In Richtung Horizont steuern
Idee 2: Demokratisch entscheiden, diktatorisch umsetzen

Wenn wir die Frage stellen: »Was macht ein Vorhaben erfolgreich?«, dann werden wir feststellen, dass wir zweierlei tun müssen. Erstens: entscheiden bzw. planen. Zweitens: diesen Plan umsetzen. Man kann es auch mathematisch formulieren:

$$\text{Erfolg} = \text{Entscheidung} \times \text{Umsetzung}$$

Es handelt sich um eine Multiplikation. Das heißt, um erfolgreich zu sein, brauchen wir nicht nur eine gute Entscheidung. Wir müssen diese auch gut umsetzen. Die Schwierigkeit ist, dass beide Faktoren völlig unterschiedliche Vorgehensweisen benötigen, um jeweils erfolgreich gestaltet zu werden.

Das lässt sich am besten mit einer Analogie erklären, die zugegebenermaßen etwas gewagt ist, aber meinen Punkt sehr deutlich macht. Dazu schauen wir in unsere politische Welt.

Wenn wir uns für ein politisches System entscheiden sollen, das gute Entscheidungen hervorbringt, dann fällt unsere Wahl auf die Demokratie. Sie ist die beste Antwort, die wir als Menschheit gefunden haben, um den freien Gedanken- und Meinungsaustausch zu fördern. Sie ermöglicht es auch Minderheiten, sich an der Diskussion zu beteiligen, und fördert die Freiheit der Meinungsäußerung.

Doch demokratische Systeme tun sich schwer, die getroffenen Entscheidungen in die Tat umzusetzen; vor allem dann, wenn es zu grundlegenden Veränderungen kommen soll. Sie werden zahlreiche Beispiele wie den Berliner Flughafen BER oder das Bahnhofsprojekt Stuttgart 21 finden, in denen es zu erheblichen Umsetzungsproblemen kommt, sobald Demokratie mitmischt. Der demokratische Diskurs, der bei der Entscheidungsfindung noch der entscheidende Vorteil war, wird in der Umsetzung zum Bremsklotz. Wenn dauernd neue Fragen auftauchen und am Ende gar die ursprüngliche Entscheidung an sich infrage gestellt wird, wird es mühsam mit der Umsetzung. Erich Kästner sagte: »Es gibt nichts Gutes, außer man tut es.« Doch gerade die Umsetzung ist leider nicht die Paradedisziplin der Demokratie.

So zog sich *Reinhold Messner*[2] von seinem Dasein als EU-Abgeordneter zurück und fragte öffentlich: »Vor fünf Jahren, als ich ins Parlament kam, war Euphorie zu spüren: Die EU war [...] dabei, ihre Erfolgsgeschichte fortzusetzen. [...] Was ist aus unseren Zielen geworden? Dies besorgt mich umso mehr, wenn man bedenkt, dass die größten Herausforderungen [...] noch vor uns liegen.«

Wo klappt die Umsetzung denn besser? Es gibt politische Systeme, die gerade in der Umsetzung ihre Stärke haben – jedoch in der Entscheidungsfindung das Wohl der Allgemeinheit und oftmals auch die Würde des Einzelnen mit Füßen treten. Sie erreichen beides mit den gleichen Maßnahmen, nämlich indem Sie jegliche Diskussion, Meinungsäußerung und kritische Fragen unterbinden. So sind diese totalitären Systeme zwar in der Lage, getroffene Entscheidungen sehr effizient umzusetzen. Doch da es in der Entscheidungsfindung keinen kritischen Diskurs gab, führen diese Systeme leider in den meisten Fällen – trotz effizienter Umsetzungsstärke – zu katastrophalen Zuständen für die dort lebenden Menschen.

Abstrahieren wir von den Details und übertragen diese beiden Begrifflichkeiten und die diskutierten Gedanken wieder zurück auf unsere persönliche Welt, so heißt das für unsere Gleichung:

Erfolg = demokratische Entscheidung × diktatorische Umsetzung

Wenn wir Entscheidungen treffen, sollten wir uns demokratisch verhalten. Das heißt, dass wir offen sein sollten für neue Perspektiven, andere Meinungen und noch nicht gestellte Fragen. Doch wenn die Würfel einmal gefallen sind und wir uns entschieden haben, müssen wir zu einer diktatorischen Umsetzung umschalten. Diktatorisch in dem Sinne, dass wir konsequent und diszipliniert die PS auf die Straße bringen und uns nicht vom Tal der Tränen oder sonstigen Schwierigkeiten auf dem Weg vom Kurs abbringen lassen. Ich weiß, dass die Worte vielleicht etwas radikal gewählt sind. Da es so wichtig ist, beruflich wie privat, ins Tun zu kommen, wähle ich diese radikale Analogie bewusst. So lässt sie sich leichter einprägen und erinnert Sie daran, wie Sie sich richtig und wirkungsvoll verhalten.

Denn in der Praxis können wir beruflich wie privat meist das Gegenteil beobachten. Menschen treffen diktatorisch eine Entscheidung. Sei es der Chef, der einfach entscheidet, ohne mit seinen Führungskräften die neue Strategie zu diskutieren, und dadurch alle Beteiligten überrascht. Oder unsere radikale Entscheidung kurz vor Silvester, im Fitnessstudio anzufangen – ohne darüber nachzudenken, ob wir überhaupt die Zeit dafür finden werden, das Geld dafür reicht oder unsere Familie mitspielt. Nach der diktatorischen Entscheidung werden wir dann auf einmal in der Umsetzung demokratisch. Im Büro wird das neue Projekt hinterfragt, und zwar so lange, bis das Veränderungsvorhaben stillschweigend im Sand verlaufen ist. Unser Fitnessvorhaben erfährt Gleiches, und nach drei Monaten hoffen wir insgeheim, dass uns niemand fragt, wie es läuft. Willkommen im Tal der Tränen. Wir verhalten uns demokratisch, verhandeln mit uns neu und geben auf – anstatt konsequent-diktatorisch durchzuhalten und am Ball zu bleiben.

Wie aber geht es besser?

Die Antwort ist einfach: Machen Sie es genau umgekehrt. Gehen Sie bei der Entscheidung besonnen vor. Und bleiben Sie in der Umsetzung konsequent. Das heißt: Hören Sie für die Entscheidungsfindung zunächst allen Stimmen an Ihrem inneren Verhandlungstisch zu. Holen Sie dann die Stimmen der relevanten Personen aus Ihrem Umfeld ein und setzen Sie deren Argumente mit an Ihren Tisch. Und nun diskutieren Sie mit sich die für Ihr aktuelles Thema wichtigen Fragen. In unserem Sportbeispiel:

- Weißt du, was es heißt, wenn du dich entscheidest, dreimal die Woche Sport zu machen? Schau in den Kalender!
- Wie viele Freiräume kannst du schaffen?
- Was ist mit Familie? Freunden? Hobbys? Beruf?
- Was erwartet dich im Tal der Tränen?
- Bist du bereit, trotzdem den Plan umzusetzen?

Dieses Vorgehen klingt nicht nach Abkürzung, denn schließlich kommen Sie nicht sofort zu einer Entscheidung. Im Gegenteil: Ich nenne es einen Umweg. Den Umweg über das Nachdenken. Doch dieser Umweg führt Sie auf die Überholspur. Er ist die beste Abkürzung, die Sie wählen können, denn tatsächlich beschleunigt er Ihre Umsetzung. Wenn Sie sich nach genauem Abwägen für eine Option entscheiden, wird es Ihnen gelingen, in der Umsetzung konsequent zu werden und auch zu bleiben.

Das ist in Ordnung. Im Grunde geht es immer um die Haltung: Ich habe entschieden und ziehe es jetzt durch!

Das bedeutet nicht, dass Sie von dem Moment der Entscheidung an blind für die Dinge werden, die um Sie herum geschehen. Ein gesundes Augenmaß gehört zur Umsetzung dazu, um sicherzustellen, dass Sie nicht in eine Sackgasse rennen. Das Augenmaß verhindert, dass Sie zum Beispiel ab jetzt sieben Stunden die Woche Sport treiben und Ihre Familie vernachlässigen, was zu einer Bedrohung im Bereich Beziehungen führt. Mit Augenmaß sind Sie ehrlich zu sich selbst und belügen sich nicht.

Am Punkt »Umsetzung« zeigt sich erneut, wie der Weg verläuft,

Ich habe entschieden und ziehe es jetzt durch!

der zu etwas Großem führt: Er führt über die kleinen Details, die Sie Schritt für Schritt jeden Tag bewältigen. Über Disziplin, Konsequenz und harte Arbeit. Das ist mühsam. Aber erst die Summe Ihrer kleinen Schritte wird etwas bewirken. Mit diesen Schritten werden Sie Spuren hinterlassen.

9. Von der Glühbirne zum Laser

Was hinterlässt ein Beduine auf dem Weg zum Horizont? Spuren im Sand, die vom Wind schnell wieder verweht werden. Was hinterlässt ein Mensch auf dem Weg zu seinem Horizont? Auch Spuren. Aber solche, die womöglich nicht so leicht zu löschen sind. Spuren, die das eigene Leben überdauern, weil sie sich eingebrannt haben in das Gedächtnis, die Herzen und die Seelen anderer Menschen.

Ich bin überzeugt, dass jeder Mensch etwas hinterlassen möchte, was von ihm auch dann bleibt, wenn er nicht mehr lebt. Mir ist aber auch klar, dass sich nicht jeder in jedem Moment seines Lebens darüber bewusst ist. Es ist wie mit dem blauen Himmel: Wenn er frei ist, strahlt er uns an. Sobald Wolken aufziehen, sehen wir ihn nicht mehr. Hat er deshalb aufgehört zu existieren? Auch der Wunsch, Spuren zu hinterlassen, ist immer vorhanden. Aber der Alltagstornado schiebt viele Wolken davor: Aufgaben, Pflichten, pausenlos Input. Ihr Drang, im Leben Spuren zu hinterlassen, droht zu vernebeln. Wenn Sie ihn aber nicht befriedigen, werden Sie auf Dauer keine Zufriedenheit im Leben spüren.

Der Mensch hinterlässt Spuren, die das eigene Leben überdauern.

Mir stellte einmal ein Gesprächspartner folgende Frage zum Thema »Unersetzbarkeit von Mitarbeitern«: »Stell dir ein Glas Wasser vor. Jetzt stecke deinen Finger in das Wasser und ziehe ihn wieder heraus. Schau genau hin: Wie lange bleibt das Loch, das dein Finger in das Wasser gebohrt hat, im Wasser bestehen?«

Dieses Bild ist ganz sicher *nicht* auf ein menschliches Leben zu übertragen. Zumindest dann nicht, wenn wir aktiv an unserer wahren Zufriedenheit arbeiten. Denn die entsteht vor allem daraus, dass wir nicht nur etwas für uns selbst tun, sondern dass wir uns auch auf das konzentrieren, was wir für andere tun können. Einen Beitrag, den wir leisten, der über uns und unser eigenes Leben mit all seinen Wünschen, Nöten und Bedürfnissen hinausgeht. Wenn das Teil des persönlichen Horizonts ist, können Sie gar nicht anders, als sinnvolle Spuren im Leben anderer zu hinterlassen – und nach Ihrem Tod eine Lücke.

Meine feste Überzeugung ist: Jeder Mensch *will* Spuren hinterlassen. Jeder *kann* es. Und jeder *sollte* es auch tun.

Was sind Spuren?

Früher dachte ich, Spuren können nur etwas Großartiges sein. Etwas, was die ganze Welt verändert. Nach dem Motto: Zeig mir deinen Kontostand, und ich sage dir, wer du bist. Im Laufe der Jahre wurde mir klar, dass dieser Maßstab völlig falsch ist. Denn es gibt unterschiedliche Maßstäbe, je nachdem, wie man innerlich tickt und was einen persönlich motiviert oder reizt. Ich bin davon überzeugt, dass es eine große Vielfalt an möglichen Spuren gibt.

Manche Menschen wollen der nächste Michelangelo sein und mit ihrer Kunst die Welt prägen. Andere wünschen sich nichts mehr, als für so viele Menschen wie möglich einen Arbeitsplatz zu schaffen. Wieder andere sind erfüllt von der Idee, so viel Geld wie möglich zu verdienen, um damit Stiftungen zu finanzieren, die die Welt von Krankheiten befreien. Andere sind davon fasziniert, das erste autark fahrende Elektroauto zu entwickeln. Oder die erste Firma zu gründen, die bemannte Flüge zum Mars und zurück ermöglicht. Oder davon, ein Heilmittel gegen AIDS zu entdecken. All das sind Aktivitäten, mit denen Menschen Spuren hinterlassen. Das Interessante daran: Jede Spur ist hochindividuell – abhängig von den Interessen und Neigungen des Einzelnen. Und jeder kann sich genau das zur Aufgabe machen, was ihn innerlich zum Glühen bringt. Nein, er kann nicht nur, er *muss* das auch. Denn ohne Glut keine Spur.

Genau genommen ist die Spur das, was Sie hinterlassen, wenn

Sie sich auf den Weg hin zu Ihrem eigenen Horizont machen. Es ist möglich, das ganze Leben lang den gleichen Horizont zu haben. So wie *Mutter Teresa*, die zeit ihres Lebens davon beseelt war, armen Menschen zu helfen. Von der Spur, die sie auf ihrem Weg dahin hinterlassen hat, zeugen unzählige Menschen, denen durch ihr Wirken ein würdigeres Leben ermöglicht worden ist.

Ohne Glut keine Spur.

Doch auch Sie können vielfältige Spuren hinterlassen. Denken Sie an *Rüdiger Nehberg*, der mit fast 80 Jahren noch auf der Bühne steht und ein riesiges Transparent entrollt, auf dem er auf Arabisch gegen die Beschneidung von Frauen protestiert! Das ist die Spur, die er aktuell hinterlassen möchte: so vielen Frauen wie möglich diese Tortur zu ersparen. Früher hatte er als Überlebenskünstler andere Horizonte. So hinterlässt er in den verschiedenen Lebensabschnitten unterschiedliche Spuren.

Aus der Tatsache, dass ich gerade Beispiele von Prominenten oder hochambitionierten Einzelpersonen nenne, sollten Sie nicht schließen, dass Sie die Welt verändern müssen, um Spuren zu hinterlassen. Lebensspuren können auch ganz »leise« sein – sie sind deshalb keineswegs weniger wertvoll.

Tag für Tag werden Spuren gelegt, ohne dass sie öffentlich gewürdigt, hervorgehoben oder prämiert werden – aber sie existieren! Wenn Sie es als die wichtigste Aufgabe in Ihrem aktuellen Lebensabschnitt betrachten, Ihren Kindern Werte und Prinzipien mit auf den Weg zu geben, die sie für ihr Leben stärken, dann werden Sie mit Ihrem Wirken eine Spur bei Ihren Kindern und indirekt auch in der Gesellschaft hinterlassen. Oder gibt es für Sie momentan nichts Wichtigeres, als an Ihrer Partnerschaft zu arbeiten? Auch damit legen Sie eine deutliche Spur – bei Ihrem Partner und vielleicht auch bei befreundeten Paaren, die sich von Ihnen inspiriert fühlen. Wir haben in der Nachbarschaft eine Dame, die sich in ihrer Freizeit um ältere Menschen kümmert, ihnen aus der Zeitung vorliest oder einfach nur ein nettes Gespräch führt. Auch das hinterlässt Spuren.

Und? Welche Spur möchten *Sie* hinterlassen? Wenn Sie sich diese Frage stellen, erinnern Sie sich bitte daran: Bei der Definition der eigenen Spuren geht es nicht um außerordentliche Größe oder Be-

Spuren, die von außen unbedeutend wirken, können für Sie die ganze Welt bedeuten. deutsamkeit. Wie wichtig oder wie wertvoll etwas für Sie persönlich ist, beurteilen allein Sie. Es ist völlig unerheblich, was andere darüber denken. Das einzige Kriterium, das eine Spur als solche qualifiziert, ist Ihr Horizont. Es gibt Spuren, die scheinen für Außenstehende unbedeutend. Für Sie aber können sie die ganze Welt bedeuten.

Jedem die eigene Wahrheit

Anna, die geschiedene Freundin meiner Frau, hat einen neuen Mann kennengelernt. Johannes lebt zwar in einer anderen Stadt, aber die beiden sind sich ihrer Liebe sicher.

Sie erwartet nun von ihm, dass er zu ihr zieht. Doch Johannes kann sich das nicht vorstellen: Er hat aus erster Ehe eine behinderte Tochter, die bei der Mutter lebt. Lara ist ihm der wichtigste Mensch auf Erden. Er verbringt jedes Wochenende mit ihr, er möchte so viel wie möglich für sie da sein. Deshalb ist er, im Gegensatz zu Anna, örtlich gebunden.

Anna: »Aber sie lebt doch bei ihrer Mutter, da ist sie gut aufgehoben. Und am Wochenende kannst du immer hinfahren.«

Johannes: »Anna, ich kann nicht. Lara ist mein Ein und Alles. Wenn sie mich spontan braucht, will ich nicht zwei Stunden entfernt von ihr sein. Versteh das doch!«

Anna wendet sich ab: »Nein, ich verstehe das nicht. Du hast gesagt, du liebst mich, und jetzt das!«

Johannes hebt verzweifelt die Hände: »Ich liebe dich! Aber Lara braucht mich. Ich würde es mir nie verzeihen, im entscheidenden Moment nicht bei ihr sein zu können.«

Anna fährt herum und giftet ihn an: »Ich kann nicht verstehen, warum du mir das antust. Das kann niemand verstehen!«

Johannes lässt die Hände sinken und blickt zu Boden: »Ja, das kann sein, dass es keiner versteht. Außer Lara und mir.«

Was ist wertvoller für die Menschheit? Der Versuch, das neue Penicillin zu finden oder bei einem einzigen Menschen eine Spur zu hinterlassen? Meine Meinung: Das ist die falsche Frage. Über die

Größe einer Spur lässt sich nicht urteilen, weil ihre Bedeutung subjektiver Natur ist. Anspruchsvollere Ziele zu erreichen bedeutet nicht, wertvollere Spuren zu legen. Wenn Sie das Smartphone erfinden und damit die Welt verändern, macht Sie das zwar erfolgreich, aber nicht zu einem besseren Menschen. Zumindest nicht im Vergleich zum Nachbarn, der sich »nur« um die Senioren in seiner Gegend kümmert. Das zu tun, was das eigene Herz erfüllt, bedeutet, die größte Spur zu legen, zu der Sie aktuell in der Lage sind. Und das kann von außen vollkommen unbedeutend erscheinen.

Übrigens: Ob Sie wollen oder nicht, Sie hinterlassen in jedem Fall Spuren bei anderen Menschen. Sogar dann, wenn Sie Ihr Leben nicht aktiv gestalten, sondern es passiv geschehen lassen.

Warum das so ist, ist leicht erklärt. Menschen lernen durch Beobachten und Nachahmen. Unser Umfeld beeinflusst uns immer, das ist von der Evolution so in unserem Gehirn angelegt. Dort werden Spiegelneuronen aktiv, wenn wir das Verhalten eines anderen Menschen beobachten. Das heißt, wir tragen ein Abbild seiner Aktion in uns. Im Umkehrschluss bedeutet dies: Unser Verhalten pflanzt sich automatisch in die Menschen unserer Umgebung ein.

Aber es sind nicht nur biologische Gründe, die eine Rolle spielen. Im Alltag erleben wir, wie stark Menschen Einfluss auf uns nehmen. Wir üben schon allein durch unsere Existenz Einfluss auf die Menschen unserer Umgebung aus und hinterlassen dort unvermeidlich Spuren. Die Frage ist nur, welche. Die, die wir beabsichtigen? Oder die, die – bei genauer Betrachtung – gar nicht in unserem Sinne sind? Führen diese Spuren zu unserem Horizont? Oder nur ganz zufällig irgendwohin? Sind es prägende Spuren, die Wirkung hinterlassen? Oder sind es nur oberflächliche Ansätze, eine Spur, die schnell verweht wird?

Wie wünschen Sie sich Ihre Spuren? Wie sollen sie sein? Haben Sie schon einmal darüber nachgedacht?

Laser statt Glühbirne

Wenn Sie auf Ihren Horizont zugehen, hinterlassen Sie Spuren, indem Sie Ihre Energie in eine bestimmte Richtung kanalisieren. Klingt logisch. In der Praxis ist die Sache mit dem Kanalisieren jedoch nicht so eindeutig.

Mit der Energie eines Menschen ist es wie mit der Energie von Lichtquellen: Eine Glühbirne wirft ihre Energie in Form von Lichtstrahlen in jede Richtung und erhellt ihre Umgebung. Doch sobald sie ausgeschaltet wird, ist es dunkel. Als hätte sie nicht geleuchtet. Es bleiben am Ort keine sichtbaren Spuren dieser Energie zurück.

Anders ein Laser. Ein Laser ist auch nichts anderes als Lichtenergie. Mit dem Unterschied, dass es sich hierbei um gebündeltes Licht handelt. Die Energie wird nicht in alle möglichen Richtungen verpulvert, sondern auf einen Punkt fokussiert. Das führt zu einer konzentrierten Wirkung. Dort, wo der Laserstrahl auf Masse trifft, schneidet er ein und hinterlässt eine Spur. Und die Spur bleibt, auch wenn der Laser ausgeschaltet wird.

So wie eine Glühbirne sich dadurch auszeichnet, dass sie zwar viel Energie einsetzt, die Energie aber in alle Richtungen abgibt, so zeichnen sich viele Menschen dadurch aus, dass sie auf hoher Drehzahl laufen, aber wirkungslos bleiben. Dass sie pausenlos quasseln, ohne etwas zu sagen. Sie jagen ihre Energie in unzählige Aufgaben und Projekte, sodass auf das einzelne Vorhaben nur wenig Energie fällt. Sie sind auf so vielen Baustellen unterwegs, wechseln so oft die Richtung, dass keines der Vorhaben ausreichend Energie abbekommt, um wirklich erfolgreich werden zu können.

Viele Menschen sind wie Glühbirnen: Sie setzen viel Energie ein, geben sie aber in alle Richtungen ab.

Das ist kein Wunder, denn um zum Laser zu werden, brauchen Sie einen Horizont, der Ihnen hilft, Ihre Energie zu fokussieren. Der Ihnen Orientierung gibt, wenn Sie auf dem Weg Entscheidungen darüber treffen, welche Vorhaben Sie verfolgen und welche nicht. Einem Kind kann das egal sein. Es lebt nach dem Motto: Was kann die Welt für mich tun? Doch als reifer Erwachsener ändert sich diese Fragestellung. Sie lautet nun: Was kann ich für die Welt tun?

Ohne Horizont können Sie diese Frage nicht beantworten. Ohne Horizont bleibt Ihr Licht eine Glühbirne.

Mein Sohn zum Beispiel ist Teenager und steht kurz vor dem Ende seiner Schulzeit. Er ist, was seine berufliche Zukunft angeht, noch Glühbirne. Das ist nicht tragisch, weil das in dem Alter dazugehört. Okay, es gibt einzelne Altersgenossen, denen schon klar ist, was sie wollen. Aber das ist die Ausnahme. Für mich ist es vollkommen in Ordnung, dass mein Sohn noch nicht als Laser unterwegs ist. Er braucht seine Zeit und kann noch lange genug in seinem Leben wirkungsvoll sein. Einziger Haken: Solange er für sich selbst noch nicht klar ist – wie soll er da eine Entscheidung treffen zwischen Ausbildung, weiterführender Schule oder Auslandsjahr?

Solange er nicht klar ist, kann er auch keine Begeisterung entwickeln für irgendetwas. In einer solchen Phase ist es hilfreich, wenn er Menschen hat, die ihn in einer guten Absicht begleiten und ihm helfen, Entscheidungen zu treffen. Auch wenn manche dieser Entscheidungen nur eine vorübergehende Lösung zur Überbrückung sind bis zu der Zeit, in der er Klarheit über seinen Weg gewonnen hat und gegebenenfalls den Kurs mit neuen Entscheidungen korrigiert.

Manchmal braucht Klarheit Zeit, nicht nur bei Heranwachsenden. Sie können versuchen, Ihre Entwicklung zum Laser zu unterstützen, indem Sie sich jemanden oder etwas suchen, was Ihnen hilft, eine Abkürzung zu finden: einen Coach, einen anspruchsvollen Chef, anspruchsvolle Kunden, Seminare, Bücher etc. Aber manchmal können Sie die Entwicklung trotz aller Maßnahmen nicht forcieren.

Klarheit braucht Zeit. Nicht nur bei Heranwachsenden.

Sich einzugestehen, dass Reifung ihre Zeit braucht, ist in der heutigen Zeit eine immer größere Herausforderung. Wir leben in einer Welt der fast unbegrenzten Möglichkeiten. Aus dem Tante-Emma-Laden des Lebens mit seinem eingeschränkten Angebot ist ein Megasupermarkt geworden, in dem es alles gibt – und zwar in zig Varianten und rund um die Uhr. Das gilt für die Konsumwelt wie für Beziehungen, Partnerschaft oder Sexualität. Rund um die Uhr gibt es die Möglichkeit, weltweit mit anderen Menschen in

Kontakt zu treten. Sie sind nur einen Mausklick von uns entfernt. Oder für das Thema Job: Sie können sich nicht nur in Ihrer Stadt nach einem neuen Job umschauen, Sie können auch in eine andere Stadt oder in ein anderes Land gehen. Medien und Werbung suggerieren ständig: Alles ist möglich, wenn du nur willst.

Sich in dieser Angebotsvielfalt auf sich selbst und seine innere Stimme zu besinnen – das ist schwer. Ich weiß! Die Verführung ist groß, sich mit anderen zu vergleichen, den Mangel zu sehen statt die Fülle und sich durch Neid vom Wesentlichen ablenken zu lassen. Denn es gibt immer jemanden, der mehr hat oder mehr kann als Sie. Der hübscher ist, schlanker, sportlicher, jünger, älter, intelligenter, erfolgreicher, schönere Brüste hat oder mehr Geld oder was weiß ich. An dieser Stelle dem Impuls zu widerstehen, diese »Besseren« zu übertrumpfen, und weiterhin nach der eigenen Richtung zu suchen, verlangt Disziplin ab. Aber die ist unerlässlich. Erst wenn Sie wissen, welches Potenzial Sie freisetzen wollen, verfügen Sie über die Voraussetzung, zum Laser werden zu können.

Ein Horizont allein macht noch keinen Laser.

Doch Vorsicht! Selbst wenn Sie Ihren Horizont gefunden haben: Ein Horizont allein macht noch keinen Laser.

Es passt halt nie

Mein guter Bekannter Jörn ist ein cooler Typ: Er ist erfolgreicher Kapitalanlageberater, hat ganz gut Karriere gemacht. Aber eigentlich will er viel lieber hauptberuflich Trainer werden: Er will auf die Bühne und vielen anderen Menschen von dort aus eine Richtung geben. Deshalb beneidet er mich, denn ich lebe seinen Traum. Das heißt, er kennt seinen Horizont genau. Und trotzdem bleibt er eine Glühbirne. Er selbst gibt nur ab und zu interne Trainings für Kollegen, ansonsten passiert seit Jahren nichts. Außer das Basteln neuer Ausreden: Jetzt passt es gerade nicht, weil in der Familie so viel in Bewegung ist. Weil in der Firma gerade so viel Stress ist. Weil die Scheidung ansteht. Weil die Kinder abgesichert sein müssen. Weil, weil, weil.

Sie sehen: Sie brauchen neben Ihrem Horizont noch einige weitere Instrumente, um von der Glühbirne zum Laser werden zu können.

Schlagkraft braucht Energie

Damit Sie etwas in Ihrem Leben verändern können, brauchen Sie Energie. Doch Hand aufs Herz: Es gibt immer wieder diese Tage, an denen Sie sich ausgelaugt fühlen und Ihre PS nicht auf die Straße bekommen. Schauen wir uns einmal an, in welchen Bereichen Sie Energie verbrauchen und wie Sie vor allem neue Energiereserven freisetzen können. Unsere Energie lässt sich in fünf Kategorien aufteilen:

- Autonome Funktionen: Das sind Ihre lebenserhaltenden Funktionen, also all das, was von selbst abläuft: Atmung, Verdauung, Stoffwechsel etc. Wenn Sie sich gesund ernähren und Sport treiben, sorgen Sie dafür, dass Ihr Körper hier weniger Energie aufwenden muss. Stopfen Sie ungesundes Zeug in sich rein, kennen Sie Sport nur aus dem Fernsehen und bringen Sie ordentlich Übergewicht auf die Waage, verbraten Sie in dieser Kategorie unnötige Energie. Selbstfürsorge ist das Stichwort. Sie verbessert nicht nur die Bilanz in dieser Energiekategorie, sondern erhöht auch die Chance, dass Sie im hohen Alter vital durchs Leben laufen – anstatt mit dem Rollator.

- Selbstwertgefühl: Sie erinnern sich noch an Zwerg und Riese (Kap. 7)? Wenn der Riese die Kontrolle in uns übernommen hat, strotzen wir nur so vor hohem Selbstwert – und verbrauchen in dieser Kategorie wenig Energie. Rutscht unser Selbstwert jedoch in den Keller und der Zwerg sitzt am Steuer, dann kostet uns das viel Energie.

- Routinen: All die Aufgaben, die Sie routinemäßig abarbeiten. Standardaufgaben also, die Sie, ohne groß nachzudenken, bewältigen können, beispielsweise Müll rausbringen, Reisekostenabrechnung erstellen oder Zähne putzen.

- Kreative Arbeit: Hier brauchen Sie Grips und Konzentration. Sie müssen nachdenken, um diese Art von Aufgaben zu lösen. Dazu benötigen Sie eine andere Energie als für Routinearbeiten.

- Lernen: Die letzte Kategorie betrifft den Bereich Ihrer persönlichen Weiterentwicklung. Hier lernen Sie Neues oder verändern Ihr Verhalten, indem Sie sich neue Gewohnheiten antrainieren.

Prüfen Sie doch einmal, wo Sie aktuell stehen! Erstellen Sie eine Tabelle mit fünf Spalten. Tragen Sie in jede Spalte als Überschrift eine der Energiearten ein. In der ersten Zeile notieren Sie, wie viel Zeit Sie mit dieser Art von Aufgabe im Schnitt pro Woche verbringen (in Prozent). In der zweiten Zeile notieren Sie Ihre Antwort auf die Frage: Was schätzen Sie, wie viel Energie frisst diese Aufgabe (ebenfalls in Prozent)?

	Autonome Funktionen	Selbstwertgefühl	Routinen	Kreative Arbeit	Lernen
Zeitanteil			10%		
Energieanteil			30%		

Da ich mein Büro dank exzellenter Mitarbeiter so gestalten konnte, dass ich nur noch wenig Zeit mit Routineaufgaben verbringen muss, ist meine Prozentzahl in dieser Spalte mit 10% sehr gering. Aber der Energieaufwand ist verhältnismäßig hoch: gefühlt 30%. Warum? Weil mir Routineaufgaben keinen Spaß machen. Also habe ich den zeitlichen Aufwand, so gut es geht, reduziert. Die spannende Erkenntnis war: Es gibt Menschen, denen machen Routineaufgaben Spaß! Meine Buchhalterin zum Beispiel verbringt rund 80 % ihrer Zeit mit Routineaufgaben. Ihr gefühlter Energieaufwand liegt jedoch bei nur 20 %.

Zum Verständnis noch ein paar Anmerkungen: Die Tabelle füllt sich von links nach rechts. Zuerst fressen also die autonomen Funktionen Ihre Energie, dann Ihr Selbstwert, dann die Routinen, dann die kreative Arbeit und erst zuletzt kann das Lernen auf die dann noch verbleibende Energie zugreifen. So kann es Tage geben, an denen Sie nur Fast Food mampfen, keinen Sport machen, dafür viel Alkohol trinken, Ihr Selbstwert unterm Teppich Rollschuh fährt und Sie abends auf dem Sofa nicht mal mehr die Energie für die täglichen Routinen haben. Statt Müll rauszubringen, Zähne zu putzen und ins Bett zu gehen, versacken Sie auf dem Sofa. Von Lernen wollen wir an diesem Abend gar nicht erst sprechen.

Übrigens, für die Scherzkekse unter Ihnen: Die Summe aller Energiezahlen muss pro Zeile 100 % ergeben.

Der Beste oder nichts

Ich fahre zwar keinen Mercedes, aber mir gefällt der Slogan der Firma: »Das Beste oder nichts«. Er bringt es auf den Punkt: Warum sollten wir Aufwand für weniger als das Beste treiben? Energie ist bei jedem von uns begrenzt. Das Licht des Lasers ist im Gegensatz zum Licht der Glühbirne ein gebündeltes Licht, also »gebündelte Energie«. Und das ist das Geheimnis: Sie brauchen nicht *mehr* Energie, Sie brauchen nur den *gezielteren Einsatz* der vorhandenen Energie.

Erst die Bündelung ermöglicht die starke Wirkung.

Deshalb lege ich Ihnen dringend ans Herz: Werden Sie der Beste – oder nichts! Der Beste heißt Spitzenleistung. Voller Einsatz ist gefragt und dabei sollten Sie ständig hinterfragen, verbessern, ergänzen, ausprobieren, korrigieren. Was kann denn die Alternative zu Spitzenleistung sein? Durchschnitt? Das ist kein lohnendes Ziel. Ein durchschnittlicher Ehemann werden? Nein – der beste Ehemann werden! Ein durchschnittlicher Mitarbeiter? Auf keinen Fall – sonst schnappt mir jemand den Job weg. Und zwar genau der Jemand, der der Beste in diesem Job werden will.

Sie müssen jedoch nicht der Beste in der Welt werden. Es reicht vollkommen, wenn Sie der Beste in der für Sie *relevanten* Welt sind! Was meine ich mit »relevanter Welt«? Die relevante Welt ist die Welt vor Ihrem Horizont. Wenn Sie zum Beispiel sagen, dass Sie der beste Ehemann werden wollen, dann ist klar: Damit sind *nicht* alle Frauen auf dieser Erde Ziel Ihrer Bemühungen. Sondern nur eine: Ihre Ehefrau. Oder nehmen wir das Beispiel Elternschaft: »Ich will die beste Mama werden.« Für wen? Nicht für alle Kinder der Erde, nicht einmal für alle aus der Nachbarschaft. Sondern nur für die eigenen Kinder! Darauf können Sie Ihre Energie richten. Und dafür tun Sie alles!

Das gilt auch für die berufliche Welt: Ich weiß für mich, dass ich nicht der beste Berater für alles und jeden auf der Welt sein kann und will – und auch nicht sein muss. Wenn es jedoch um Strategie-Umsetzung für Unternehmen mit Nummer-eins-Anspruch geht, will ich die Nummer eins sein. Für die Kunden, die Klartext suchen, will ich der Beste in meinem Spezialgebiet sein.

Jack Welch, der ehemalige CEO von *General Electric*, hat dieses Prinzip vorgelebt. Von ihm stammt das Credo: »Aus allen Märkten, wo wir nicht Nummer eins oder zumindest Nummer zwei werden können: raus!« Das heißt, er hat Firmen verkauft, obwohl sie profitabel waren. Sobald sie »nur« auf Platz fünf oder sieben standen, ohne Potenzial für die Nummer eins, gab er sie weg. Ihm war klar: Im Mittelmaß dümpeln, auch wenn man damit vielleicht ein paar Millionen im Jahr verdient, bindet Ressourcen, die in der Nummer eins viel besser investiert sind.

Suchen auch Sie sich aktiv die Welt, die für Sie und Ihr Ziel die relevante Welt ist. Dort werden Sie der Beste. Wenn Sie von vornherein davon ausgehen, dass Sie dort nicht der Beste sein können, lassen Sie es gleich sein. Dann brauchen Sie gar nicht erst anzufan-

»Aus allen Märkten, in denen wir nicht Erster sein können: raus!«

gen, denn es wird jemanden geben, der der Beste werden will. Und genau diese Person macht Ihnen dann das Leben schwer.

Die gute Nachricht ist: Es gibt mindestens einen Bereich, für den etwas in Ihnen steckt und in dem Sie der Beste sein können. Sie müssen sich nur auf die Suche begeben. Damit sind wir wieder bei dem Thema »innere Stimme«. Überlegen Sie: Was ist für Sie nicht nur ein Job? Worin steckt Ihre Leidenschaft? Wofür brennen Sie? Wofür sind Sie bereit, sich mit aller Kraft einzusetzen? Hart an sich zu arbeiten, auch wenn es wehtut oder anstrengend ist oder Niederlagen Sie in die Knie zwingen? Wenn Sie wirklich für dieses Thema brennen, dann möchten Sie es nicht nur – dann wollen Sie es! Dann werden Sie die Energie aufbringen, um durchzuhalten.

Der Unterschied zwischen *ich möchte* und *ich will* ist dabei entscheidend. Bei vielen Seminarbesuchern oder Menschen, die sich massenweise Bücher zu einem Thema besorgen, habe ich den Eindruck, dass es über ein »möchten« nicht hinausreicht. Sie haben die Absicht, etwas zu verändern, aber sie tun es nicht. Sie verstecken sich hinter Büchern, um nicht ins Tun kommen zu müssen.

Sicher, es gibt immer wieder mal Momente, in denen wir zweifeln oder Vorbehalte haben. In solchen Situationen hat es sich bewährt, wenn ich mich selbst an folgendem Gedanken orientiere: »Strebe nach Perfektion, wohlwissend, dass du sie wahrscheinlich nie erreichen wirst. Perfektion ist eine göttliche Eigenschaft. Und wir Menschen sind fehlbar. Also, fange lieber jetzt gleich an, und gewöhne dich an den Gedanken, dass du einfach viel üben und dich schnell erholen musst, wenn etwas schiefgeht. Das ist nicht schlimm, denn das sind die Momente, in denen du lernst und wieder ein Stück besser wirst.«

> Strebe nach Perfektion, wohlwissend, dass du sie nie erreichen wirst.

Wenn Sie ins Tun kommen, achten Sie darauf, dass die Welt, die Sie sich für Ihre Aktivitäten ausgesucht haben, tatsächlich die *relevante* Welt ist. Oder – um im Bild eines früheren Kapitels zu bleiben – dass Sie sich Ihre Scheibe Brot so bemessen haben, dass Sie mit Ihrer verfügbaren Butter auch einen vernünftigen Belag hinbekommen, anstatt die Butter auf der zu großen Brotscheibe hauchdünn draufkratzen zu müssen.

Sie erinnern sich? Wenn Sie ein kleines Brot bestmöglich bestreichen können, dann qualifizieren Sie sich für das nächstgrößere Stück Brot. Weil derjenige, dem Sie das aufs Beste gelungene kleine Brot gezeigt haben, Ihnen Butter für ein größeres Stück gibt.

Das Geheimnis des Lasers ist die Beschränkung auf die relevante Welt.

Die Beschränkung auf die relevante Welt ist das Geheimnis des Lasers. Dabei geht es nicht darum, hundert Themen auf einmal, sondern stattdessen nur ein Thema anzupacken, das aber mit aller Energie, die Ihnen zur Verfügung steht.

Am richtigen Hebel ziehen

Ich habe einmal eine Unternehmensberatung begleitet. Die Jungs lagen 40 % hinter den Planzahlen. Und das in der Mitte des 3. Quartals! Trotzdem wollten sie das Jahresziel noch erreichen. In unseren Gesprächen kamen sie mit allen möglichen Dingen, die verbessert werden müssten – und fanden sehr schnell sehr viele Aufgaben für Kollegen aus anderen Bereichen.

Wenn es nach ihnen gegangen wäre, hätten wir alles aufgerissen: von der Firmenstrategie über die Software bis hin zu internen Abläufen. Und wären gnadenlos gescheitert. Mag zwar sein, dass all dies für etwas hätte sinnvoll sein können. Aber für das Projekt und den begrenzten Zeitrahmen: völliger Nonsens! Glühbirne in Reinkultur.

Wir nahmen uns also die Zeit zum gründlichen Nachdenken – zunächst ein Umweg – und entschieden gemeinsam: »Wir wollen als Laser vorgehen. Das heißt, wir konzentrieren uns auf eine einzige Frage. Was ist der stärkste Hebel, um an neue Projekte zu kommen?« Die klare Antwort lautete: »Gespräche mit potenziellen Kunden führen.«

Wir verbrachten im Laufe der nächsten Monate gar nicht so viel Zeit miteinander: Wir telefonierten nur jeden Freitagmorgen pünktlich um 7.30 Uhr eine Viertelstunde miteinander und fragten von jedem Einzelnen vier Dinge ab: Was war dein Ziel der letzten Woche? Was hast du tatsächlich gemacht? Gibt es Steine im Weg, die wir wegräumen müssen? Was nimmst du dir für die nächste Woche

vor? (Und wirklich nur für die nächste Woche, nicht für die nächsten Monate!)
Das ging knapp vier Monate lang so. Den angepeilten Jahresumsatz haben wir auf diese Art zwar haarscharf verpasst. Aber durch die extrem fokussierte Aktivität ist es trotzdem ein historischer Erfolg geworden. Denn viele der neuen Aufträge wurden erst im Folgejahr abgerechnet. Und mit solch hohem Umsatz im Voraus wie für das darauffolgende Jahr war dieses Unternehmen in seiner 35-jährigen Firmengeschichte noch nie zuvor gestartet.

Wir bekommen jeden Tag so viel Input, dass endlos viele neue Ideen geboren werden, was wir noch alles tun könnten. Allerdings gibt es genug Beispiele, die zeigen, dass wir genau das vermeiden sollten.

Eine der wertvollsten Firmen dieser Welt ist *Apple*. Wie bereits zitiert, hat *Steve Jobs*[1] (sinngemäß) einmal gesagt, dass er nicht nur stolz darauf ist, was *Apple* alles gemacht hat, sondern dass er mindestens genauso stolz darauf ist, was alles nicht gemacht wurde. *Apples* Strategie ist es, sich lediglich auf ein wichtiges Projekt zu konzentrieren, nicht auf zehn gleichzeitig.

Dabei könnte dieses Unternehmen jeden Tag tausend spannende Dinge neu beginnen. Aber die Kunst besteht darin, immer wieder Nein zu sagen und sich auf das zu konzentrieren, was den stärksten Hebel für Erfolg bedeutet. Damit wird das aktuelle Projekt auf ein exzellentes Niveau gehoben.

Diese Philosophie scheint durch in dem denkwürdigen Telefonat zwischen *Steve Jobs* und *Mark Parker*,[3] als Letzterer neuer Vorstand von *Nike* geworden ist. Das Gespräch verlief sinngemäß so:

Parker, *scherzhaft:* »*Na, rufst du mich jetzt an, um mir ein paar Tipps zu geben, wie ich mein Geschäft erfolgreich mache?*«
Jobs, *ernsthaft:* »*Nein, ich wollte über unsere Kooperation sprechen.*«
Nach kurzem Zögern fügt er hinzu: »*Obwohl – wenn du mich schon fragst. Eine Sache hätte ich: Ihr bei Nike macht so herausragende Produkte. Und ihr könntet so eine großartige Firma sein, wenn ihr nicht gleichzeitig auch so viel Scheiß machen würdet.*«
Parker *wartet auf das Lachen. Das kommt aber nicht.*

Meine Empfehlung an Sie ist: Suchen auch Sie sich das Projekt, das Ihnen wirklich am Herzen liegt. Verzetteln Sie sich nicht mit zu viel Unwichtigem. Das hilft Ihnen enorm, Ihre Zeit wirkungsvoll zu nutzen.

Suchen Sie sich das Projekt, das Ihnen wirklich am Herzen liegt.

Apropos verzetteln – fokussieren bedeutet auch: Reden Sie nicht zu viel! Vor allen Dingen keinen Unsinn! Wenn ich Sie in diesem Buch ermutigen möchte, Ihre Stimme zu benutzen und Standpunkte zu äußern, heißt das ja gerade nicht, dass Sie in Zukunft unaufhörlich quasseln sollen. Sondern auch hier gilt: Fokussieren Sie erst Ihre Gedanken und dann Ihre Worte. Kommen Sie zum Punkt. Sagen Sie nur das, was notwendig ist. Weniger ist mehr! Dann wird auch Ihre Stimme zum Laser und Sie erzielen Wirkung. Und Sie vergeuden nicht die Zeit Ihrer Zuhörer.

Wenn wir schon beim Thema Zeit sind: Das Beste, was Sie hier erreichen können, ist Pünktlichkeit. Spätestens an diesem Punkt wird klar, dass Ihr Fokus nicht nur dem Eigennutz dient. Er hilft Ihnen, Ihre Mitmenschen fair und gut zu behandeln.

Meine Lebenszeit gehört mir
Ich war noch Student und gleichzeitig Geschäftsführer einer studentischen Unternehmensberatung. Ich hatte die Aufgabe, neue Projekte an Land zu ziehen. Dazu hatte ich eine Verabredung mit einem väterlichen Freund, einem Urgestein der deutschen Werbung.
Damals war Pünktlichkeit noch nicht gerade meine herausragende Tugend. Ich kam also zwölf Minuten zu spät zu unserem Treffen. Er war stinkesauer und sagte nur: »Ich war kurz davor, wieder zu fahren. Und ich sage dir das jetzt zum ersten und letzten Mal: Ich erwarte, dass du, wenn wir uns verabreden, pünktlich bist. Ich will nicht, dass jemand anderes über meine Lebenszeit verfügt. Ist das klar?«

Diese Begebenheit hat sich bei mir eingebrannt, denn das hatte ich zuvor noch nie so gesehen: Wenn ich zu spät komme zu einem Termin, zwinge ich mein Gegenüber zum Warten. Zu einem Einsatz seiner Lebenszeit, den er so nicht gewollt hat. Auf diese Weise ist Pünktlichkeit zu einem Laserthema für mich geworden: wenn Termin, dann pünktlich. Auf die Minute genau. Denn ich trage Verantwortung nicht nur für meine Zeit.

Das Märchen vom Multitasking

Fokussieren – das klingt so leicht und ist doch so schwer. Wir meinen noch immer, dass vor allem derjenige, der vieles parallel macht, besonders leistungsfähig ist. Das geht haarscharf an der Realität vorbei!

Es heißt immer, wir seien multitaskingfähig. Das trifft definitiv nicht zu – obwohl wir es glauben. Selbst das, was zum Beispiel bei Betriebssystemen als Multitasking bezeichnet wird, ist eigentlich eine Mogelpackung: Da laufen zwar parallel mehrere Programme, aber es gibt immer nur *ein* Fenster, das im Fokus steht. Oder sehen Sie sich eine Kameralinse oder einen Beamer an: Sie können die Linse so einstellen, dass ein bestimmter Bereich scharf ist. Das hat aber zur Folge, dass andere Bereiche automatisch unscharf werden. Alle Programme gleichzeitig aktiv oder alle Bereiche gleichzeitig scharf halten – das funktioniert nicht.

Ich halte deshalb Multitasking, also die Fähigkeit, mehrere Sachen parallel und gleich gut zu machen, für ein Märchen. Es gibt auch etliche Studien, die nachweisen, dass dieses Vorgehen wesentlich weniger wirkungsvoll ist, als wenn Sie die gleichen Aufgaben nacheinander und fokussiert bearbeiten.

Schaffen Sie sich deshalb Blockzeiten. Wieso werden in der Industrie die Maschinen und die Produktionszyklen immer leistungsfähiger? Weil sie mit Blockzeiten arbeiten: Wenn ein bestimmtes Produkt hergestellt werden soll, wird die Maschine darauf eingestellt und produziert die gewünschte Stückzahl. Niemand sagt: »So, nun machen wir von dem da ein Stück und danach von dem da drüben fünf und danach wieder zwei vom ersten.« Die Maschine müsste dazu jedes Mal umgerüstet werden. Einleuchtend, dass das ineffektiv ist.

Nur elf Minuten am Stück an einer Sache arbeiten – wie soll das effektiv sein?

Warum denken wir Menschen dann aber, wir erledigten die Dinge besser, indem wir alle zehn Sekunden umschalten von einem Thema auf das andere? Das funktioniert einfach nicht! Wenn ein Manager im Schnitt wirklich nur elf Minuten am Stück an einer Sache arbeiten kann – wie soll er unter diesen Umständen wirkungsvoll werden? Er muss sich jedes Mal neu ins Thema hineindenken und konzentrieren.

In meiner Arbeit als Berater begleite ich viele Veränderungsprozesse, die das konkrete Verhalten von Menschen betreffen. Das ist ein anspruchsvolles Vorhaben. Ich erinnere mich an ein Projekt, bei dem eine Industriefirma ihren stärksten Wettbewerber gekauft hatte. Die Mitarbeiter waren es über Jahrzehnte gewohnt, sich am Markt zu bekämpfen. Es ging nun darum, im Vertrieb aus Feinden Freunde zu machen, um gemeinsam mehr zu erreichen:

Weniger ist mehr

»Herr Holzer«, sprach mich ein Geschäftsführer vor dem Workshop mit den Mitarbeitern an, »sind Sie sicher, dass Sie heute nur zwei der vier Maßnahmen, die wir vereinbart haben, angehen wollen?«

»Ja«, antwortete ich bestimmt. »Wir wollen schließlich Exzellenz und kein Mittelmaß.«

Und tatsächlich: Beim Meeting zog sich die Bearbeitung des ersten Themas unendlich lange hin, bis wir es wirklich greifbar hatten: ein gemeinsames Verständnis vom Problem, einen Zielzustand, die konkreten Handlungsoptionen für den Einzelnen. Bis hin zu der Überprüfung: »Wie messen wir den Erfolg des Einzelnen? Worin genau liegt seine Verantwortung?«

Bis wir das so weit hatten, war der Tag vorbei.

Die Geschäftsführer sagten hinterher: »Wir sind ein bisschen verblüfft und enttäuscht, aber wir haben gesehen, wie langwierig es war, dieses Thema mit der Mannschaft zu erarbeiten, anstatt es von oben herab zu diktieren. Herr Holzer, wann gehen wir das zweite Thema an?«

»Meine Empfehlung ist«, erwiderte ich, »belassen Sie es bei dem einen Thema. Sorgen wir lieber dafür, dass wir dieses erste Maßnah-

menpaket in Gang bringen, neue Gewohnheiten etablieren und messbare Erfolge erzielen. Danach packen wir das nächste Thema an.«
Sie haben sich darauf eingelassen und es nicht bereut.

Wenn Menschen ambitioniert sind, dann wollen sie möglichst viel möglichst sofort machen. Die Kunst ist, sich für das Gegenteil zu entscheiden: »Ich fokussiere mich auf wenig, damit ich eine Chance habe, es exzellent umzusetzen.« Denn der Fokus auf wenig statt auf viel ist kein Zeichen von Rückschritt oder Schwäche. Im Gegenteil: Das ist am Ende der eigentliche Turbo.

Fokussieren ist der eigentliche Turbo.

Selektieren statt priorisieren

Da Lebenszeit begrenzt ist, sollten wir sorgsam mit ihr umgehen. Dazu müssen wir zum Laser werden und uns selbst begrenzen, uns auf den für uns relevanten Ausschnitt der Welt, auf das relevante Projekt beschränken. Wenn Sie allem eine Priorität geben, hat am Ende nichts Priorität. Sie kommen aus dieser Schleife nur heraus, wenn Sie selektieren, das heißt, bestimmte Themen auswählen – und den Rest bewusst abwählen. Das hat zur Folge, dass Sie täglich Nein sagen müssen: zu der nächsten tollen Idee, zu der nächsten Einladung, zu dem nächsten eiligen Zwischenauftrag, zu der nächsten treuherzig vorgetragenen Bitte.

Es ist Ihre Entscheidung – jeden Tag –, zu sagen: Das mache ich, das mache ich nicht. Das will ich lernen, das will ich nicht lernen. Und der Schwerpunkt liegt auf »nicht«. Denn das, was Sie jeden Tag nicht machen, ist in der Summe mehr, als Sie sinnvoll erledigen könnten.

Doch woher wissen Sie, was bedeutend ist und was aussortiert werden muss? Der Rettungsanker in der Flut der täglichen Angebote ist Ihr Horizont. Er gibt Ihnen die Orientierung. Bei all den möglichen Aktivitäten fragen Sie sich, welche davon Sie am wirkungsvollsten in seine Richtung voranbringen. Ihr bester Ratgeber ist dabei Ihre innere Stimme. Die kann meist wie aus der Pistole geschossen sagen: »Nein, gehört nicht zum Horizont, also lass es.«

Jetzt müssen Sie nur noch den Mund aufmachen und das »Nein« zu all den Aktivitäten, die Sie abgewählt haben, auch aussprechen. Betrachten Sie die Fähigkeit, Nein zu sagen, als eine Art Muskel, den Neinsagemuskel. Jeder hat ihn, er wird nur unterschiedlich intensiv genutzt. Bei vielen ist er mangels Übung unterentwickelt. Doch das richtige Training kann ihn stärken. Die Katzen-Typen haben dafür von Haus aus mehr Talent. Aber auch jeder Hund kann Neinsagen lernen, wenn er es will. Trainieren Sie jeden Tag bewusst diesen Muskel! Wie bei einem körperlichen Muskel wird jede Übungseinheit dazu führen, dass Ihnen das Nein immer leichterfällt.

Durch dieses Training lernen Sie nebenbei auch, mit den Reaktionen Ihres Umfelds umzugehen. Wir haben schon besprochen, dass Sie mit einem Nein nicht immer Begeisterung auslösen. Das ist natürlich, denn auch Ihr Umfeld muss erst lernen, mit Ihrer Fokussierung umzugehen. Aber vertrauen Sie darauf: So wie Sie lernfähig sind, so ist es auch Ihr Umfeld. Zumindest das Umfeld, das für Sie gut ist.

Denn auch bezogen auf Ihr Umfeld kann es manchmal hilfreich sein, zu selektieren und Nein zu sagen. Erinnern Sie sich an das Krabbenbild? Dass die unten sitzenden Krabben die Krabben oben daran hindern, sich in die Freiheit zu retten, indem sie sie festhalten? Wenn Sie merken, dass es in Ihrem Umfeld solche Krabben gibt: Lernen Sie, auch zu diesen Menschen Nein zu sagen.

Nutzen Sie Neid als Schwungkraft

Wenn Sie wissen, wer Sie werden möchten, stellt sich die Frage: Wie fangen Sie's an? Viele Wege führen nach Rom. Doch es gibt auch eine Abkürzung. Suchen Sie sich Vorbilder, die bereits das leben, was Sie gerne erreichen möchten. Das können Ihnen bekannte Menschen sein, aber auch Personen, die Sie nur aus den

Medien kennen. Selbst von Schauspielern dargestellte Rollen aus Filmen sind geeignet. Vielleicht spüren Sie dabei einen gewissen Neid. Neid, dass die Person beherrscht, was Sie erst lernen möchten. Oder Sie sind neidisch auf den Erfolg, den die Person bereits hat. Neid entsteht aus dem Vergleich mit anderen und wir vergleichen unwillkürlich und ständig.

Neid ist besser als sein Ruf, er kann sehr hilfreich sein. Denn er hat – wie so vieles im Leben – zwei Seiten. Seine positive Seite: Wenn Sie neidisch auf das sind, was ein anderer hat oder kann, weckt das in Ihnen Emotionen, die Ihnen Kraft geben, an sich zu arbeiten. Sie wollen dorthin, wo er schon ist. Das motiviert Sie, die Leistung des anderen nachzuahmen oder sogar zu übertreffen. Neid ist eine der stärksten Triebfedern des Menschen.

Neid kann Kraft geben oder zur lähmenden Blockade werden.

Die negative Seite dagegen ist darin zu sehen, dass Neid zur lähmenden Blockade werden kann: Wenn Sie nur auf das sehen, was Ihnen fehlt, verheddern Sie sich in negativen Emotionen. Das ständige Vergleichen hindert Sie daran, ins Handeln zu kommen, und gerade deshalb schneiden Sie in den Vergleichen immer schlechter ab – ein Teufelskreis. Achten Sie also darauf, wie Sie Neid für sich einsetzen.

Strahlen Sie positive Kraft aus – auf sich und auf andere

Ignoranz

Der Psychologe Dan Ariely machte ein spannendes Experiment:[4]
Die Versuchsteilnehmer erhielten ein Blatt Papier mit zufälligen Buchstabenreihen und wurden gefragt, ob sie für einen kleinen Geldbetrag identische Buchstabenpaare darauf finden und einkringeln würden. Sobald sie ein Blatt durchgearbeitet hatten, erhielten sie ein weiteres Blatt mit der gleichen Aufgabe; nur war der gebotene Betrag dafür jetzt geringer. Für das nächste Blatt gab es noch weniger Geld und so weiter.

Die Teilnehmer wurden in drei Gruppen eingeteilt: In der ersten Gruppe sollten sie ihren Namen auf das Blatt Papier schreiben, das anschließend von einem »Prüfer« vor ihren Augen durchgesehen und dann zur Seite gelegt wurde.

In der zweiten Gruppe sollten die Teilnehmer keinen Namen auf das Blatt schreiben, und der Prüfer nahm das Blatt nur entgegen, um es auf einen Stapel neben sich zu legen – ohne sich auch nur einmal das Papier anzuschauen.

In der dritten Gruppe nahm der Prüfer das Blatt entgegen und steckte es sofort vor den Augen der Teilnehmer in einen Schredder.

Spannend war zu sehen, bis zu welcher Untergrenze der Bezahlung die Teilnehmer bereit waren, die Buchstabenpaare zu suchen. Es ist nicht ganz überraschend, dass in der ersten Gruppe, in der sich der Prüfer mit der geleisteten Arbeit auseinanderzusetzen schien, die Menschen deutlich mehr Blätter bearbeiteten. Erst bei weniger als 15 Cent pro Blatt brachen sie ab. Die Schredder-Gruppe dagegen brach bereits bei 30 Cent ab.

Aber wo, glauben Sie, brach die zweite Gruppe ab? Diejenigen also, bei denen der Prüfer das Blatt ignorierte und ohne Kommentar auf einen Stapel legte? Bei 28 Cent – fast dem gleichen Betrag wie bei der Schredder-Gruppe.

Dieses Experiment zeigt eindringlich: Es ist beinahe egal, ob Sie das, was ein Mensch erschafft, zerstören oder einfach nur ignorieren. Ignorieren hat die gleiche fatale Wirkung wie zerstören. Denn was motiviert Menschen wirklich? Wenn man ihnen Respekt zollt. Respekt heißt, den anderen und das, was er tut, zu sehen. Wenn Sie anderen Anerkennung für ihre Leistungen schenken, spenden Sie Kraft!

Auch Sie brauchen Kraft und Motivation auf dem Weg zu Ihrem Horizont. Und wenn der Weg anspruchsvoll wird oder gar durchs Tal der Tränen führt, brauchen Sie sogar recht viel davon. Motivation gewinnen Sie – wie gerade gezeigt – aus der Anerkennung, die Sie sich für Ihr eigenes Tun zollen. Das heißt: Nehmen Sie sich die Zeit, über all das nachzudenken, was Ihnen auf Ihrem Weg gut gelungen sind. Und hier meine ich explizit nicht das, was perfekt ist, sondern das, was einfach bereits gut genug ist. Sie selbst schenken sich so die Energie für die nächsten Schritte.

Damit Sie auf Ihrem Weg möglichst viel Unterstützung bekommen, ist es hilfreich, dass Sie auch bei anderen Menschen wahrnehmen, wenn sie etwas gut machen. Geben Sie ihnen ein Zeichen, dass Sie bemerken, was sie leisten. So gewinnen Sie wertvolle Weggefährten auf Ihrem Weg zum Horizont.

Schnell erholen ist wichtiger als Perfektion

Ich habe weiter oben geschrieben, dass es wichtig ist, dass Sie der Beste werden wollen. Dieser Anspruch ist auch richtig. Aber bitte vergessen Sie nicht: Perfektion strebt man an, aber man erreicht sie praktisch nie. Ich weiß nicht, wie viele perfekte Momente Sie in Ihrem Leben erleben. Ich erlebe viel öfter, dass etwas schiefgeht und ich mich davon erholen muss. Wenn Sie trotzdem permanent den Anspruch haben, perfekt zu *sein*, dann können Sie das Spiel nicht gewinnen. Dann geht Ihnen dieses Spiel mit der Zeit sogar richtig auf die Nerven, weil Sie permanent unzufrieden sind. Oder Sie erleben, wie eine chronische Angst davor, nicht gut genug zu sein, an Ihrem Selbstwert oder Ihrer Laune zehrt.

Früher war ich so. Wenn ich nach einem Vortrag mein Team gefragt habe: »Und, wie war's?«, bekam ich als Antwort: »Es war klasse.« Das nervte mich. Denn ich wollte kein Lob, sondern erfahren, was ich besser machen könnte. Wenn die Antwort dann war: »Nichts, es war super«, war ich unzufrieden und grummelte: »Man kann immer etwas besser machen.« Ich war eine Pest für die Leute in meinem Umfeld.

Ich war eine Pest für die Leute in meinem Umfeld.

Heute sehe ich das entspannter. Wenn ich nach einem Vortrag mit meinem Büro telefoniere und meine Leute mich fragen: »Wie war's?«, sage ich: »Es war Weltklasse.« Und wenn sie fragen: »Warum?«, dann antworte ich: »Weil ich mir 12 von 10 Punkten gebe.«

Verstehen Sie mich bitte nicht falsch: Ich bin nicht borniert oder überheblich geworden. Aber ich habe bei der Veranstaltung das Beste gegeben, was ich in dem Moment geben konnte. Es war vielleicht nicht perfekt, aber gut genug. Hätte ich es noch besser gekonnt, hätte ich es auch noch besser gemacht. Deswegen habe ich mir angewöhnt, mit der von mir erbrachten Leistung zufriedener zu sein.

Das hält mich ja nicht davon ab, später noch mal selbstkritisch zu reflektieren und zu überlegen: Falls ich den Vortrag ein weiteres Mal halte, was könnte ich dann noch besser machen? Das gehört für mich nach wie vor dazu. Denn selbstkritisches Feedback macht mich besser und treibt mich weiter vorwärts.

Heute weiß ich: Es geht nicht um Perfektion, sondern es geht darum, sich schnell zu erholen. Und das tun Sie nicht, indem Sie sich rückwärtsgewandt mit Vorwürfen überschütten. Sie brauchen Spontanamnesie! Wenn etwas nicht hundertprozentig rundlief – schütteln Sie sich und haken Sie es ab. Machen Sie es einfach beim nächsten Mal besser.

Es geht nicht um Perfektion, es geht darum, sich schnell zu erholen.

Das gilt beruflich wie privat. Ich habe die beste Ehefrau von allen, und meine Ehe wird schöner, je länger wir zusammen sind. Natürlich haben wir zwischendurch auch dysfunktionale Momente. Für mein Eheglück ist es jedoch nicht entscheidend, dass die Ehe perfekt ist und wir uns nie streiten. Im Gegenteil. Aber wenn wir uns mal streiten müssen, ist für mich wichtig, wie schnell wir uns erholen. Amnesie. Schütteln. Ersten Schritt machen und auf den Partner zugehen. Brücke bauen. Erholen, am besten nach 15 Minuten. Und nicht nach 15 Wochen oder gar 15 Jahren …

Der Weg beginnt mit einer Entscheidung

Niemand ist immer im optimalen mentalen Zustand. Wenn Sie mich heute fragen, ob ich ein Laser bin, dann sage ich Ihnen: »Immer öfter.« Denn es kommt immer wieder vor, dass Sie von der optimalen Spur abweichen. Wenn Sie kontinuierlich auf Ihren Horizont zuarbeiten, werden Sie im Laufe der Zeit merken, dass der Anteil der Laser-Zustände zunimmt. Man wird eben nicht über Nacht zu Superman. Stattdessen hat man einen langen Weg zu gehen.

Der entscheidende Wendepunkt in meiner Entwicklung war für mich, dass das Leben mich dazu gedrängt hat, eine Entscheidung zu treffen. Zuerst war es die Frage, ob ich wirklich leben will. Ob ich bereit bin, alles dafür zu tun, den Krebs zu besiegen und mich für das Leben zu entscheiden. Meine Antwort darauf stand fest: Ich will leben. Es folgte die nächste Frage: Womit will ich meine Lebenszeit verbringen? Sie ist begrenzt – wofür will ich sie also einsetzen? Wo will ich den Mund aufmachen und mich einbringen? In welcher Qualität? Die Zeit, in der ich mich mit diesen Fragen beschäftigte, war hart, aber es war mein Glück, dass ich sie erleben durfte.

Damals bin ich aus meinem alten Job ausgestiegen. Das war eine grundlegende Wendung in meinem Leben, doch zu diesem Zeitpunkt waren ein neues Ziel und der Weg dorthin noch überhaupt nicht klar. Immerhin hatte ich erkannt, dass die Verantwortung für mein Leben ganz und gar bei mir liegt. Ich lernte, mir und der Kraft der inneren Stimme zu vertrauen. Sie haben schon gemerkt: Ich bin kein Esoteriker. Aber mir ist Spiritualität im Alltag wichtig geworden. Und so glaube ich, dass das Leben Sie und mich schon in die jeweils richtige Bahn lenkt, wenn Sie sich nicht allzu heftig dagegenstemmen. Und zwischendurch ist es hilfreich, dass Sie sich selbst immer wieder aus der Komfortzone kicken, um an Ihren persönlichen Grenzen zu scheitern, zu lernen und zu wachsen. In solchen Phasen kann es sein, dass Sie vor lauter Nebel gerade mal auf Sicht fahren können. Das Urvertrauen zu haben, dass alles am Ende irgendeinen Sinn ergibt, macht den Weg zum Horizont deutlich leichter. Urvertrauen verleiht Kraft. Und die brauchen Sie. Denn es ist ein lebenslanger Weg, auf dem Sie immer besser werden können. Zu glauben, man sei bereits fertig und könne nichts mehr lernen, ist so, als würde man dem Leben ins Gesicht spucken.

Zum Laser zu werden ist ein kontinuierlicher Prozess.

Sie werden nicht von einem Tag auf den anderen Tag zum Laser. Und selbst wenn Sie es einmal geschafft haben, heißt das nicht, dass dieser Zustand bleiben wird. Das ist unrealistisch. Zum Laser zu werden oder – besser gesagt – immer häufiger in Laser-Zustände zu kommen, das ist ein kontinuierlicher Prozess. Und harte Arbeit.

Showtime – liefern Sie ab!

Wenn Sie an dem Menschen arbeiten, der Sie werden wollen, entwickeln Sie eine Art Zukunfts-Ich. Dieses Zukunfts-Ich unterscheidet sich natürlich von Ihrem heutigen Zustand. Wie werden Sie nun der, der Sie werden wollen? Erinnern Sie sich? Indem Sie so tun, als ob! Angenommen, Ihr Zukunfts-Ich möchte souveräner auftreten – besonders in kritischen Situationen. Der Terminator ist Ihr Vorbild. Dann fragen Sie sich doch einfach: »Wie würde sich der Terminator in meiner Situation verhalten?« Und dann ahmen Sie genau das nach – so gut Sie es eben heute hinbekommen.

Angenommen, Sie müssen eine Rede vor vielen Menschen halten. Für die meisten wäre es authentisch, sich vor lauter Lampenfieber auf der Bühne zu übergeben oder zumindest keinen einzigen Ton herauszubekommen. Doch sobald Sie sich im Kreise der Hochzeitsgäste erheben oder in der Aula oder der Stadthalle die Bühne betreten, müssen Sie abliefern. Egal, wie Sie sich innerlich fühlen. Die Wirkung nach außen ist es, was jetzt zählt. Tun Sie so, als ob. Vergessen Sie »authentisch sein«. Verhalten Sie sich stattdessen professionell.

Wenn Showtime ist, geht es ums Abliefern.

Das Schlimmste, was Sie tun können, ist vorzutreten und zu sagen: »Entschuldigung, haben Sie bitte Nachsicht mit mir: Ich habe letzte Nacht schlecht geschlafen.« Dann wird sich das Publikum einen Sport daraus machen: »Na, dann wollen wir mal sehen, wie viele Fehler der Redner jetzt macht. Hoffentlich wird meine Zeit nicht mit einem langweiligen, schlechten Vortrag verschwendet.« Liefern Sie stattdessen ab und kümmern Sie sich nicht so sehr um Ihre Gefühle. Lernen Sie vielmehr, mit Ihren Gefühlen klarzukommen, wenn Sie in kritische Situationen geraten.

Dieses professionelle Verhalten sollte idealerweise auf Knopfdruck geschehen. Denn es gibt Momente, in denen Sie Laser sein *müssen*. Mir hilft hier die Unterscheidung zwischen Position und Person, von der ich Ihnen schon erzählt habe. Position ist mein Job. Die Rolle, die ich in meinem professionellen Umfeld ausfülle. Person ist das, was mich als Mensch persönlich ausmacht.

Die Momente der Showtime sind die Momente, in denen Ihre Position gefragt ist. In diesen Momenten haben Sie präsent zu sein, egal, was ist. Wenn ein Pilot mit seinem Flugzeug in Turbulenzen kommt, kann er auch nicht sagen: »Ich habe Kopfschmerzen und keinen Bock zu arbeiten.« In diesem Augenblick muss er auf Laser-Zustand schalten. Ohne Wenn und Aber.

In Momenten wie diesen schalten Sie in Ihren professionellen Modus. Es ist wie auf einer Bühne, auf die der Star des Abends tritt. Boom – Showtime! Diese Bühne muss jedoch nicht unbedingt tatsächlich eine Vortragsbühne sein. Ihre Bühne findet sich in allen Bereichen, in denen Sie professionell sein müssen. Dazu gehören zum Beispiel Gespräche mit Mitarbeitern, Boss oder Kunden, die Diskussion mit dem Lehrer über die Noten des Kindes oder der Anruf beim Kundendienst, um eine Reparatur auch außerhalb der Garantiezeit auf Kulanz zu erreichen.

Oder es gibt etwas mit Ihrem Kind zu klären: Dann ist es an Ihnen, jetzt den Laser anzustellen und in das Gespräch zu gehen. Ob Sie gerade Ärger und Stress bei der Arbeit hatten, interessiert in diesem Moment nicht. Ob Sie gerade unpässlich sind, auch nicht.

Der menschliche Laser entwickelt sich aus zwei Komponenten:

1. Die Technik: Diesen systematischen Anteil erwerben Sie, indem Sie lesen, Seminare besuchen, mit anderen Menschen über die Themen sprechen etc. Sie saugen Wissen auf wie ein

Schwamm. Hier modellieren Sie Vorbilder, ahmen nach und lernen Systematik. Sie trennen scharf zwischen Ihrer öffentlichen Position und Ihrer privaten Person. Sie tun so, als ob. Ihr innerer Gefühlszustand und Ihr äußeres Verhalten können durchaus auseinanderklaffen. Dem Starfotografen *Jochen Blume*[5] wird folgendes Statement zugeschrieben: »Es nützt nichts, scharfe Bilder zu machen, wenn man unscharfe Ideen hat.« Technik allein reicht also nicht.

2. Die Kunst: Damit aus der reinen Technik eine beeindruckende Wirkung entstehen kann, probieren Sie im Laufe Ihrer Entwicklung immer wieder aus, wie Sie in welchen Situationen und auf welche Weise mit dem Gelernten spielen, wie Sie es einsetzen und vielleicht ein wenig variieren könnten. Sie schauen, was passiert und inwieweit Sie Einfluss nehmen können. Das ist der individuelle Teil: Hier entwickeln Sie Ihren ganz eigenen Stil, den niemand kopieren kann. Sie werden immer mehr zu dem, den Sie gespielt haben, plus Ihrer eigenen Persönlichkeit. Authentisch sind Sie auch dann, wenn andere Menschen Ihre Inszenierung für gelungen halten. Und das wird der Fall sein, wenn sich neben Ihrer Technik auch Ihre innere Haltung weiterentwickelt. Wenn Sie Ihre öffentliche Position und private Person immer wieder verschmelzen lassen. Authentisch und gleichzeitig professionell zu sein ist eine Kunst. Wenn Sie die beherrschen, bleiben Sie keine schlechte Kopie, sondern sind zu einem Original geworden.

Wie auch immer Sie Ihr Leben und Ihr Zukunfts-Ich gestalten wollen: Machen Sie sich bewusst, dass es Momente gibt, in denen Sie Leistung bringen müssen. In denen Menschen Ihren Laser und nicht Ihre Glühbirne sehen wollen. In denen es um Ihre Worte und Wirkung geht, nicht um Ihre inneren Gefühle.

Es gibt Momente, in denen Sie Leistung bringen müssen.

Alles hat seine Zeit

Spitzenleistung können wir auf Dauer jedoch nur bringen, wenn wir in Balance sind. Deswegen brauchen wir neben den Momenten, in denen wir unsere (öffentliche) Position zeigen, auch die Bereiche, in denen wir unsere (private) Person leben. Gerade die Menschen, die sehr leistungsorientiert sind, laufen jedoch Gefahr, dass ihre Position sich mit ihrer Person unkontrolliert vermischt. Sie verhalten sich dann privat wie im Job. Doch was passiert, wenn sie ihre Position verlieren? Dann entsteht ein Vakuum. So ging es mir damals, als ich noch in der Finanzwelt beschäftigt war. Meine Position klebte an meiner Person. Als ich ausstieg, verlor ich neben meiner Position auch jede Verbindung zu meiner Person, also mir selbst. Davor haben viele Menschen Angst, und so flüchten sie lieber in einen Teufelskreis: Um dieser Leere nie zu begegnen, arbeiten sie immer mehr. Die Position füllt ihr ganzes Leben.

Heute mache ich das anders. Wenn ich meine Position und meine Person miteinander verbinde, dann tue ich dies bewusst. Meine Firma heißt so wie ich. Ich arbeite als der, der ich bin. Das ist für meine Arbeit als Vortragsredner und Autor auch wichtig: echt zu sein. Das Risiko ist jedoch auch deutlich geringer als in meinem vorherigen Job. Denn ich gestalte meinen Job so, wie ich das will. Ich bin frei, kann schalten und walten, wie ich möchte, und meine eigenen Regeln definieren. Ich werde dafür bezahlt, ein kreativer Freigeist zu sein.

Doch für mich wie für Sie gilt: Spitzenleistung braucht Balance. Zu einem gewissen Grad müssen wir dazu unsere Position von der Person trennen. Jedes Leben auf dieser Erde braucht einen Rhythmus: Es gibt Tag und Nacht, es gibt die Jahreszeiten, die Zeit der Bewegung und die Zeit des Ruhens. Kein Tier der Welt erbringt permanent Hochleistung. Warum sollte das der Mensch tun?

Sorgen Sie deshalb auch für sich, für Ruhephasen, in denen bewusst Ihre private Person das Sagen hat. Zeiten des Nichts-tun-Könnens wie Stau, Reisezeit im Flugzeug oder freie Zeit, wenn ein Termin ausfällt, meine ich damit nicht. Planen Sie Momente der Ruhe ein, und zwar als echte Ruhezeiten: ohne selbst gesteckte Aufgabe, ohne Ziel, ohne Druck. Arbeiten Sie Ihre Akkus nicht so lange runter, bis Sie urlaubsreif sind.

Ich gönne mir dazu wöchentliche »Sabbaticals«. Eine kleine Mini-Auszeit, in der ich etwas Gutes für mich tue. Gönnen Sie sich das auch: die Sauna besuchen, im Wald spazieren, früher die Arbeit beenden und nach Hause fahren oder morgens einfach mal länger im Bett bleiben und Zeitung lesen. Warten Sie nicht, bis Sie urlaubsreif sind. Kümmern Sie sich aktiv um Ihre Energiereserven. Denn kein Laser läuft ohne Energie.

Wenn Sie das berücksichtigen, dann können Sie auch von sich erwarten, dass Ihr Laser funktioniert, wenn es darauf ankommt. Nämlich immer dann, wenn es gilt, etwas zu bewirken und die Spuren zu hinterlassen, die von Ihnen bleiben werden. Spuren, die eine Brücke von Ihrer Gegenwart in die Zukunft bauen.

10. Sag, was ich nicht hören will

Brücken haben mich schon immer fasziniert. Sie beeindrucken mich. Diese schwebenden Wege, die über tiefste Abgründe hinweg miteinander verbinden. Brücken bauen ist eine der wichtigsten Fähigkeiten des Menschen. So wichtig, dass Brücken sogar auf all unseren Euroscheinen abgebildet sind. Das ist stimmig, denn auch Geld verbindet: die Länder Europas, vor allem jedoch uns Menschen.

Wir werden in Zukunft mehr Menschen brauchen, die Brücken zu bauen verstehen, und zwar im übertragenen Sinn. Denn es gibt immer mehr Bereiche unserer Gesellschaft, die auseinanderzudriften drohen: Alt und Jung, Arm und Reich, unterschiedliche Staatsangehörigkeiten, Kulturen, Religionen, Interessen, Emotionen ... Brückenbauer müssen hier übersetzen, verbinden, mitnehmen. Nur so können wir eine friedliche, glanzvolle Zukunft gestalten.

Wem das jetzt zu sehr nach Friede, Freude, Eierkuchen klingt: Das meine ich nicht und so einfach ist es auch nicht. Wenn eine Brücke gebaut werden muss, gibt es meist bereits schon im Vorfeld eine Menge Reibung, Druck und Emotionen. Und wenn in einer Firma ein Projekt nicht richtig rundläuft, dann liegt es meistens daran, dass die kommunikativen Brücken zwischen den Beteiligten einzustürzen drohen oder bereits in Schutt und Asche liegen. Wer jetzt politisch korrekt weichspült und um die schmerzhaften Knackpunkte herumnavigiert, löst das Problem natürlich nicht. Im Gegenteil: Er sorgt dafür, dass auch die eventuell noch bestehenden Brückenreste zu bröckeln beginnen.

Ich will's nicht hören
Kurz nach meinem Ausstieg aus der Geldbranche sitze ich mit Jürgen, einem erfolgreichen Unternehmer, in einem Brauhaus

zusammen. Wir kennen uns seit Jahren. Er ist eine Art Sparringspartner für mich.

In seiner rheinländischen Art fragt er mich: »Und, Jung, wie isset?«

Ich sage: »Gut. Und beschissen zugleich. Seit ich raus bin, mache ich mal hier, mal da ein Projekt für jemanden. Ich vermisse mein eigenes Ding. Irgendwie ist das alles nicht so meins. Im wahrsten Sinne des Wortes.«

Er schaut mich prüfend an und fragt: »Und warum machst du nicht dein eigenes Ding?«

Ich zähle ein paar Gründe auf, warum das nicht möglich ist, warum der aktuelle Weg trotz allem sinnvoll ist.

Jürgen sagt nur: »Nee, Jung. Du hast Schiss.«

Ich merke, ich will nicht hören, was er sagt. Und gleichzeitig sagt etwas tief in mir: Er hat verdammt noch mal recht.

Wer zukunftsfähige Brücken bauen will, muss sich streiten. Klartext reden. Heikle Botschaften aussprechen. Oder anders formuliert: den Elefanten aus dem Gebüsch holen. Die Beteiligten wissen in kritischen Situationen sowieso meist, wo es klemmt und hakt. Ideal ist es, wenn sie es auch selbst artikulieren. Doch oft braucht es einen Außenstehenden, der den Mut hat, den Mund aufzumachen und das Offensichtliche auch auszusprechen.

Gelebte Streitkultur – Macht versus Einfluss

Es gibt Menschen, die haben kein Problem damit, den Mund aufzumachen: die Machtmenschen. Für diesen Typus zählt nur Autorität. Er wirkt deshalb auf andere oft cholerisch oder zumindest dominant. Katzen eben. Diese Art zu führen nenne ich – Sie erinnern sich – die »Influence of Power«. Schauen Sie einfach in die Tagespresse, und Sie werden sehen, wie gut viele Akteure, denen es um Macht geht, Politik und Wirtschaft beherrschen. Der Haken an der

Mächtige Menschen teilen nicht gerne.

Macht ist aber: Wer sie teilt, halbiert sie. Deswegen teilen mächtige Menschen nicht gerne. Stattdessen konzentrieren sie sich auf ihre eigenen Interessen. Und dazu gehört vor allem, Macht zu erhalten. Das maximiert jedoch selten den Nutzen für die Welt.

Die Macht als Erfolgsinstrument funktionierte schon immer – und wird es wohl auch in Zukunft tun. Denn dieser Weg führt zu Ergebnissen. Wer die Karriereleiter hochwill, braucht Ellenbogen. Der Haken an der Sache ist, dass viele Menschen nicht durch Macht geführt werden wollen. Im Gegenteil: Ihre Motivation sinkt in einem solchen Umfeld oft gegen null. Man macht dann die Arbeit nur, weil man muss und die Konsequenzen einer Meuterei scheut. Wenn Sie ein bestimmtes Ziel erreichen wollen und dazu Mitstreiter brauchen, wäre es also klug, einen Weg zu finden, der die Motivation der anderen, an Ihrem Ziel mitzuarbeiten, unterstützt. Die Lösung kann keinesfalls bedeuten, ins andere Extrem abzurutschen. Denn das Gegenteil von Macht ist das Weichspülen, der Verfall in eine Ponyhof-Atmosphäre. Hier lauert der Gemocht-werden-wollen-Virus und führt zu faulen Kompromissen. Keine gute Alternative.

Wenn man sich machtvolle Menschen anschaut, dann haben sie oft eine Art Wing-Commander an ihrer Seite. Während der Machtmensch von sich denkt: »Der Laden läuft *wegen* mir!«, wissen es die Mitarbeiter besser: »Der Laden läuft *trotz* dieses Typen!« Wer genau hinsieht, merkt, dass der Wing-Commander derjenige ist, der für den Erfolg sorgt. Stellen Sie sich eine Situation vor, in der der Machtmensch wild um sich schimpft, den Leuten Vorwürfe macht und fragt, warum das Projekt in Verzug ist und alles so lange dauert. Er zerstört jeden Funken Motivation und verhält sich wie ein Elefant im Porzellanladen. Nachdem er den Raum verlassen hat, ergreift der Wing-Commander das Wort: »Er hat das nicht so gemeint. Was er eigentlich sagen wollte, ist …«

Solche Menschen haben eine ganz besondere Eigenschaft. Sie sind hart in der Sache und gleichzeitig fair zum Menschen. Es geht ihnen nicht darum, ihre persönliche Macht zu erhalten. Im Gegenteil! Oft streben solche Menschen gar nicht die Karriereleiter hoch, sondern sind vielmehr daran interessiert, die Dinge ins Laufen zu bringen. Ergebnisse zu erzielen. Und zwar mit einem entscheidenden Unterschied zum Machtmenschen: Sie wollen die Ergebnisse *mit* den Menschen erreichen. Sie versprühen eine positive »Can do«-Dringlichkeit, sorgen für ein motivierendes Umfeld, loben, wenn etwas gut gelaufen ist. Dabei verfallen sie jedoch nicht dem Weichspüler. Sie sprechen Klartext. Wenn es Probleme gibt, holen sie den Elefanten aus dem Gebüsch. Diese Menschen leben das Gegenteil von »Influence of Power« – sie leben die »Power of Influence«.

Solch einen Status erreichen Sie weder durch Weichspüler und Hunde-Verhalten noch durch Dominanz und die Katzen-Nummer allein. Stattdessen müssen Sie Hund und Katze gleichzeitig in sich vereinen: Beziehung wahren und Klartext sprechen, ob dieser nun bequem ist oder nicht. Ihr Hunde-Verhalten gewinnt die Herzen der Menschen. Und die Gewissheit, dass Sie – wenn es darauf ankommt – den Mund aufmachen, sichert Ihnen gleichzeitig ihren Respekt. Streitkultur bedeutet eben, sich vor allem den unangenehmen Themen zu stellen und den Mund aufzumachen. Und wenn Sie den Mund aufmachen, können Sie viel Sinnvolles mit Ihrer Stimme erreichen – wenn Sie sie richtig einsetzen. Richtig einsetzen heißt für mich, dass Sie mit ihrer Hilfe eine klare Position beziehen. Nicht um den heißen Brei reden, sondern aussprechen, was Sache ist. Auch und gerade dann, wenn die Sache heikel ist und keiner es hören will.

Die Kunst der Streitkultur liegt darin, die Balance zwischen Härte in der Sache und Fairness gegenüber dem Menschen zu wahren. Der Schlüssel zu einer wirkungsvollen Persönlichkeit liegt in der Balance und nicht in den Extremen. Viele Menschen meinen, mit einer besonders vorsichtigen und unklaren Sprache würden sie niemanden verletzen und deswegen eher Brücken bauen. Das Gegenteil ist der Fall. Dem früheren US-Außenminister Colin Powell wird das Zitat zugeschrieben: »Being responsible sometimes means pissing people off.« Frei und etwas netter übersetzt: Verantwortlich handeln bedeutet, manchmal andere Menschen verärgern zu müssen. Wahrheiten, die hinterm Berg gehalten werden, bauen keine Brücken. Genauso wenig wie weichgespülte Aussagen ohne Wahrheitsgehalt. Beide Varianten bringen jede Brücke zum Einsturz. Der Grund: Sie erlauben keine Entwicklung, stattdessen behindern sie jeglichen Fortschritt.

Wir sprachen bereits über den Kreislauf Veränderungen – Probleme – Lösungen (Kap. 6). In diesem Kreislauf entstehen an jeder Stelle Druck und Reibung. Da nutzt es nichts, bei einer Ausweichtaktik Zuflucht zu suchen und zu hoffen, dass alles gut wird. Denn der Druck ist meist mit heiklen Botschaften verbunden. Und die müssen klar formuliert werden.

> **Die Kunst der Streitkultur: Härte in der Sache und Fairness gegenüber dem Menschen.**

Nutzen Sie Ihre Stimme, um für Klarheit zu sorgen. Ihre Lebenszeit ist zu kurz, um vor Angst den Mund nicht aufzumachen. Wenn Sie in der Sache konkret werden, kann zwar auch mal die Beziehung zum Gesprächspartner leiden, doch das gehört dazu. Wenn Sie sich allerdings darüber Sorgen machen und stattdessen lieber fünfe gerade sein lassen, verbessern Sie die Situation definitiv nicht. Sie machen sich zum Opfer des Gemocht-werden-wollen-Virus und überlassen die Lösung dem Schicksal. Ohne Klartext wird es dann meist nur noch schlimmer. Beide Wege sind nicht angenehm. Aber bei dem einen sind Sie Spielstein und werden irgendwohin geschoben, bei dem anderen sind Sie der Spieler und sorgen für eine Richtung, die Ihnen gefällt. Es ist die Frage, ob Sie etwas bewirken wollen: Dann machen Sie den Mund auf! Oder ob Sie Ihr Leben einfach nur an sich vorbeiziehen lassen wollen. Dann beschweren Sie sich am Ende bitte nicht!

Probleme, Druck, heikle Situationen und Botschaften sind nun mal fester Bestandteil des Lebens. Das ist nichts Schlechtes. Im Gegenteil: Wenn Sie den Mut haben, auch die unbequemen Wahrheiten auszusprechen, können Sie damit im Privatleben, im Beruf und in unserer Gesellschaft etwas bewirken.

Heikle Botschaften aussprechen

Von den Lehrern, die mich in der Schulzeit am meisten genervt haben, habe ich heute das beste Bild. Zum Beispiel mein Lateinlehrer, Herr Wellmanns: Er war ein Lehrer der alten Schule. Ein harter Knochen. Tief im Herzen hatte er eine gute Absicht: Er wollte seinen Schülern die Begeisterung für Latein einpflanzen. Seine Strenge nervte zwar, aber er verhielt sich immer fair. Denn er war nicht unberechenbar, sondern vorhersehbar streng. Im Rückblick gehört er für mich zu den besten Lehrern, weil er ehrlich und konsequent war. Die Aussage »Himmel, Hammel, Kneifzange! Holzer, den Test hast du versaut, weil du faul warst« war für mich hart. Aber er hatte recht. Indem er Disziplin einforderte und wir, wenn wir diese Forderung nicht erfüllten, auch mit Konsequenzen rechnen mussten, gewann er bei uns an Ansehen und natürlicher Autorität. Dieser Mensch hat mich als Lehrer viel weiter gebracht als alle Wischiwaschi-Pädagogen.

Oder Winfried, mein Leichtathletiktrainer aus der Jugendzeit, von dem ich Ihnen bereits erzählt habe:

Geht doch!
Das letzte 1000-Meter-Rennen der Saison.
Und ich renne. Der Puls hämmert wild. Um mich herum das Keuchen der anderen Läufer.
Meine Lunge tut weh, mein Kopf dröhnt, ich kann nicht mehr.
Da erreicht mich eine Stimme, die brüllt: »Verdammt, l-a-u-f!«
Die Stimme reißt mich aus dem Aufgebenwollen heraus. Plötzlich gibt es in meinem Kopf nur noch diese Stimme. Nichts anderes mehr. Es ist die Stimme meines Trainers, Winnie. Seit vielen Jahren kenne ich ihn. Er ist wie ein väterlicher Freund. Und seine geradlinige Strenge hat mich Disziplin gelehrt.
Seine Stimme elektrisiert mich. Sie macht mich klar. Fokussiert. Und sie weckt neue Kraft in mir. Treibt meine Beine an. Ich glaube an mich. Trotz Schmerz hole ich noch einmal alles raus.
Dann endlich: die Zielmarke. Mein Blick sucht die Uhr. Zum ersten Mal in meinem Leben laufe ich die 1000 Meter unter drei Minuten!

Heikle Botschaften und Klartext tun vielen weh. Mal dem Empfänger, mal dem Sender – und hin und wieder auch beiden. Das lässt sich nicht vermeiden. Wer aber anderen helfen möchte, besser zu werden, der muss den Mut haben, ihnen unter Umständen wehzutun. Die Wahrheit mag nicht jeder hören, denn sie ist oft unbequem. Nimmt man sie ernst, führt sie in der Regel zu Konsequenzen. Der Umgang mit Klartext verlangt eine gewisse Art von Härte. Das gilt für alle, die Verantwortung für andere Menschen haben: Trainer, Berater, Eltern, Lehrer und Führungskräfte.

Einfluss gewinnen Sie weder als harmoniesüchtiges Weichei noch als dominanter Psychopath. Sie müssen stattdessen die Triade der Führung beherrschen.

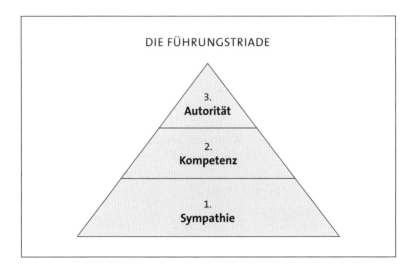

Wann lassen wir uns von einem anderen Menschen gerne beeinflussen? Machen wir es an einem Beispiel fest. Sie sind in einem großen Bekleidungsgeschäft. Es steht ein wichtiges Familienfest vor der Tür und Sie wollen sich in Schale werfen. Dazu suchen Sie den Rat eines Verkäufers.

Stufe 1: Sympathie. Hier »kaufen« wir unser Gegenüber als Menschen. Nur wenn wir mit dem Verkäufer auf einer Wellenlänge sind, kann es ein tolles Gespräch werden. Wir sind Weltmeister darin, dies anhand des ersten Eindrucks innerhalb weniger Sekunden zu entscheiden. Doch der Verkäufer hat noch eine wirkungsvolle Stellschraube zur Verfügung, mit der er Feintuning betreiben kann: Rapport bilden. Sie kennen wahrscheinlich die Volksweisheit »Gleich und Gleich gesellt sich gern«. Rapport ist eine Technik, mit der wir das, was wir mit unserem Gegenüber gemeinsam haben, verstärken. Allgemein ist es in der Sympathiephase hilfreich, gute Fragen zu stellen und tendenziell den Hunde-Stil zu verwenden. Doch der Stil, *wie* Sie Ihre Fragen stellen, macht den entscheidenden Unterschied. Ist der Gesprächspartner ein Hunde-Typ, ist es hilfreich, ihren Hund ungebremst rauszulassen und Ihr Gegenüber in einen guten Small Talk zu verwickeln. Handelt es sich um eine Katze, dann lassen Sie nur ein bisschen Hunde-Stil raus, während Sie eine konkrete Frage stellen wie: »Wollen wir gleich zur Tat schreiten, damit Sie schnell weiterkommen?« Dieses Konzept können Sie auf alle möglichen Arten des Verhaltens übertragen. Passen Sie sich einfach dem Stil Ihres Gegenübers an: Redet er schnell, langsam, laut, leise, in Bildern, in langen Sätzen, in kurzen Phrasen, kommt er direkt zur Sache oder mag er den Small Talk, lacht er viel, lacht er gar nicht …? Wenn der Verkäufer Sie gut beobachtet und sich Ihrem Stil anpasst, ist die Chance hoch, dass wir im Gespräch zu Stufe 2 kommen.

Stufe 2: Kompetenz. Hier geht es um die konkrete Sache. Das Ziel in dieser Phase sollte für den Verkäufer sein, Ihr »Problem« genau zu verstehen. Dazu sollte er Fragen stellen wie: Was brauchen Sie? Wozu brauchen Sie es? Was wollen Sie auf dem Familienfest für einen Eindruck hinterlassen? Sie merken schon, dass wir auf solche Fragen nur antworten, wenn der Gesprächspartner uns auf Stufe 1, »Sympathie«, für sich gewonnen hat.

Viele Menschen machen beruflich wie privat den Fehler, dass sie in dieser Stufe des Gesprächs den anderen mit Inhalt volltexten. Der Mensch hat es am liebsten, sich selbst reden zu hören. Deswegen geht es hier – genau wie auf Stufe 1 – darum, gute Fragen zu stellen. Denn nicht die inhaltliche Kompetenz ist entscheidend, sondern die »Problem-verstehen-Kompetenz«. Erst wenn wir das

Gefühl haben, dass uns jemand wirklich zuhört und versteht, was los ist und wo der Schuh drückt, dann sind wir bereit, uns für Stufe 3 zu öffnen.

Stufe 3: Autorität. In dieser Phase des Gesprächs wird eine Entscheidung getroffen, werden Anweisungen gegeben. Wir kommen ins Tun. An dieser Stelle sollte der Verkäufer seine Autorität zeigen. Heißt: in den Katzen-Modus wechseln und eine klare Richtung vorgeben. Zum Beispiel, indem er sagt: »Ich stelle Ihnen ein paar Stücke zusammen, in denen werden Sie fabelhaft aussehen«, und keine fünf Minuten später schickt er Sie mit einem Stapel neuer Kleidungsstücke in die Umkleidekabine. Dieses forsche Vorgehen werden Sie wahrscheinlich akzeptieren, weil der Verkäufer die Stufen 1 und 2 erfolgreich bewältigt hat. Außerdem werden Sie die direktive Art vermutlich schätzen, denn Sie wollen geführt werden. Wüssten Sie bereits, was Sie wollen, hätten Sie den Rat des Verkäufers schließlich nicht gebraucht.

Menschen, die die »Power of Influence« beherrschen, sind in der Lage, alle drei Stufen hervorragend zu meistern. Sie werden in Ihrem Umfeld sicherlich schon Menschen erlebt haben, die das gekonnt vorleben. Ob es angelernt oder ein natürliches Talent ist, spielt dabei keine Rolle. Entscheidend ist, was diese Personen tun, um so erfolgreich zu kommunizieren.

Es ist das Zusammenspiel von Hund und Katze, was die Kompetenz eines Menschen richtig verpackt und so wirkungsvoll werden lässt. Reine Hunde-Typen versuchen über Sympathie zum Ziel zu kommen. Reine Katzen-Typen dagegen wählen Macht und Autorität dafür. Beide Wege sind jedoch nicht ideal. Menschen, die wirklich Einfluss ausüben, nehmen die Kompetenz in den Klammergriff: Ihr Hunde-Stil sorgt für die Sympathie, ihr Katzen-Verhalten für die notwendige Schlagkraft. So wirken sie auf andere hart in der Sache und gleichzeitig fair zum Menschen.

Menschen akzeptieren Sie nur dann als Führungspersönlichkeit, wenn sie Ihnen zutrauen, die Führung übernehmen zu können. Vor allem dann, wenn es kritisch wird.

In entspannten Zeiten, wenn alles nach Plan läuft, ist Mitarbeiterführung einfach. Eine Polizeitruppe zu führen, wenn alles ruhig bleibt, ist nicht schwer. Oder eine Schulklasse, wenn alle interessiert und konzentriert sind. Doch was passiert, wenn Druck entsteht? Wenn die Klasse aufmüpfig wird, Einzelne sich prügeln? Wenn die Polizei auf eine Horde Besoffener trifft und die ersten Glasflaschen fliegen? Wenn die Zahlen des Teams dem Soll hinterherhinken, die Kunden sich beschweren und der Vorstand Druck macht?

Das sind die Momente, in denen es drauf ankommt. Jetzt zeigt sich wahre Führungsqualität. Die Situation verlangt nach einer Person, die in der Lage ist, klare Entscheidungen zu treffen und auch konsequent durchzugreifen, wenn es nötig ist. Nach einer Person, die die Triade der Führung beherrscht.

Es geht also nicht darum, sich zwischen Sympathie und Autorität, zwischen dem Fokus auf Beziehungen und dem Fokus auf Macht, zwischen Hunde- und Katzen-Verhalten zu entscheiden. Es geht darum, beide Seiten zu beherrschen. Trainieren Sie die Verhaltensweisen, die Ihnen noch nicht liegen. Sie sollten in der Lage sein, in kritischen Momenten zu beißen und in friedlichen Momenten Ihre nette Seite zu zeigen. Katze und Hund. So, wie es mein (echter) Hund vorlebt: Er ist Gestalt gewordene Sympathie. Ist zu allen und jedem freundlich. Doch wenn ihn ein anderer Hund anpöbelt, verwandelt er sich schlagartig: Zähnefletschen, Nackenhaare hoch, angsteinflößendes Knurren. Seine Autorität verlangt Respekt – und den bekommt er auch.

Es geht darum, Hunde- *und* Katzen-Verhalten zu beherrschen.

Für weniger klug halte ich es, etwas mittels purer Machtausübung erreichen zu wollen. »Ich entscheide! Wenn ich sage, wir machen X, dann machen wir X.« Ein Weg, der kurzfristig funktionieren mag. Jedoch müssen Sie Ihre Macht immer wieder erneuern und kontrollieren, sonst verlieren Sie Ihre Gefolgschaft. Mit Einfluss dagegen führen Sie Menschen zu einer Entscheidung. Sie bauen eine andere Art von Beziehung auf. Sie führen dann zwar immer noch, aber Sie begleiten die Menschen in eine Richtung. Wenn notwendig, zeigen Sie Ihre Autorität, und wenn nicht, prägt Freundschaftlichkeit das Miteinander. So entsteht ein Sog. Man folgt Ihnen freiwillig.

Macht funktioniert durch Druck, Einfluss funktioniert durch Sog.

Menschen, die das können, werden gerne als charismatisch bezeichnet. So weit, so gut. Doch wie wirken Sie auf andere? Wenn zwei Menschen einen Dialog führen – wer beeinflusst wen? Und wie können Sie Ihre Wirkung auf andere Menschen gezielt in eine charismatische Richtung entwickeln?

Zunächst brauchen Sie die Bereitschaft, sich selbst kritisch und ehrlich zu hinterfragen: Wo sind meine blinden Flecken, jene Bereiche also, in denen ich mich weiterentwickeln sollte? Wenn Sie diese offene Haltung für sich gewonnen haben, gilt es, an den richtigen Stellschrauben zu drehen. Davon gibt es mehrere, die sich auf unterschiedlichen Stufen zusammenfassen lassen. Einige wirken nach innen auf Sie selbst und haben eher mit Ihrer eigenen Selbsterkenntnis zu tun. Andere wirken nach außen auf andere und werden durch Ihr konkretes Verhalten bestimmt.

		Horizont / angestrebte Zukunft
		Erfolg
		Aufnahmebereitschaft – *Ob?*
Wirkung nach außen	Kunst	Timing – *Wann?*
	Technik	Inszenierung – *Wie?*
		Inhalt – *Was?*
Wirkung nach innen	Basis	Mentaler Zustand
		Innere Haltung

Schauen wir uns zunächst die Stellschrauben an, mit denen wir die Wirkung nach innen beeinflussen können. Mentaler Zustand und innere Haltung bilden die Basis. Ähnlich wie ein Licht in Ihnen strahlt diese Basis nach außen und verstärkt oder schwächt die Wirkung nach außen.

- Innere Haltung: Hierzu gehört vieles von dem, was wir in diesem Buch bereits diskutiert haben. Zum Beispiel die Frage, ob Sie als Spieler Ihr Leben gestalten oder es als Spielstein über sich ergehen lassen wollen. Welche mentalen Viren (Input, Instant, Gemocht-werden-Wollen) haben sich in Ihnen ausgebreitet? Welches Zukunfts-Ich streben Sie an? Worauf richten Sie Ihren Fokus (wichtig vs. dringend, selektieren vs. priorisieren)? Die Art, wie Sie denken, und Ihre Werte haben enorme Auswirkung auf Ihre Wirkung und Leistung.

- Mentaler Zustand: Während die innere Haltung eher etwas Übergreifendes, etwas Globales ist – nehmen wir als Bild hierfür z. B. das Klima –, verhält sich unser mentaler Zustand eher »regional« – um im Beispiel zu bleiben: wie das Wetter. So wie auch ein mildes Klima lokal Regen und Kälte hervorbringen kann, so kann auch Ihre innere Haltung großartig sein, und trotzdem ist Ihr mentaler Zustand zuweilen je nach Tagesform schlecht. Er ist wechselhaft. Mit der Entwicklung Ihrer inneren Haltung sorgen Sie dafür, dass Ihre mentalen Zustände immer öfter hilfreich für Ihre aktuelle Situation sind. Je nach Zustand übernimmt der Zwerg oder der Riese Ihr mentales Steuer. Hilfreich ist hier, zwischen öffentlicher Position (professionelles Verhalten) und privater Person (Emotionen, Sorgen, Respekt usw.) zu unterscheiden. Und sich gerade im Berufsleben immer wieder klarzumachen, dass wir uns trotz innerer Gefühle nach außen hin professionell verhalten und Leistung liefern sollten.

Die nächsten Stellschrauben haben mit Ihrem konkreten Verhalten zu tun und wirken nach außen auf andere Menschen:

- Inhalt: Als Erstes muss das, was Sie sagen, sitzen. Damit zeigen Sie Ihre Kompetenz. Werden Sie Experte, besorgen Sie sich Know-how. Wenn Sie keine Ahnung haben: Klappe halten.

- Inszenierung: Es setzen sich nicht die besten Argumente durch, sondern es gewinnen die Argumente, die am besten inszeniert sind. Doch wie inszenieren Sie Ihre Wirkung? Durch den gezielten Einsatz von körpersprachlichen Mikromustern, wie Augen, Stimmlage, Betonung, Gestik, Mimik, Redegeschwindigkeit, Lautstärke, Hunde- oder Katzen-Modus usw. All diese Töne machen die Musik.

- Timing: Sie werden herausragend, wenn Sie nicht nur beherrschen, *was* und *wie* Sie etwas sagen, sondern wenn Sie auch noch das *Wann*, also das Timing, richtig hinbekommen. Das ist nicht nur im Dialog mit dem Ehepartner oder einem Teenager Gold wert. Es gilt auch für Ihr gesamtes Kommunikationsverhalten. Wann wählen Sie die Macht, wann wählen Sie den Einfluss? Wann verhalten Sie sich wie eine Katze und wann wie ein Hund? Wann zeigen Sie Emotionen – wann lassen Sie es bleiben?

Und wozu das alles? Die meisten Menschen gieren nach dem geheimen Schlüssel, mit dem sie andere Menschen dazu bringen, genau das zu tun, was sie von ihnen wollen. Immer wieder treffen Sie in der Beratungsliteratur auf das Versprechen: »Mit dieser Technik führen Sie jedes Gespräch zum Erfolg!« Das ist Unsinn. Mit harter, konsequenter Arbeit an sich selbst und mit dem Justieren der beschriebenen Stellschrauben gewinnen Sie keine Erfolgsgarantie, aber Sie erhöhen zumindest die Chance, dass andere Menschen aufnahmebereit sind. Aufnahmebereit für Ihre Botschaft. Für das, was Sie ihnen sagen. Und wenn diese Chance dann ergriffen wird, werden Sie und die Menschen um Sie herum auch den gewünschten Erfolg haben.

Durch harte, konsequente Arbeit an sich erhöhen Sie die Aufnahmebereitschaft anderer Menschen.

Denn mit den Stellschrauben Inhalt, Inszenierung und Timing beeinflussen Sie den inneren Monolog Ihrer Mitmenschen. Eine Garantie, dass Sie die Gefolgschaft auch bekommen, gibt es nicht. Denn der Mensch ist nun mal ein Wesen, das natürlichen Schwankungen unterliegt. Sollten Sie hier anderer Meinung sein, haben

Sie noch nie einen pubertierenden Teenager über einen längeren Zeitraum erlebt ...

Der Dalai Lama macht es vor
Ein großartiges Beispiel für Leadership ist für mich der Dalai Lama. Er wird in einem Interview mit dem Magazin TIME gefragt, ob er sich eine Versöhnung mit den Chinesen vorstellen könne. Immerhin haben die ihn aus seiner Heimat vertrieben und er ist seither de facto Flüchtling. Es wäre also nachvollziehbar, wenn er antworten würde: »Auf gar keinen Fall!«
Aber er antwortet mit weicher Stimme: »Ja, das ist möglich.« Seine Stimme wird bestimmter, als er gleich darauf auch klare Voraussetzungen dafür nennt: Je mehr Kontakt China zu anderen Teilen der Welt entwickle, je mehr Wohlstand entstehe, desto mehr werde die Bevölkerung ihr gesellschaftliches und politisches System infrage stellen. Durch diesen Wandel könnten auch die Führung offener, die Heuchelei weniger und das System ehrlicher werden. Dann, so schließt er wieder ganz sanft, dann könne das tibetische Problem ganz einfach gelöst werden.

Der Dalai Lama beherrscht alle beschriebenen Stellschrauben. Und er wird von vielen als charismatisch beschrieben. Denn er versteht es, klar in den Worten, hart in der Sache und gleichzeitig fair zu den Menschen zu sein. Das können Menschen, die in der Lage sind, durch Einfluss zu führen, und die nur dann Mittel der Macht nutzen, wenn es sein muss. Oder um es bildhafter zu formulieren: Charismatische Menschen sind diejenigen, die sowohl die Hunde- als auch die Katzen-Rolle beherrschen.

Den Hund in die Ecke stellen

Dabei zählen klare Worte nicht nur auf der großen Bühne oder in dramatischen Krisensituationen. Ein Großteil unserer Kommunikation verläuft im Alltag: Da geht es nicht um Reden, weltbewegende Streitgespräche oder richtungsweisende Verlautbarungen. Es ist eben einfach *nur* Alltag.

Nur? Mit einer guten Kommunikationskultur können Sie auch und zuerst in Alltagssituationen für Klarheit sorgen. Je klarer Sie in Ihrer alltäglichen Kommunikation sind, desto wirkungsvoller werden Sie sein. Wenn Sie Ihre Stimme bewusst nutzen, nicht reflexartig, sondern gezielt die Katze oder den Hund sprechen lassen, werden Sie mehr und besseren Output erreichen.

Je klarer, desto wirkungsvoller.

Bewusste Dominanz
Ich soll einen Vortrag halten in einem edlen Hotel. Das Gebäude ist in mehreren Phasen ausgebaut worden, die Tiefgarage ist am Rand platziert ohne direkten Zugang zum Hotel – zur Rezeption muss man einen weiten Weg über das Außengelände zurücklegen.

Als ich dort eintreffe, ist die Zeit knapp und es regnet kräftig. Der Parkplatz direkt vor dem Hotel ist pickepackevoll. In die Tiefgarage will ich nicht; zum einen ist es zu weit, zum anderen will ich auch nicht wie ein begossener Pudel und in pitschnassen Schuhen auf die Bühne steigen. Doch es gibt eine Lösung: Ein einziger Parkplatz, direkt gegenüber dem Eingang, ist frei. Der Haken an der Sache: Behindertenparkplatz.

Normalerweise rege ich mich auf, wenn ein Nichtbehinderter auf dem Behindertenparkplatz parkt und damit einem Menschen, der wirkliche Probleme hat, das Leben unnötig schwer macht. Doch nun habe ich das Gerangel »Hund gegen Katze« in mir. Ich gebe der Katze den Vorzug, stelle mich auf den Parkplatz und sage dem Hund in mir: »Du kannst das schlechte Gewissen später haben.«

Ich stürme in das Hotel an die Rezeption, wo ein junges Mädchen sitzt. Ich lasse mich gar nicht erst auf eine freundliche Frage ein, sondern spreche sie in Pilotenmanier an: also monotone, tiefe

Stimme, kurze Sätze, voller Blickkontakt und am Satzende Betonung runter.
Ich: »Schönen guten Tag. Holzer mein Name. Ich halte hier gleich einen Vortrag. Ich habe draußen auf dem Behindertenparkplatz geparkt. Sollte das ein Problem sein, kommen Sie einfach hoch in den Saal. Dann parke ich den Wagen eben um.« Und gehe.
Sie steht da wie aus Marmor gemeißelt. Ich denke mir: »Alter Schwede, das war zwar jetzt wirkungsvoll, aber auch ganz schön dominant!«
Ich werde während des Vortrags nicht gestört, weil der von mir belegte Parkplatz nicht benötigt wird – Glück gehabt.
Nach dem Vortrag gehe ich noch einmal zu ihr, entschuldige mich für die etwas ruppige Art und bedanke mich für ihr Verständnis. Ich verspreche ihr auch, dass – falls das Hotel bis zu meinem nächsten Besuch einen Rüpel-Parkplatz ausgewiesen hätte – ich mich freiwillig auf diesen stellen werde. Daraufhin lachen wir beide herzlich und alles ist gut.

Es ist eben alles eine Frage des Timings. Und das ist eine Kunst. Die Katze rauszulassen und klar zu kommunizieren ist nicht immer nett. Es ist auch nicht immer fair. Es ist eben nicht die feine englische Art. Sie wirkt auf andere Menschen oft arrogant, dominant oder überheblich. In bestimmten Momenten kann dieses Verhalten aber die richtige Wahl sein: dann, wenn Sie ein Ziel erreichen müssen und der Druck hoch ist. Wenn Sie Ihre Prioritäten einhalten möchten. Wenn Sie hohe Verantwortung haben. Wenn Sie Ihre Glaubwürdigkeit erhöhen wollen. Im weitesten Sinne: Wenn Sie etwas zu sagen haben. Den Hund in sich so lange in die Ecke zu stellen ist eine bewusste Entscheidung und ein Akt der inneren Klarheit, der eigenen Wahrheit.

Kann sein, dass dies für Sie gar kein Thema ist und Sie nicht verstehen, was ich meine. Dann sind Sie vom Typ her eine Katze. Alles gut. Alle anderen wissen genau, was ich meine.

Sie brauchen nicht mehr Sicherheit – sondern mehr Mut

Unbequem zu sein, den Mund aufzumachen, erfordert Mut. Doch viele Menschen wollen gar nicht mutig sein. Sie verharren in ihrer Komfortzone, weil sie Sicherheit vorziehen. Dieses Verharren jedoch ist gefährlich.

Was ist das eigentlich: Komfortzone? Wir sprachen darüber schon einmal in Kapitel 6. Doch wir müssen sie uns noch einmal genauer ansehen, weil das Verharren in der Komfortzone fatal ist. Denn alles, was wir aus unserem Leben machen wollen, liegt außerhalb der Komfortzone. Was das genau bedeutet, schauen wir uns gleich an.

Zunächst stellt sich jedoch die Frage, warum die meisten Menschen in ihrer bequemen Komfortzone verharren. Die Antwort ist einfach: Der Weg aus der Komfortzone heraus ist mit Schmerzen verbunden. Und Menschen hassen Schmerz.

Schmerz kann dabei vieles sein: Angst, Ablehnung, Sorgen, die Möglichkeit des Scheiterns, das, was andere über mich denken, Gruppenzwang, gesellschaftliche Normen, Widerstände. Oder auch einfach nur Konsequenz, Disziplin und Anstrengung, die ich aufbringen muss, um meine Ziele zu erreichen. Und da der Mensch diesen Schmerz möglichst vollständig vermeiden will, richtet er es sich bequem in seiner Komfortzone ein.

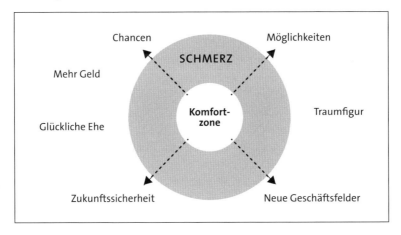

Die Komfortzone ist dann wie ein Gefängnis. Und das verkaufen wir uns sehr gut. Wir erfinden alle möglichen Geschichten, weswegen es genau richtig ist, in der Komfortzone eingesperrt zu sein und auch zu bleiben. Es ist noch nicht der richtige Zeitpunkt, um ... Wenn es im Job etwas ruhiger geworden ist, dann ... Wenn die Kinder aus dem Haus sind, dann ... Wenn ich meine Strandfigur habe, dann ... Wenn ich mehr Zeit habe, dann ... Alles Storys, Ausreden, Lügen. Die wenigsten Menschen würden gerne als Verkäufer arbeiten. Aber was unseren eigenen Lebensstillstand angeht, sind wir wahre Verkaufsgenies. Und das ist gefährlich.

Denn der Kreis der Komfortzone schützt uns zwar vor allem, was uns vermeintlich gefährlich werden kann. Aber er bewahrt uns leider auch vor allem Guten!

Denn alle Möglichkeiten und Chancen liegen außerhalb unserer Komfortzone. All das Potenzial, das in Ihnen steckt, finden Sie nicht in Ihrer Komfortzone. Und Potenzial kann vieles sein: neue Sprachen lernen, die Traumfigur, die erfüllte Beziehung, der neue Job, endlich mehr Geld, als Vater oder Mutter mehr Zeit für die Kids, ein souveräneres Auftreten, mehr Mut im Leben oder endlich mal den Mund aufmachen. Unsere Träume, all das, was wir aus unserem Leben machen wollen, liegen leider nicht in der Komfortzone.

Um das Leben zu leben, das wir leben wollen, müssen wir die Komfortzone verlassen. Dann ist die Lösung also: einfach machen! Doch ganz so einfach ist es eben nicht. Denn zwischen Komfortzone und den Möglichkeiten liegt noch etwas: der Schmerz.

Stellen Sie sich vor: Jemand macht sich auf den Weg und will endlich etwas in seinem Leben verändern. Recht schnell stößt er dabei an die Grenze seiner Komfortzone. Sofort spürt er den Schmerz. Und zack – dreht er um und zieht sich wieder in den gewohnten Trott zurück. Wir wollen eben Schmerz vermeiden. Und das ist der zentrale Grund, weswegen wir im Stillstand verharren und hoffen, dass alles so bleibt, wie es ist, und am liebsten gut endet. Doch die Welt ist in Bewegung. Und so müssen auch wir uns bewegen. Wenn wir wachsen und die Möglichkeiten des Lebens ausschöpfen wollen, gibt es nur einen Weg: Wir müssen durch den Schmerz hindurch. Und das erfordert Mut.

Wir stehen also davor, eine Entscheidung zu treffen. Entweder verharren wir in der Komfortzone – oder wir nehmen unseren ganzen Mut zusammen, durchschreiten den Schmerz und entdecken unsere Möglichkeiten. Zwei Wege, und zwar mit unterschiedlichen Konsequenzen:

1. Wenn Sie in der Komfortzone verharren und dem Schmerz ausweichen, wird der Schmerz größer und Sie werden schwächer.
2. Wenn Sie Mut aufbringen und durch den Schmerz gehen, wird der Schmerz kleiner und Sie werden stärker.

Prüfen Sie das anhand Ihrer eigenen Lebenserfahrung. Meist ist es doch so, dass das ganze Kopfkino, die Sorgen, die wir uns machen, viel bunter, intensiver und lebensbedrohlicher erschien, als es dann tatsächlich gewesen ist. Mir gefällt der Spruch: Meist wird es nicht so schlimm wie befürchtet – und auch nicht so schön wie erhofft.

Sie haben also die Wahl, wie Sie mit dem Schmerz umgehen. Fest steht: Wenn Sie Ihr Potenzial entfalten wollen, gibt es nur den Weg durch den Schmerz. Und der macht Sie stärker.

Wenn ich Sie bis jetzt noch nicht für den Weg des Mutes begeistern konnte, habe ich noch einen letzten Gedanken für Sie. Viele Menschen haben in einer Welt, die sich immer schneller und radikaler ändert, Angst und Sorgen. Das fühlt sich nicht gut an. Denn sie haben ein großes Bedürfnis nach Sicherheit. Also verstecken sie sich in ihrer Komfortzone und weichen allem, was riskant, gefährlich oder schmerzhaft ist, aus.

Aber mit der Sicherheit ist das so eine Sache. Sie können Sicherheit nämlich nicht dadurch erreichen, dass Sie in der Komfortzone bleiben. Denn die Natur ist effizient. Was nicht gebraucht wird, wird abgebaut. So ergeht es Muskeln, die nicht trainiert werden. Und so ergeht es auch unserer Komfortzone. Der Mensch, der immer die sicherste Option wählt, entscheidet sich für das, was im Zentrum des Komfortzonenkreises liegt. So sorgt er dafür, dass seine Komfortzone schrumpft. Mit fatalen Folgen. Denn Schritt für Schritt rutschen immer mehr Handlungsoptionen aus der Komfortzone heraus und werden angstbesetzt. Das heißt, durch sein Streben nach »Sicherheit« sorgt der Mensch dafür, dass er immer öfter in gefühlt risikobehaftete Situationen gerät. Er endet in einem Leben voller Angst und Hemmungen.

Schmerz begegnet Ihnen also auf beiden Wegen: wenn Sie die Komfortzone verlassen und wenn Sie darin verharren. Der Unterschied liegt darin, dass ein Verlassen der Komfortzone neben dem Schmerz auch viele positive Ergebnisse zur Folge hat und Sie obendrein zum Spieler macht. Wenn Sie sich dagegen in Ihrer Komfortzone verstecken, werden Sie zum Spielstein und vornehmlich mit Schmerz belohnt.

Was also tun, wenn Sie sich in einer kniffligen Situation befinden, die Ihnen Angst macht? Es ist hilfreich, wenn Sie für sich klären, welchen Output Sie erzielen wollen. Erinnern Sie sich noch an Frau Meier aus Kapitel 6, die in der Schlange an der Supermarktkasse geduldig 20 Minuten wartet, um ihr Geld zu wechseln? Sie müsste sich fragen: Will ich, dass die Fremden um mich herum mich als wohlerzogenen Menschen in Erinnerung behalten, obwohl sie wahrscheinlich überhaupt nicht registriert haben, dass ich mit in der Schlange stehe? Oder ist mir wichtig, dass ich jetzt schnell Geld für den Einkaufswagen gewechselt bekomme, um endlich einzukaufen und pünktlich bei meiner Familie zu Hause zu sein? Ihre innere Stimme wird ihr wahrscheinlich sagen, dass sie pünktlich zur Familie will. Dann ist es Zeit für den Katzen-Modus: sich trauen, die Angst zu überwinden, die Komfortzone zu sprengen und den Mund aufzumachen.

Welchen Output wollen Sie erzielen?

Hier treffen wir auch wieder auf die Streitkultur, von der ich oben sprach. Zu ihr gehört das Ausbrechen aus der Sprachlosigkeit, der bewusste Einsatz von klaren Worten. Das ist hilfreich für den Einzelnen, aber auch hilfreich für unsere Gesellschaft. Je mehr Menschen sich zu einer klaren Sprache bekennen, desto wirkungsvoller wird auch unsere Gesellschaft.

Mir geht es im Kern um eine andere Kommunikation, um eine andere Gesellschaftskultur. Nicht herbeigeführt durch Revolutionen, sondern dadurch, dass jeder Einzelne bei sich beginnt.

Heikle Botschaften annehmen

Das Austeilen von heiklen Botschaften reicht nicht; man muss sie auch annehmen können. Wenn ich selbst besser werden möchte, muss ich für heikle Botschaften offen sein, was mich in Bereiche führt, die für mich unangenehm sind – das sind in aller Regel Ängste und die halten mich von Wachstum ab. Wenn ich mich ihnen nie stelle, werde ich nie wachsen.

In dem Buch »Siddharta« von *Hermann Hesse* kommt der Held auf seinem Weg aus seinem mönchischen Dasein heraus in eine Stadt der »Kindermenschen«. So nennt er die Menschen, die dem Weltlichen ergeben sind. Als er selbst als Kaufmann tätig wird, beobachten ihn die anderen Kaufleute verblüfft. Siddharta ist gut und engagiert, aber er ist nicht wie sie ständig gestresst und unter Druck. Ob er gewinnt oder verliert, ist ihm gleichgültig. Gewinnt er, sagt er: »Oh, schön.« Verliert er, sagt er: »Na ja, ist halt schiefgegangen. Nächstes Mal wird es besser.« Er nimmt Erfolg und Misserfolg nicht persönlich. Und genau das ist seine Stärke.

Von ihm können wir den Umgang mit heiklen Botschaften lernen. Aber klar ist auch: Das ist leichter gesagt als getan.

Wie reagieren denn Sie, wenn Sie mit heiklen Botschaften torpediert werden? Hören Sie zu? Unterbrechen Sie den anderen? Gehen Sie zum Gegenangriff über? Sind Sie geknickt und verletzt? Oder nehmen Sie das Feedback mit, und überlegen Sie sich in Ruhe, ob die Person recht hat und Sie das Gehörte irgendwie nachvollziehen können? Es liegt in Ihren Händen, ob Sie der Welt mit weichgespülten Worten oder mit fair vermittelter Wahrheit entgegentreten. Genauso haben Sie es auch in der Hand, sich wahrhaftiges Feedback einzuholen und für sich zu nutzen. Deshalb fragen Sie sich selbst: Wie viel Wahrheit wollen Sie hören? Und vor allem: von wem?

Sie sollen und können nicht alles annehmen, was Ihnen so gesagt wird. Sie werden Kritik nur annehmen, wenn der Absender der Kritik für Sie einen entsprechenden Status innehat. Falls er hoch genug ist, wird die Kritik ankommen – unabhängig von der Formulierung. Natürlich ist es angenehmer, wenn die Kritik so formuliert ist, dass Sie sie leichter akzeptieren können. Das heißt:

wenn klar ist, dass die Kritik der Sache bzw. Ihrem Verhalten gilt und nicht Ihrer Person.

Was Sie dann aus der Wahrheit machen, hängt ganz allein von Ihnen selbst ab. Inwieweit sind Sie bereit, sich selbst in die Augen zu sehen und ehrlich zu sich zu sein? Denn das Feedback, das von außen kommt, ist das eine. Das andere ist, dass Sie dieses Fremdbild abgleichen mit dem eigenen Bild, mit Ihrer eigenen Wahrnehmung.

Bei der Selbstwahrnehmung gibt es blinde Flecken.

Besonders aus der Beobachtung von anderen wissen wir, dass es bei der Selbstwahrnehmung blinde Flecken geben kann. Die blinden Flecken der anderen zu entdecken ist natürlich viel leichter, als sie bei sich selbst einzugestehen. Das gilt vor allem für die Katzen. Doch auch die werden sich nur dann weiterentwickeln, wenn sie aufhören, ihre eigenen blinden Flecken zu ignorieren.

Wenn Sie Feedback und Selbstwahrnehmung abgleichen und bei aller Selbstkritik zum Schluss kommen, dass die Kritik völlig unangebracht ist, gestatten Sie sich Spontanamnesie. Vergessen Sie das Gehörte einfach. Das fällt den Katzen leicht.

Für die Hunde gilt: Nehmt euch nicht jede Kritik so zu Herzen, dass ihr vier Monate an der emotionalen Genesung arbeiten müsst! Legt euch ein dickeres Fell zu. Macht euch bewusst, dass euer Verhalten kritisiert wird – und nicht ihr persönlich! Lasst ein bisschen mehr von eurer Katze raus.

Wenn Sie selbst es sind, der die heiklen Botschaften abfeuert, überlegen Sie einmal, auf welche Art Sie das tun: Sorgen Sie dafür, dass der andere Ihre Worte mit hoher Wahrscheinlichkeit als persönlichen Angriff auffasst? Oder erhöhen Sie die Chance, dass der andere merkt: »Oh, der kritisiert nicht mich als Menschen, sondern nur mein Verhalten, meine Präsentation, meine schlechte Englischarbeit.« Wenn Sie Ihrem Gegenüber wirklich helfen wollen, etwas besser zu machen, denken Sie darüber nach, wie Sie ihm klarmachen können, dass die Kritik der Sache und nicht dem Menschen gilt. Damit machen Sie es dem Empfänger leichter, diese Botschaft nicht als persönlichen Angriff zu werten. Das verbessert die Aussicht auf einen konstruktiven Streit und damit auf ein Stück Brückenbau enorm.

Für den beruflichen Kontext gibt es bestimmte Formulierungen, die den Umgang mit heiklen Botschaften leichter machen. Wenn ich als Berater zum Beispiel nach einem Feedback gefragt werde, dann frage ich einfach zurück: »Wie möchten Sie es denn gerne hören: durch die Blume oder ungefiltert auf den Tisch?« Die meisten sagen dann: »Ungefiltert auf den Tisch.« Damit hat mir mein Gegenüber die Erlaubnis gegeben, Klartext zu reden – dann darf und muss ich es auch tun.

Wenn Sie Ihre Kritik frei von persönlichen Angriffen halten, macht das auch Ihre Position als Überbringer heikler Botschaften leichter: Wenn Sie dem anderen klarmachen können, dass dies keine persönliche Kritik ist, wird er sich weniger schnell in die Ritterrüstung werfen und zurückballern oder sich leise weinend dem Dialog entziehen.

Die Brücke zu dir

Heikle Botschaften äußern und annehmen können: Das sind Herausforderungen für jeden von uns im Alltag, im Beruf und in der Gesellschaft. Sehr schnell können da Narben entstehen, die für immer bleiben. Deswegen kommt es ganz entscheidend darauf an, auch Brücken bauen zu können – im Zentrum unseres Lebens, in der Beziehung zu den Menschen an unserer Seite. Die Mutter einer Freundin sagte mir mal, als ich noch Schüler war: »Eine Beziehung ist wie eine Brücke. Man muss sie täglich pflegen und im Extremfall von beiden Seiten aufs Neue aufbauen.« Das ist nicht immer leicht, weil wir Menschen ein ambivalentes Verhältnis zu Verbundenheit haben. Erinnern Sie sich? Das ist das Dilemma, in das wir in Erinnerung an unser vorgeburtliches Erleben geraten: Wir haben ein Leben lang Sehnsucht nach dieser bedingungslosen Verbundenheit, streben aber gleichzeitig nach Unabhängigkeit in unserem Wachstum. Im dritten Kapitel habe ich das schon beschrieben.

Früher dachte ich, dass es lediglich zwei Alternativen gibt: entweder abhängig oder unabhängig. Eine gute Partnerschaft schien mir deshalb wie die Quadratur des Kreises. Denn abhängig will ich nicht sein. Und wenn ich unabhängig bleiben will, irritiert das meine Partnerin. Diesen Widerspruch konnte ich lange Zeit nicht lösen. Erst in der Ehe mit meiner Frau lernte ich: Es gibt noch eine dritte Dimension, nämlich die Interdependenz.

Worum es bei der Interdependenz geht, möchte ich Ihnen anhand eines Beispiels aus meiner eigenen Geschichte kurz erklären.

Meine Frau und ich, wir sind beide unabhängig, könnten auch alleine leben, wenn wir wollten. Aber wir haben uns freiwillig zusammengetan, weil es für uns beide schöner ist. Das ist jetzt sehr sachlich formuliert und klingt wenig romantisch. Meine Frau zieht bei solchen Formulierungen gerne die Augenbrauen hoch, denn sie braucht keine rationalen Erklärungen für das, was sie fühlt. Aber sie weiß, dass hinter meinen rationalen Gedanken vor allem Liebe steckt und ich als Mann gelernt habe und immer noch weiter lerne, meine Gefühle zuzulassen. Und trotzdem das Rationalisieren brauche und nicht lassen kann.

Wir sind freiwillig zusammen, weil es für uns beide besser ist.

Diese Interdependenz ist ein Paradoxon: In der gegenseitigen Abhängigkeit sind wir unabhängig voneinander. Weil wir in unserer Beziehung einfach jeweils »Ich« sein können, mit allem, was dazugehört. Ohne Verstellung. Oder einfach formuliert: eins werden und zwei bleiben.

Das funktioniert aber nicht von selbst. Auf dem Weg dorthin hatten wir nicht nur schöne, sondern auch viele dunkle, schwere Momente. Wir haben gelernt, dass wir an unserem Eheglück arbeiten müssen. Wir wollen es. Dafür braucht es drei Dinge:

- dass ich an mir arbeite,
- dass meine Frau an sich arbeitet
- und dass wir gemeinsam an unserer Ehe arbeiten.

Dabei gibt mir besonders eine Vorstellung ein tiefes Gefühl von Dankbarkeit und Demut: nämlich dass unsere Ehe, unsere Beziehung zueinander, weder meiner Frau noch mir gehört – sondern uns beiden. Daraus ergibt sich eine gemeinsame Verantwortung für das Eheglück. Wenn Sie denken: »Wir ziehen zusammen und dann wird das Ding schon laufen«, dann machen Sie sich zum Spielstein. Sie überlassen die Verantwortung den Umständen des Lebens. Ich beobachte mit einer gewissen Traurigkeit, dass viele Paare in meinem Umfeld förmlich passiv zusehen, wie sie in den Beziehungstod rutschen. Dabei liegt es auch hier in ihrer Hand, zu gestalten.

Wenn ich mit männlichen Kunden über die Ehe spreche, beobachte ich oft eine gewisse Härte. Es ist eine Härte, die sie austeilen – wenn sie kritisieren oder fordern. Gerade wenn sie leistungsorientiert sind und im Beruf entsprechend Gas geben. Die Gefahr ist groß, dass die gleichen Leistungsmaßstäbe dann auch an das Eheglück gestellt werden und dort für Chaos sorgen. Die Haltung, die dahintersteht, ist: »Meine Ehe funktioniert dann gut, wenn mein Partner dies oder jenes tut.« Doch das empfinde ich als unreif. Es ist natürlich schön einfach und bequem, mit dem Finger auf den Partner zu zeigen: »Du musst dich ändern!«

Für hilfreicher halte ich es, Härte gegen sich selbst zu richten. Nämlich die Härte, das eigene Ego zu überwinden. Wenn Ihr Partner etwas tut, was Sie nervt, könnten Sie statt auf ihn auf sich selbst schauen und sich fragen: »Warum nervt mich das so? Kann ich es nicht einfach zur Kenntnis nehmen, ohne darauf zu reagieren?« Jeder hat blinde Flecken in seinem eigenen Verhalten. Sie zu entdecken ist nicht immer leicht. Sie sichtbar zu machen kann richtig schwer sein. So war eine meiner Herausforderungen das Zulassen von Nähe: Ich suchte keine Nähe und ich bot sie auch nicht. Nie habe ich mir darüber Gedanken gemacht. Doch zum Glück hatte ich meine Frau, die mich auf diese Missstände aufmerksam gemacht hat. Diese Momente, in denen der Spiegel hochgehalten wurde und ich eine klare Botschaft darin las, waren für mich schwer anzunehmen.

> **Um das eigene Ego zu überwinden, braucht es Härte gegen sich selbst.**

Aber seit ich mir im Klaren darüber war, dass meine Frau der wichtigste Mensch in meinem Leben ist, dass unsere Ehe Teil meines Horizonts ist, war mir auch klar, dass ich dafür arbeiten wollte. Ich machte mich also auf die Suche nach dem, was eine Ehe dauerhaft erfolgreich macht. Michael, ein guter Freund aus den USA, empfahl mir ein Buch von *John Gottman*. Und gleich der Titel des Buches erteilte mir die erste Lektion: Er lautet nämlich »Die 7 Geheimnisse einer glücklichen Ehe« – und nicht: »… einer erfolgreichen Ehe«.

Das Buch zeigte mir hilfreiche Wege auf. Ich fertigte unter anderem von meiner Frau eine Partnerlandkarte an. Die Karte machte mir deutlich, was sie aktuell beschäftigt, erfreut, traurig macht und so fort. Diese Erkenntnisse, also das genaue Bild oder der entstandene Horizont, änderten mein Verhalten. Wo ich mich vorher ohne Absicht geringschätzig verhalten hatte, brachte ich ihr nun Respekt entgegen.

Ich gebe zu: Ich stelzte anfangs ein bisschen wie der Storch im Salat herum, bis ich ein Gefühl dafür bekam, was für unsere Ehe wirklich entscheidend ist. Inzwischen haben wir unsere eigenen Rituale entwickelt, um eine glückliche Ehe zu leben. Es ist heute ein schönes Gefühl für mich, zu erkennen, dass all das Glück und all die Liebe schon immer da waren. Meine Frau trug das alles schon immer in sich. Ich war anfangs nur noch etwas blind und sah die private Welt zu sehr durch die berufliche Leistungsbrille. Also begann ich, mir auch ein privates Zukunfts-Ich auszumalen. Ich analysierte meine Gewohnheiten, suchte den Dialog mit meiner Frau und arbeitete an mir. Das meine ich, wenn ich von Disziplin und Konsequenz sich selbst gegenüber spreche: absolute Selbstehrlichkeit, Reflexion und den Mut, an den eigenen Unzulänglichkeiten zu arbeiten, nicht nur die des anderen zu bemängeln. Und damit dem anderen die Möglichkeit zu geben, sich ebenfalls zu öffnen.

Geliebte Reißzwecke

Meine Frau war mir in puncto Klarheit um Jahre voraus. An ihr konnte ich lernen, wie gut diese Klarheit einer Beziehung tut. Sie lehrt mich bis heute, unsere Brücke aus ausgesprochenen Wahrheiten zu bauen, und dabei hilft mir ihre Klarheit. Sie gibt mir unmittelbar zu verstehen, wenn etwas nicht in Ordnung ist. Sie ist nicht laut, sie ist auch nicht beleidigend. Sie ist kühl-distanziert, zeigt ihr Verletztsein, redet Klartext und wir haben einfach Stress. Sie lässt es nicht eskalieren, aber dadurch, dass sie mich in meinem »blinden Weg« stört und mir diese Grenzen setzt, komme ich dazu, zu reflektieren, ob mein Verhalten jetzt hilfreich ist oder nicht. So kommt es zu einer sinnvollen Entwicklung unseres Miteinanders. Sie hält mich wach für diesen Fortschritt. Sie macht mich zu einem besseren Menschen!

Denn meine Frau ist mein wohlwollendster und kritischster Beobachter. Gerade wenn es beruflich sehr gut läuft und ich in der Weltgeschichte rumdüse, ist es so wertvoll, jemanden zu haben, der einen wieder erdet. Schonungslose, ehrliche und absichtsfreie Kritik ist das wertvollste Geschenk, das wir bekommen können.

Leider ist diese Kritik meist nicht wirklich angenehm. Gerne reagieren wir emotional darauf. Meine Lebenserfahrung sagt mir: Je emotionaler ich darauf reagiere, desto wahrscheinlicher ist an der Kritik auch etwas dran. Wenn ich also vor lauter Erfolg die Bodenhaftung zu verlieren drohe, dann brauche ich eine Art Reißzwecke, die mich wieder an das erinnert, was wirklich wichtig ist. Jedes Mal, wenn ich mich setze, pikt sie, sodass ich wieder aufmerksam werde und meinen Fokus in die richtige Richtung lenke. Eine Reißzwecke ist wie ein Korrektiv.

Mein Korrektiv ist meine Frau und auch dafür liebe ich sie.

Hund oder Katze – was denn nun?

Im beruflichen Umfeld dagegen bin ich derjenige, der die Reißzwecke spielt. Für meine Kunden bin ich sogar noch mehr, denn ich pikse nicht nur: Ich bin überzeugt, dass es die Aufgabe eines Beraters ist, so lange zu drücken, bis es richtig wehtut. Meiner Ansicht nach haben Heilung, Wachstum und Verbesserung nur dann eine Chance. Denn wenn es wehtut, wissen wir, wohin wir schauen müssen, um die Ursache zu entdecken. Und können sie beheben.

Fortschritt gibt es nur dort, wo jemand Unruhe stiftet. Konstruktive Unruhe, die voranbringt. Jemand, der die unangenehmen Wahrheiten ausspricht, anstatt sie unter den Teppich zu kehren.

Fortschritt gibt es nur, wo jemand Unruhe stiftet.

Indem ich diesen Gedanken so deutlich in diesem Buch hervorhebe, provoziere ich stark Ihr Katzen-Verhalten. Seien Sie unbequem. Haben Sie anspruchsvolle Ziele. Gehen Sie in den Konflikt, wenn es sinnvoll ist. Dieses Verhalten liegt allerdings nicht jedem. Keine Sorge: Wenn Ihnen die Hunde-Nummer lieber ist, ist das auch vollkommen in Ordnung. Wir brauchen die Hunde in unseren Teams, in der Familie, in der Gesellschaft. Denn sie machen uns menschlich. Sie sorgen für Team-Spirit, gute Moral, fokussieren Werte und stellen sicher, dass wir auch auf die Schwächeren achten. Wir brauchen die Hunde genauso, wie wir die Katzen brauchen.

Hilfreich ist, wenn beide sich besser verstehen. Für die Hunde: Katzen sind weder gestresst noch arrogant. Sie sind einfach nur Katzen-Typen. Für die Katzen: Hunde sind nicht doof oder Weicheier. Sie sind einfach nur Hunde-Typen.

Doch eines ist auch klar: Im Beruf werden Sie erst dann wirkungsvoll und durchsetzungsstark, wenn Sie die Katze rauslassen und anspruchsvolle Ziele, Konsequenz und Disziplin vor Emotion und gute Stimmung stellen. Das gilt für sehr viele Berufe. Stellen Sie sich vor, ein Unfallchirurg bekäme ein verunglücktes Kind eingeliefert und wäre nicht in der Lage, kühl und sachlich zu handeln, sondern würde vor Mitleid in Tränen ausbrechen. Wem wäre geholfen?

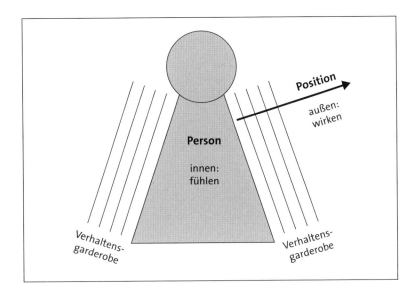

Sie brauchen also eine Verhaltensgarderobe, aus der Sie je nach Situation den richtigen Anzug herausholen. Sie laufen ja auch nicht den ganzen Tag im Schlafanzug herum, oder? Das heißt auch nicht, dass Sie in einem dieser Anzüge nicht authentisch seien. Sie bleiben Sie. Nur Ihr Anzug wechselt.

Sie bleiben Sie. Nur Ihr Anzug wechselt.

Es ist richtig und wichtig, wenn Sie Ihr Verhalten dem Kontext anpassen. Eine Balance zwischen den verschiedenen Verhaltensformen gibt Ihnen Lebenskraft. Ich habe für mich entschieden, dass ich meine Abenteuer und Herausforderungen nur im beruflichen Umfeld suche. Im privaten Umfeld will ich Ruhe und Harmonie. Das klappt privat noch nicht immer und überall. Aber ich habe ein Zielbild und arbeite daran.

Spitzenleistung können Sie nur bringen, wenn Sie auch einen Ort im Leben haben, wo Sie hinkommen können und bedingungslos angenommen werden. Dann ist es gut zu verkraften, wenn es im beruflichen Umfeld nur Anerkennung für Leistung und Ergebnisse gibt. Diese Balance macht Sie immun gegen den Gemocht-werden-Virus, und es fällt Ihnen deutlich leichter, all die unangenehmen Wahrheiten im Job auch auszusprechen.

Dieser Weg ist natürlich einfacher, wenn Sie finanziell unabhängig sind. Doch fehlende Unabhängigkeit darf nicht als Ausrede dienen. Ich erlebe immer noch viele Berater, die keinen Klartext reden, sondern einknicken oder ausweichen. Die lieber nur 80 % der Wahrheit sagen und den Rest mit Weichspüler auffüllen, in der Hoffnung auf einen Folgeauftrag. Sie freuen sich, wenn sie mit dem Kunden auf der Gokartbahn gemeinsam Spaß haben. Ganz ehrlich: Ich habe noch nie gesehen, dass der Spaß beim Gokartfahren das Beratungsprojekt auch nur um einen Deut erfolgreicher gemacht hat.

Der Gemocht-werden-Virus ist auch unternehmensintern ein großes Problem: Viel zu viele machen den Mund nicht auf, aus Angst, nicht mehr geliebt zu werden. Das ist schwierig für Unternehmen, vor allem, wenn der Virus auch die Führungskräfte befällt.

Aus meiner Sicht sind es gerade die Führungskräfte, für die meine zwei Kernbotschaften essenziell sind, nämlich auf *Fokus* und *Konsequenz* zu achten. Fokus auf das, was Ihnen wirklich wichtig ist, und Konsequenz in der Verfolgung dieses Ziels. Das heißt: volles Commitment mit dem Wichtigen und voller Einsatz bei der Umsetzung des Notwendigen.

Nicht umsonst sind die Initialen dieser Kernbotschaften F und K, also die gängige Abkürzung für Führungskraft. Beides sind in meinen Augen wichtige Eigenschaften für jemanden, der führt. Diese Führung beschränkt sich dabei aus meiner Sicht nicht auf Unternehmen: Führung passiert überall. Und ist überall notwendig, wo mehr als ein Mensch etwas voranbringen möchte.

Diese beiden Eigenschaften werden umso wichtiger, je mehr die Menschen nach kollaborativer statt nach autoritärer Führung verlangen. Es kommt immer mehr darauf an, dass Sie als Führender für einen Horizont einstehen, denn diejenigen, die Ihnen folgen sollen, entwickeln einen eigenen persönlichen Horizont und wollen Ihren mit dem eigenen abgleichen. Nur wenn sie dabei eine ausreichend große Schnittmenge feststellen, werden sie sich nachhaltig unter Ihre Führung begeben. Diese Schnittmengen nehmen in einigen Unternehmen gravierend ab. Gerade die jüngere Generation wird hier anspruchsvoller. Bei ihr gilt besonders: Wer einen Horizont hat und keine Firma oder Organisation findet, die zu diesem passt, der gründet einfach sein eigenes Unternehmen.

Und wenn Sie eine wirklich große Führungskraft sind, dann entwickeln Sie aus dem Horizont der Firma, Ihrem eigenen und denen Ihrer Mitarbeiter einen gemeinsamen Horizont. Denn auch ein Team, eine Gemeinschaft oder eine Gesellschaft kann einen Horizont entwickeln.

Gesellschaft mit Horizont

Es ist ja nicht so, dass es in unserer Gesellschaft heute keine Auseinandersetzungen gäbe. Im Gegenteil. Der moderne »Wutbürger« sucht den Streit überall, er regt sich über die Standpunkte anderer bei jeder passenden und unpassenden Gelegenheit auf und garniert das mit lautem Getöse und wüsten Beleidigungen. Das ist Streit, aber ohne Kultur. Ein echter Austausch findet dabei nicht statt, weil viel zu viele den Standpunkt des anderen zum Kotzen finden, selbst aber gar keinen wirklichen eigenen Standpunkt und keinen Horizont haben. Hinzu kommt, dass erschreckend viele Menschen sich so sehr über Banalitäten echauffieren. Sei es der Griff von Jogi Löw in den Schritt bei der Fußball-EM in Frankreich oder die Geburt von Katzenbergers erstem Kind. Es fehlt an Klarheit in der Auseinandersetzung um die wirklich wichtigen Dinge. So wabert die Gesellschaft ziellos vor sich hin. Wir haben keinen Horizont, auf den wir gemeinsam zusteuern. Das Bild von der Zukunft ist unklar.

Wir haben keinen Horizont, auf den wir gemeinsam zusteuern.

Doch wer hat hierfür eine Lösung? Man könnte mehrere Kandidaten in die Auswahl nehmen.

Wie wäre es mit der Politik? Sie kann Rahmen und Impulse setzen. Aber meiner Meinung nach trägt sie nicht die Verantwortung für diesen Zustand. Hinzu kommt: Wenn der Staat reguliert, kommen nicht immer die besten Lösungen dabei heraus.

Ein kollektiver Bewusstseinssprung? So etwas wäre sicherlich eine ideale Lösung. *Eckhart Tolle* beschreibt in seinem Buch »Eine neue Erde« solch eine große Transformation. Auch die Autoren des berühmten Berichts an den Club of Rome, »Grenzen des Wachstums«, zeigen in ihrem 30-Jahre-Update den kollektiven Bewusstseinssprung als eine Lösung, um die Zerstörung der Erde zu vermeiden. Ich glaube jedoch nicht daran. Wir Menschen sind Egoisten, von denen die meisten einfach zu gerne Spaß haben und dabei in erster Linie an sich selbst denken. Statt mit 200 PS nur noch mit 80 PS durch die Gegend fahren – keine Chance. Die Kippen nicht mehr auf den Weg schnippen – warum sollte ich? Es scheitert bereits an kleinen Dingen. Da setze ich bei den großen Themen erst recht nicht auf die Kraft des Kollektivs.

Freiheit – Gleichheit – Brüderlichkeit

Der Schlüssel zur Lösung liegt nach meiner Überzeugung in dem Dreiklang, den wir aus der Französischen Revolution kennen: Freiheit, Gleichheit, Brüderlichkeit. Wenn Sie die Freiheit der Menschen maximieren möchten, bedeutet das automatisch, dass die Gleichheit zurückgefahren wird. Denn je mehr Freiraum die Menschen haben, desto unterschiedlicher wird jeder Einzelne den Freiraum nutzen. Das sehen wir bereits heute in unserer ziemlich freien Gesellschaft: Einige werden beispielsweise sehr reich, andere tun sich schwer und kämpfen gegen Armut.

Drehen wir den Spieß um: Wenn wir die Gleichheit der Menschen maximieren, schränkt das unmittelbar die Freiheit des Einzelnen ein. Diejenigen, die auf Leistung und Erfolg getrimmt sind, können sich nicht mehr so entfalten, wie sie wollen. Denn alles wird umverteilt. Kommunistische Prinzipien. Aus der Praxis wissen wir: Das funktioniert nicht.

Freiheit und Gleichheit sind also wie zwei Waagschalen: Belasten wir die eine Seite, reduzieren wir das Gewicht der anderen. Unsere Gesellschaft hat sich per Verfassung für die Förderung der Freiheit entschieden. Doch in der Reinform führt das zu Ungleichgewichten.

Und jetzt kommen wir zurück zu der zuvor diskutierten Frage der Verantwortung für die Zukunft einer Gesellschaft. Wer soll extreme Ungleichgewichte oder Probleme einer Gesellschaft lösen? Der Leitgedanke der Französischen Revolution umfasst ja nicht nur Freiheit und Gleichheit – sondern auch noch Brüderlichkeit. Diese Brüderlichkeit ist der Schlüssel zum Erfolg. Nicht der Staat bringt die Lösung, sondern jeder Einzelne von uns. Der einzelne Bürger wird in die Verantwortung genommen. Jeder von uns ist sozusagen das Korrektiv, das Spannungen und Ungleichgewichte in einer Gesellschaft durch eine brüderliche Haltung lösen kann.

Verantwortung des Individuums

Für mich ist klar, dass wir eine bessere Gesellschaft werden, wenn jeder seinen persönlichen Horizont kennt, entwickelt und ihm folgt. Damit wir jedoch nicht als ein Haufen von Egoisten unseren eigenen Interessen nachjagen, müssen wir die Frage klären: Was hält eine Gesellschaft eigentlich zusammen?

Sie können das sicherlich komplex und ausführlich diskutieren. Wenn ich es jedoch möglichst einfach machen will, dann besteht die Antwort nur aus zwei Worten: geteilte Werte. Nur wenn wir als Gesellschaft gemeinsam anerkannte und geteilte Werte leben und respektieren, werden wir langfristig als Gesellschaft funktionieren. In unserer Gesellschaft sind wir zum Beispiel durch die Werte der Zehn Gebote geprägt, die sich auch in unserem Rechtsstaat und seinen Gesetzen wiederfinden.

Werte werden in Zukunft eine sehr große Rolle spielen. Und zwar nicht nur die Werte an sich, sondern vor allem die Frage, auf welchem Werteniveau wir uns als Gesellschaft befinden.

Welches Werteniveau wollen wir als Gesellschaft haben?

Das Werteniveau ist wie ein Felsbrocken am Berghang. Ob sich der Stein bergauf in Richtung einer Werte-volleren Zukunft bewegt, hängt davon ab, wie viele Menschen sich dafür einsetzen und gemeinsam den Felsbrocken von unten hochrollen. Jeder Einzelne aber, dem diese Werte egal sind, setzt sich automatisch oben auf diesen Felsbrocken drauf. Er bremst damit nicht nur die Aufwärtsbewegung des Felsens, sondern er erhöht durch die zusätzliche Belastung die Gefahr, dass der Stein nach unten abrutscht. Es gibt also nur zwei Möglichkeiten: Entweder Sie entscheiden sich aktiv für die Mitwirkung an der Entwicklung einer Werte-Gesellschaft oder Sie sitzen obendrauf und bewirken das Gegenteil. Mit einer »Ist mir doch egal«-Einstellung irgendwo abseitszustehen, funktioniert nicht. Ihre Option lautet: Werte hochhalten oder Werte abrutschen lassen. Das gilt im Großen für die Gesellschaft genauso wie im Kleinen innerhalb der Familie, des Freundeskreises, der Nachbarschaft.

Treffen Sie eine Entscheidung

Von *Joseph Beuys* stammt der Satz: »Die Zukunft, die wir wollen, muss erfunden werden, sonst bekommen wir eine, die wir nicht wollen.« Genau darum geht es: Wir müssen aktiv eine Zukunft ersinnen, die wir auch wirklich haben wollen. Zu einem solchen Horizont gehören Fragen wie:

- Wie will ich in Zukunft leben?
- In welcher Welt will ich leben?
- Welche Welt will ich meinen Kindern hinterlassen?
- Was kann ich für andere tun, um einen Beitrag für eine lebenswerte Zukunft zu leisten?

Der erste Schritt ist immer die Klarheit über Ihren eigenen Horizont. Ein Horizont, in dem nicht nur Ihre persönlichen Bedürfnisse eine Rolle spielen, sondern auch die Interessen der Gemeinschaft. Es führt kein Weg daran vorbei, dass Sie sich selbst mit diesen Themen inhaltlich auseinandersetzen, wenn Sie einen Horizont erschaffen wollen, der nicht nur Ihnen nützt.

Der erste Schritt ist immer die Klarheit über Ihren eigenen Horizont.

Erst wenn Sie sich gut informiert haben, können Sie auch einen eigenen Standpunkt einnehmen. Nur wenn Sie einen Standpunkt eingenommen haben, können Sie ihn auch vertreten. Und nur wenn Sie gut informiert sind, fühlen Sie sich auch sicher und souverän genug für eine Stellungnahme. Wenn Sie aber einmal keine Ahnung bei einem Thema haben, gibt es nur einen sinnvollen Rat: Mund halten und sich informieren!

Die Welt ändert sich zunehmend schneller. Die technische Evolution allein wird uns immer wieder neue Fragestellungen bescheren, die unsere Werte betreffen. Haben Roboter die gleichen Rechte wie ein Mensch? Hat ein selbstfahrendes Auto das Recht zu entscheiden, ob es Fußgänger oder die beförderten Personen bei einem Unfall in den Tod schickt? Was raten Sie Ihrem Kind, wenn seine Schulkameraden ihre mathematischen Fähigkeiten durch implantierte Gehirnelektroden auf Vordermann bringen wollen? Im Laufe der Zeit werden unweigerlich immer wieder neue Fragen und Erkenntnisse hinzukommen. Deshalb brauchen Sie doppelten Mut: den, die eigene Meinung zu äußern, und den, diese Meinung zu ändern, sobald neue Erkenntnisse auftauchen, die Sie zu anderen Ergebnissen führen.

Wer unbedingt recht haben muss, für den ist es eine Katastrophe, zuzugeben, dass er seine erste Meinung revidieren muss. Wer Probleme lösen will, anstatt sich an sein Ego zu klammern, der freut sich, wenn er nun zu einer lösungsorientierteren Meinung gekommen ist. Der freut sich, wenn wir eine gelebte Streitkultur haben, in der ein kritischer Dialog niemanden bloßstellen will – sondern einfach nur zu besseren Ergebnissen führt.

Eine Gesellschaft, in der jeder seinen Horizont kennt und seine Stimme erhebt, um wirkungsvoll zu sein – das ist für sich noch keine ideale Gesellschaft, aber sie ist auf jeden Fall eine bessere als die, in der wir heute leben. Eine, in der endlich wieder eine sinnvolle, fokussierte Bewegung entsteht, in der es wieder zu Output kommt, in der weniger Zeit verschenkt wird, in der nicht alles weichgespült wird, in der Sie – wie jeder von uns – etwas bewirken können!

Jeder trägt Verantwortung. Jeder von uns ist Teil der Gesellschaft.

Sie sind aufgerufen, für sich klare Entscheidungen zu treffen. Sagen Sie hinterher nicht: »Ich wusste es ja nicht.« Jeder trägt Verantwortung. Jeder von uns ist Teil der Gesellschaft.

Wenn wir als Spezies zukunftsfähig sein wollen, dann stellt sich die Frage, wie wir es schaffen, möglichst viele zukunftsfähige Menschen hervorzubringen, die ihren ganzen Verstand, ihre ganze Energie dafür einsetzen, dass unsere Nachfolgegeneration eine gute Zukunft haben wird.

Wenn jeder bei seinem persönlichen Horizont auch an seinen Beitrag für die Gesellschaft denkt, seine innere Stimme dazu befragt, seinen Standpunkt dazu entwickelt und ihn mit seiner äußeren Stimme vertritt – dann können wir es schaffen, nicht nur als Individuum, sondern als Gesellschaft positive Spuren zu hinterlassen und eine Brücke von der Gegenwart in die Zukunft zu bauen.

Das ist unbequem und erfordert Mut von Ihnen. Es ist eben ein harter Weg zum Glück. Aber er lohnt sich. Seien Sie unbequem und anspruchsvoll. Sich selbst und anderen gegenüber.

Seien Sie unbequem und anspruchsvoll.

Und seien Sie mutig. Ihr Mut braucht eine Stimme. Ihre Stimme! Dieses einzigartige Geschenk, das uns die Natur mitgegeben hat, das aber nur Wirkung erzeugen kann, wenn Sie es auch benutzen und mit seiner Hilfe einen zuvor gewonnenen Standpunkt vertreten. Erzeugen Sie Wirkung in Ihrem Leben. Was werden wir vermissen, wenn Sie irgendwann die Erde verlassen haben?

Also fangen Sie an, hören Sie auf die Stimme in Ihnen! Und dann: Machen Sie den Mund auf!

Sie werden sehen, es wirkt!

Vom Frosch zum Prinzen

Während meines Studiums verbringe ich ein Jahr im Ausland. Erst in Auckland, dann in Chicago. Auf dem Weg von Neuseeland in die USA mache ich einen Zwischenstopp auf Hawaii. Dort treffe ich eine Frau, bei der es mir die Sprache verschlägt.

Nachdem wir mit einer Gruppe tauchen gewesen sind, brauche ich mehrere Anläufe, um sie endlich anzusprechen – und nicht für immer aus den Augen zu verlieren. Wir haben eine tolle Zeit, bis wir abends dann vor meinem Hotel stehen. Es knistert und ich müsste einfach nur so etwas sagen wie: »*Komm doch mit hoch!*« *Stattdessen stehen wir sprachlos voreinander. Stammeln herum wie kleine Teenager. Und das Knistern verfliegt. Schließlich endet jeder in seinem Bett. Allein.*

Am nächsten Morgen schreibe ich ihr eine SMS: »*Das war einer meiner größten Fehler.*« *Und sie erwidert:* »*Meiner auch!*«

Ich schwöre mir, dass ich nie mehr eine entscheidende Situation so an mir vorüberziehen lassen werde, nur weil ich den Mund nicht aufkriege.

Zwei Jahre später. Zurück in Deutschland. Vier Jungs kurz vor dem Diplom. Wir feiern den Geburtstag eines Kommilitonen. Doch er hat Liebeskummer. So wird aus einem nächtlichen Streifzug ein frühabendlicher Rückzug nach Hause. Doch einer der Jungs und ich wollen den Abend so nicht beenden. Also machen wir uns allein auf den Weg und landen in einem Klub. Dort entdecke ich die strahlendsten und schönsten Augen, die ich je gesehen habe. Ich spreche die Frau an. Doch sie lässt mich mit den Worten stehen: »*Ich bin gerade auf dem Weg nach Hause.*«

Aber ich habe ja gelernt, dass es sich lohnt, nicht die Klappe zu halten, wenn es drauf ankommt. Also bleibe ich dran. Der Bacardi-

Cola in meinen Adern gibt mir den Mut. Ich wusele durch die Gänge, um sie in der Masse wiederzufinden. Entdecke sie mit ihrer Schwester auf dem Gang. Nehme allen Mut zusammen und verwickele sie in ein Gespräch.

Und das Leben belohnt mich mit dem schönsten Geschenk: Aus »einer Frau« wird »meine Frau«.

Wer meine Frau heute fragt, was sie beruflich macht, bekommt zur Antwort: »Ich habe aus einem Frosch einen Prinzen gemacht – und lebe von den Zinsen.« Und damit hat sie so recht.

Von ihr habe ich gelernt, was wahre Liebe bedeutet. Sie sagte mir: »Ich habe mein Herz in deine Hände gelegt. Verletz es bitte nicht.«

Durch sie habe ich erlebt, dass wahre Freundschaft auch dann funktioniert, wenn alles um dich herum zusammenbricht. Als ich meine zweite Tumor-OP hatte, war sie mit meinem Sohn der einzige Besuch an meinem Bett. Und ich lernte, dass meine Frau nicht nur meine Frau ist, sondern auch mein bester Freund, mit dem ich alles teilen kann.

Sie hat mir gezeigt, wie ich den Weg zu meinem Herzen finde. Dass das Leben nicht nur aus Erfolg, Karriere, Macht und Geld besteht. Früher habe ich von den »Banalitäten des Familienlebens« gesprochen. Heute weiß ich, dass diese »Banalitäten« das Wertvollste in meinem Leben sind.

Alina, ich danke dir für deine Geduld, deine Beharrlichkeit – und dafür, dass du immer das Gute in mir gesehen hast. Du bist ein Geschenk für diese Erde. Und machst mein Leben lebenswert. Dank dir weiß ich, was es bedeutet und wie es sich anfühlt, wenn ich dir sage: Ich liebe dich!

ANHANG

Lesestoff

Bücher

Wenn Sie gerne tiefer in die im Buch diskutierten Themen – oder auch darüber hinaus – einsteigen wollen, empfehle ich Ihnen folgende lesenswerte Bücher:

Batson, Susan: TRUTH. Wahrhaftigkeit im Schauspiel; Alexander Verlag 2014

Baumeister, Roy: Die Macht der Disziplin. Wie wir unseren Willen trainieren können; Goldmann Verlag 2014

Brahm, Ajahn: Die Kuh, die weinte. Buddhistische Geschichten über den Weg zum Glück; Lotos, 23. Auflage 2006

Csíkszentmihályi, Mihály: Flow. Das Geheimnis des Glücks; Klett-Cotta 2017

Cuddy, Amy: Presence. Bringing Your Boldest Self to Your Biggest Challenges; Orion 2016

Dutton, Kevion: Psychopathen. Was man von Heiligen, Anwälten und Serienmördern lernen kann; dtv 2013

Dweck, Carol: Selbstbild. Wie unser Denken Erfolge oder Niederlagen bewirkt; Piper Taschenbuch 2009

Fisher, Roger / Ury, Wiliam: Das Harvard-Konzept. Der Klassiker der Verhandlungstechnik; Campus 2009

Garfield, Charles: Peak Performers. The New Heroes of American Business; William Morrow & Co 1986

Gawande, Atul: Sterblich sein. Was am Ende wirklich zählt; S. Fischer, 2. Auflage 2015

Gottman, John M.: Die 7 Geheimnisse der glücklichen Ehe; Ullstein Taschenbuch 2014

Hesse, Hermann: Siddhartha; Suhrkamp Verlag 1974

Lind, Hera: Der Mann, der wirklich liebte; Diana Verlag 2010

Maltz, Maxwell: Psycho-Cybernetics. Updated and Expanded; Tarcher-Perigee 2015

Mandino, Og: Die Entscheidung: Entscheidung für die Zukunft; Conzett 2000

Meadows, Donella / Randers, Jorgen / Meadows, Dennis: Grenzen des Wachstums. Das 30-Jahre-Update. Signal zum Kurswechsel; S. Hirzel Verlag, 5. Auflage 2015

Minto, Barbara: Das Prinzip der Pyramide. Ideen klar, verständlich und erfolgreich kommunizieren; Pearson Studium 2005

Rifkin, Jeremy: Die Null-Grenzkosten-Gesellschaft. Das Internet der Dinge, kollaboratives Gemeingut und der Rückzug des Kapitalismus; Fischer Taschenbuch 2016

Seneca: Das Leben ist kurz; Reclam Verlag 2007

Sharma, Robin S.: Der Mönch, der seinen Ferrari verkaufte. Eine Parabel vom Glück; Knaur MensSana TB 2008

Siddhartha, Mukherjee: Der König aller Krankheiten. Krebs – eine Biografie; DuMont, 2. Auflage 2017

Singer, Blair: Sales Dogs. You Don't Have to be an Attack Dog to Explode Your Income; Rich Dad's Advisors Press 2012

Strelecky, John: The Big Five for Life. Was wirklich zählt im Leben; dtv 2009

Tolle, Eckhart: Eine neue Erde. Bewusstseinssprung anstelle von Selbstzerstörung; Arkana, 3. Auflage 2015

Ware, Bronnie: 5 Dinge, die Sterbende am meisten bereuen. Einsichten, die Ihr Leben verändern werden; Goldmann Verlag 2015

Williamson, Marianne: A Return to Love. Reflections on the Principles of »A Course in Miracles«; HarperOne, Auflage: Reissue 1996

Zitate

Letzter Zugriff: April 2017

1 Steve Jobs auf der Apple Worldwide Developers' Conference, 1997: »People think focus means saying yes to the thing you've got to focus on. But that's not what it means at all. It means saying no to the hundred other good ideas that there are. You have to pick carefully. I'm actually as proud of the things we haven't done as the things I have done. Innovation is saying no to 1,000 things.« Vgl. http://edition.cnn.com/2012/10/04/tech/innovation/steve-jobs-quotes/
2 Messner, Reinhold: Interview, https://www.news.at/a/warum-reinhold-messner-news-eu-parlament-83936
3 Telefonat zwischen Steve Jobs und Mark Parker: Robert Safian interviewt Mark Parker, www.youtube.com/watch?v=SOCKp9eij3A
4 Dan-Ariely-Experiment: www.ted.com/talks/dan_ariely_what_makes_us_feel_good_about_our_work (ab 9.58 Min.)
5 Blume, Jochen: www.akademie-fuer-publizistik.de/akademie/dozenten/char/B#1

Stichwortverzeichnis

Abkürzungsfalle 167
Achtsamkeit 102
Als-ob-Methode 136–140, 144, 214
Anerkennung 210
Angebotsstress 24
Angst 28, 128, 145–149
Authentizität 141, 144

Commitment 35

Debattierklub 71
demokratische Entscheidung 185 f.
diktatorische Umsetzung 186
Disziplin 128, 153 f.

eigene Meinung 73
Energiebündelung 199
Energiekategorien 197
Entscheidung 37, 184–187

Feedbackkultur 62 f.
fixed mindset 98 f.
freie Entwicklung 57

Gemocht-werden-wollen-Virus 53–58, 221

Glück 44 f., 48–51, 114, 152, 165 f., 176 f.
growth mindset 98 f.

heikle Botschaften 64 f., 220, 224 f., 239 f.
Horizont 34, 89, 95–107
Hunger nach Aktivität 25

Influence of Power 75, 220 f.
innere Haltung 45, 135, 229 f.
innere Leere 25 f.
innere Stimme 20 f., 31, 88–91, 97, 116 f., 160, 208
Input 15–18, 28–31
Input-Virus 15–18, 43
Instant-Virus 18–25, 42
Interdependenz 242

kollaborative Führung 248
Komfortzone 127, 235–237
Konsequenz 153 f.
konstruktive Konfrontation 180–183
konstruktives Unbequemsein 179

Laser 194–197, 199, 202–207, 213–218
Lebensspuren 190 f.
Luxus 45 f., 48–50

Machtmensch 220 f.
mentaler Zustand 229 f.
Mindset 98 f.
Multitasking 19 f., 205 f.
Mut 40 f., 111 f., 120, 235–237

Neid 139, 208 f.
Neugier 26–28

öffentliche Position 141, 216 f.
Orientierung 90, 104
Output 15–18, 29 f.

Perfektion 211 f.
Power of Influence 76, 222, 227
Prioritäten 36, 47, 207
Privatperson 141, 216 f.

relevante Welt 200–202
Ressourcen 46 f.
Richtung 33–36, 111

Sackgasse 85–87
Schule 16 f.
Sicherheit 127 f.
Spieler 35, 37, 50, 148
Spielstein 35, 37, 50, 148
Streitkultur 67–74, 180–182

Tal der Tränen 115–119
Tornado 21–24, 30, 32, 36, 41, 81

Verantwortung 36–38, 47, 97 f.
Verbundenheit 57 f.
Verführer 170–175
   Dreck im Filter 172–175
   Sofort-Impuls 170–172
Verschieberitis 150 f.
Vertrauen 175 f.
Visualisierung 109, 111

Werte 251 f.
Wirkung 47, 159 f.

Zeitmanagement 38–41
Zeitverschwendung 43, 52
Zukunftsfähigkeit 48–50
Zuhören 70 f.
Zutrauen 175 f.

Über den Autor

Peter Holzer lebt als Berater und Vortragsredner mit seiner Familie in Köln. Nach seinem BWL-Studium in Oestrich-Winkel (D), Auckland (Neuseeland) und Chicago (USA) arbeitete er zunächst in einigen Start-ups in Deutschland und den USA. Danach baute er als Geschäftsführer einen Mittelstandsfonds auf. Doch ein plötzlich auftauchender Schilddrüsentumor bedrohte sein Leben und seine Stimme. Diese Erfahrung war ein Wendepunkt in seinem Leben: Er verließ die Finanzbranche, um einen beruflichen Neustart zu wagen.

Seit 2009 berät er Vorstände und Führungskräfte in strategischen Fragen und hilft ihnen dabei, Veränderungen erfolgreich umzusetzen. Zu seinen Kunden zählen DAX-Konzerne und ambitionierte Familienunternehmen.

Mit der gleichen direkten und zupackenden Art, mit der er seine Klienten aus den Unternehmen unterstützt, will er seinen Lesern helfen bei dem, was er als sein Herzensanliegen bezeichnet: seiner inneren Stimme zu folgen und diese nach außen hörbar und wirksam zu machen.

Peter Holzer erhebt seine Stimme zugunsten eines aufrechten, ehrlichen und selbstbestimmten Lebensweges, der jedem offensteht – zum Wohle des Einzelnen genauso wie zum Wohle der Gesellschaft.
www.peterholzer.com